Abenteuer ETHIK neu 1

Baden-Württemberg

Herausgegeben und bearbeitet
von Jörg Peters, Martina Peters und Bernd Rolf

C.C.BUCHNER

Abenteuer Ethik Baden-Württemberg neu
Unterrichtswerk für Ethik in der Sekundarstufe I
Herausgegeben von Jörg Peters, Martina Peters und Bernd Rolf

Abenteuer Ethik 1
Bearbeitet von Jörg Peters, Martina Peters und Bernd Rolf

Geeignet für die Niveaustufen G, M und E

Zu diesem Lehrwerk sind erhältlich:

- Digitales Lehrermaterial **click & teach** Einzellizenz, Bestell-Nr. 210141
- Digitales Lehrermaterial **click & teach** Box (Karte mit Freischaltcode), ISBN 978-3-661-21014-8

Dieser Titel ist auch als digitale Ausgabe **click & study** unter www.ccbuchner.de erhältlich.

1. Auflage, 2. Druck 2021
Alle Drucke dieser Auflage sind, weil untereinander unverändert, nebeneinander benutzbar.

Dieses Werk folgt der reformierten Rechtschreibung und Zeichensetzung. Ausnahmen bilden Texte, bei denen künstlerische, philologische oder lizenzrechtliche Gründe einer Änderung entgegenstehen.

Die Mediencodes enthalten ausschließlich optionale Unterrichtsmaterialien. An keiner Stelle im Schülerbuch dürfen Eintragungen vorgenommen werden.

Layout und Satz: mgo360 GmbH & Co. KG, Bamberg
Umschlag: mgo360 GmbH & Co. KG, Bamberg
Druck und Bindung: mgo360 GmbH & Co. KG, Bamberg

www.ccbuchner.de

ISBN: 978-3-661-**21004**-9

Liebe Schülerinnen und Schüler,

es gibt solche und solche Fragen: Wenn ihr wissen wollt, was „Glück“ auf Englisch heißt oder warum manche Tierarten vom Aussterben bedroht sind, dann fragt ihr … – ja, ganz richtig: natürlich eure/n Englisch- oder Biologielehrer/in! Aber wen soll man fragen, wenn man wissen will, wie man selbst im Leben glücklich werden kann oder warum die Menschen ihr Verhalten Tieren gegenüber ändern sollten? Das Fach Ethik ist dazu da, nach Antworten auf solche – und weitere – „etwas andere“ Fragen zu suchen. Ob man sie immer finden kann, wissen wir auch nicht so genau, aber es ist auf jeden Fall spannend, es zu versuchen – und deshalb laden wir euch ein, gemeinsam mit uns in den verschiedenen Kapiteln dieses Buches darüber nachzudenken und uns ins „Abenteuer Ethik“ zu begleiten!
Auf der Suche nach Antworten begeben wir uns auf eine Art Reise durch das Denken vieler verschiedener Menschen aus unterschiedlichen Zeiten und Ländern. So erhaltet ihr z. B. Post von einem Philosophen aus dem antiken Rom mit Tipps für ein glückliches Leben (S. 135) oder lest, was Tiere uns heute vielleicht zu sagen hätten, wenn sie uns einen Brief zu unserem Verhalten ihnen gegenüber schreiben könnten (S. 178f.). – Und noch vieles mehr zu vielen weiteren Fragen!

Mit eurer Lehrerin oder eurem Lehrer könnt ihr besprechen, wie man das Buch nutzen kann:
In Abenteuer Ethik findet ihr neun Kapitel zu ganz unterschiedlichen Fragen.
Jedes Kapitel beginnt mit einer **Auftaktseite**, die euch auf das jeweilige Thema einstimmt. Manchmal schlagen wir euch hier unter dem Logo *plus* auch noch eine kapitelbegleitende Lernaufgabe in Form eines kleinen Projektes vor, bei dem ihr selbst aktiv werden müsst. Dazu gibt es ganz unterschiedliche Angebote, aus denen ihr z. B. in jedem Schuljahr eines gemeinsam mit eurer Lehrkraft auswählen könnt.
Auf den verschiedenen **Doppelseiten** zu einem Thema sind dann vielfältige **Materialien** (**M**) enthalten, z. B. Bilder, Texte, Comics, Filmausschnitte usw. , die ihr über die zugeordneten **Aufgaben** erarbeiten könnt. Diese sind manchmal zusätzlich gekennzeichnet durch die Buchstaben **W** für Wahlaufgaben, **V** für Vertiefung oder **H** für Hilfestellung (s. genauere Erläuterung auf S. 7).
Kästen, die das Symbol **INFO** tragen, erklären euch wichtige Begriffe und Sachverhalte noch einmal klar und einprägsam.
In vier Kapiteln gibt es auch eine farbig hervorgehobene **Methodenkompetenzseite**, auf der ihr jeweils wichtige Fähigkeiten trainiert, z. B. lernt, Gespräche miteinander gut zu führen oder euren ersten Eindruck von etwas zu überprüfen. Aufrichtig miteinander umgehen, selbst denken, beurteilen und entscheiden – das steht bei den Beispielfällen dieser Seiten im Mittelpunkt.
Und am Ende jedes Kapitels findet ihr unter der Überschrift „**Was wir wissen – was wir können**“ (neben dem Abschluss eurer evtl. gewählten *plus*-Aufgabe) eine Übersicht zu den wichtigsten Inhalten jeder Einheit: **Wissen kompakt**. Diese könnt ihr zur Wiederholung und zusammen mit dem **Kompetenz-Check** zur Selbstüberprüfung und Vorbereitung auf Tests nutzen.

Viel Spaß und spannende „Abenteuer Ethik“ wünscht euch
Euer Autorenteam

Infokästen zu wichtigen Grundbegriffen

Bedeutung der Icons W, V und H

Manchmal hast du die Möglichkeit, zwischen verschiedenen Aufgaben zu wählen.
Vor solchen Aufgaben findest du den Buchstaben **W**. Es zwei gibt zwei Arten von Wahlaufgaben:

Wahlaufgaben (**W**)

1. Zwei unterschiedliche Aufgaben, die sich auf *dasselbe Material* beziehen: Hier kannst du dich mit der Aufgabe auseinandersetzen, deren Beantwortung dir leichter fällt oder deren Bearbeitung dir mehr Freude bereitet.

Wahl zwischen zwei Aufgaben (S. 17)

W
1 Tauscht euch über die Gefühle aus, die die Gesichter zum Ausdruck bringen. Was könnte jeweils die Ursache dafür sein? > M1
2 Stellt selber unterschiedliche Gefühle durch Gesichtsausdruck und Körperhaltung dar: Eine/r zeigt etwas und die anderen versuchen, das dargestellte Gefühl zu erraten. > M1

2. Aufgaben, die sich auf *unterschiedliche Materialien* beziehen: Hier kannst du dich mit dem Material auseinandersetzen, das du besser verstehst oder das dich mehr anspricht.

Wahl zwischen zwei Materialien (S. 131)

W
3 Untersucht, zu welchen Problemen der Kinoerfolg der *Star Wars*-Filme für Jake Lloyd geführt hat. > M2
4 Stellt dar, was Macaulay Culkin erlebt hat. > M3

Vertiefung (**V**)

In allen mit einem **V** gekennzeichneten Aufgaben soll ein Problem oder eine Fragestellung vertiefend und weiterführend untersucht werden.

Vertiefung (S. 181)

V 3 Entwickelt eigene bzw. weitere Ideen, wie man die hier beschriebenen Gefährdungen der Natur vermeiden kann. > M1-M3

Hilfestellung (**H**)

Wenn du den Buchstaben **H** nach einer Aufgabe siehst, findest du auf den Seiten 208–213 zusätzliche Hinweise oder Anregungen, die dir (falls gewünscht) helfen, diese Aufgabe zu bearbeiten.

Hilfestellung (S. 135 / 210)

H 4 Vergleicht die Auffassungen der drei Philosophen und beurteilt sie. > M1-M3

Zum ersten Mal im Ethik-Kurs

Esra denkt:
Der Junge neben mir sieht nett aus. Vielleicht finde ich hier in der neuen Schule und in diesem Kurs ja gute Freunde.

Luca denkt:
So viele neue Fächer. Ethik? Ich weiß gar nicht genau, was das ist und was wir hier lernen sollen.

Frau Ostermann denkt:
Hoffentlich gefällt den Kindern mein Unterricht. Ob sie gut mitarbeiten werden?

Dennis denkt:
Mein großer Bruder hat gesagt, der Ethikunterricht macht Spaß! Ich bin gespannt, was wir heute machen. Hoffentlich sind die anderen nett zu mir.

Gülcan denkt:
Ob die neue Lehrerin wohl interessanten Unterricht macht?

Kennt ihr eure neuen Mitschülerinnen und Mitschüler auch noch nicht so gut?
Gleich zu Beginn des Buches (im ersten Kapitel, auf Seite 12-13) findet ihr Anregungen, wie ihr euch kennenlernen und etwas über einander erfahren könnt!

Wisst ihr auch noch nicht so genau, was euch in dem neuen Fach erwartet und was Ethik eigentlich ist?
Wenn ihr wissen wollt, mit welchen Themen ihr euch in diesem Kurs beschäftigen werdet, schaut euch das Inhaltsverzeichnis des Buches an – oder lest die Briefe an den neuen Kurs, in dem euch Mitschülerinnen und Mitschüler aus höheren Klassen erklären, was Ethik ist und was ihnen im Unterricht gefallen hat!

Briefe an den neuen Ethik-Kurs

Liebe Neue,

letztes Jahr konnte ich mir zu Beginn des Schuljahres auch gar nichts unter dem neuen Fach vorstellen. Wir hatten Frau Ostermann als Lehrerin. Sie ist sehr nett und hat uns erst einmal erklärt, was wir in Ethik alles machen werden. In dem Fach geht es zum Beispiel um die Frage, welche Bedeutung der Wert „Ehrlichkeit" für euer Leben hat und ob die Regel, dass man nicht lügen darf, immer gilt. Aber damit werdet ihr euch noch ganz genau befassen, und ich kann euch sagen, das ist richtig spannend. Ich wünsche euch jedenfalls ganz viel Spaß!

Übrigens fand ich die Idee mit den Briefen an euch als Überraschung für die erste Ethikstunde echt super – vielleicht macht ihr das am Ende des Schuljahres dann ja auch für die nächsten Neuen.

Liebe Grüße

Finn, 6a

Hallo neuer Kurs!

Bestimmt ist es bei euch auch so wie bei uns im letzten Jahr: Am Ethikunterricht nehmen immer Kinder mit ganz unterschiedlichem Hintergrund teil. In meinem Kurs gab es jeweils ein paar Kinder mit christlichem und muslimischem Glauben, einen Buddhisten, eine Jüdin und einige Kinder ohne Glaubenszugehörigkeit. Schon allein das war für mich immer sehr spannend.

Ethik ist die Lehre vom richtigen und guten Handeln. Im Ethikunterricht lernt ihr unter anderem, was euch selber wichtig ist, aber auch, welche Regeln für uns alle gelten können. Ihr werdet über viele verschiedene Themen nachdenken. Zum Beispiel: Was ist ein guter Freund? Was brauche ich, um glücklich zu sein? Wie wollen wir zusammenleben? Was ist beim Posten von Bildern im Netz zu beachten? Wie geht es mit unserer Umwelt weiter?

Mir hat das viel Spaß gemacht, ich hoffe, euch auch!

Celine, 6d

Liebe neue Fünftklässler,

ich finde, vieles von dem, was ihr im Ethikunterricht lernt, kann euch helfen, Alltagssituationen besser zu meistern, zum Beispiel wenn ihr Streit mit Freunden habt oder wissen wollt, wozu Regeln gut sind und ob man sich immer daran halten muss. Was ihr hier auch noch lernen werdet, ist, euch eine eigene Meinung zu bilden und euch nicht nur vom ersten Eindruck leiten zu lassen.

Mir hat es auch gefallen, mit den anderen zusammenzuarbeiten und unsere Ergebnisse in verschiedenen Formen vorzustellen (Rollenspiele, Plakate usw.). Vielleicht bekommt ihr ja auch die Möglichkeit, eines der Projekte zu den Themen in diesem Buch zu planen und durchzuführen. Mein Kurs hat z. B. eine Wandzeitung zur Entstehung der Welt und des Menschen gestaltet.

Ich wünsche euch ganz viel Spaß im Ethikunterricht!

Euer Tarkan, 6c

Auf der bunten Blumenwiese
geht ein buntes Tier spazieren, […]
freut sich, dass die Vögel singen,
freut sich an den Schmetterlingen,
freut sich, dass sich's freuen kann.
Aber dann …
Aber dann
stört ein Laubfrosch seine Ruh,
und fragt das Tier: „Wer bist denn du?"
Da steht es und stutzt
und guckt ganz verdutzt
dem Frosch ins Gesicht:
„Das weiß ich nicht."
Der Laubfrosch quakt und fragt: „Nanu?
Ein namenloses Tier bist du?
Wer nicht weiß, wie er heißt,
und vergisst, wer er ist,
der ist dumm!"
Bumm.

Auf der bunten Blumenwiese
will das bunte Tier nicht bleiben.
Irgendeinen will es fragen,
irgendeiner soll ihm sagen,
wer es ist.

„Guten Morgen, Pferdemutter!
Guten Morgen, Pferdekind!
Seid ihr nicht vielleicht zwei Tiere,
die mir ähnlich sind?
Denn ich bin, ich weiß nicht wer,
dreh mich hin und dreh mich her,
dreh mich her und dreh mich hin,
möchte wissen, wer ich bin."

„Kleiner", sagt das Pferdekind,
„deine Haare wehn im Wind
so wie meine.
Aber deine
kleinen Beine
sind zu kurz,
und deine Ohren
sind viel länger als bei mir –
nein, du bist ein andres Tier!" […]

Und das kleine bunte Tier,
das sich nicht mehr helfen kann,
fängt beinahe zu weinen an.
Aber dann …

Aber dann bleibt das Tier mit einem Ruck,
mitten im Spazierengehen,
mitten auf der Straße stehen,
und es sagt ganz laut zu sich:
„Sicherlich gibt es mich:
ICH BIN ICH!" […]

Läuft gleich zu den Tieren hin:
„So jetzt weiß ich, wer ich bin!
Kennt ihr mich? ICH BIN ICH!"
Alle Tiere freuen sich,
niemand sagt zu ihm „Nanu?" […]
Auch der Laubfrosch
quakt ihm zu:
„Du bist du!
Und wer das nicht weiß,
ist dumm!"
Bumm.

Mira Lobe

Ich und mein Leben

AUFGABEN

1 Erzählt die Geschichte aus der Sicht des kleinen ICH-BIN-ICH nach.

2 Beschreibt, welches Problem das kleine ICH-BIN-ICH bekommt, als es auf den Laubfrosch und die Pferde trifft, und erläutert, wie dieses sich löst.

plus **Collage „Ich und meine Welt"**

In den nächsten Wochen wird es deine Aufgabe sein, eine Collage – eine Art Klebebild aus verschiedenen Elementen – anzufertigen, die dich und dein Leben vorstellt. Dabei kannst du nicht nur zeigen, wer du heute bist, sondern erhältst auch die Gelegenheit, deine Vorstellung von deiner Zukunft darzustellen.

> Beschaffe dir ein farbiges DIN A1-Plakat, auf dem du später deine Collage gestaltest.

> Besorge dir zum Sammeln der einzelnen Bestandteile für deine Collage beispielsweise einen Karton, eine Sicht- oder Prospekthülle oder einen großen Umschlag.

Wer bin ich?

M1 Mein Steckbrief

Name: ....

Adresse: ....

Geburtstag: ....

Geburtsort: ....

Meine Familie: ....

Meine Freunde: ....

Meine Schule: ....

Meine Hobbys: ....

Meine Nationalität: ....

Mein Verein: ....

... : ....

M2 Wie andere mich sehen

Monika stand im Flur vor dem großen Spiegel. Sie drehte sich hin und her, schnitt Grimassen. [...] Schließlich rief sie ihrer Mutter zur: „Mutti, wer bin ich eigentlich wirklich?" Die Mutter hatte ihr Bügelbrett bei Monika im Zimmer aufgestellt und bügelte Hemden. [...] [Sie] sah sich nach Monika um [...] [und] sagte: „Wer du wirklich bist? Das kommt darauf an." „Worauf?" „Na, auf den Standpunkt, von dem aus du betrachtet wirst." „Das versteh ich nicht. Ich kann doch niemand anders sein als ich. Aber wer bin ich denn?" Mutter überlegte einen Augenblick. „Na, komm her und leg dich hier auf den Fußboden", sagte sie zu Monika. „Wo bügle ich denn jetzt: über oder unter dir?" „Über mir natürlich." „Und wenn du dich auf den Schrank da stellst?" „Na, unter mir natürlich." „Siehste", sagte Mutter. „Und wo bügle ich denn nun wirklich?"

Monika dachte nach. Schließlich sagte sie: „Na gut, das versteh ich. Aber wie komm ich da jetzt rein?" „Ganz einfach, was meinst du, sagt dein Bruder Klaus von dir?" „Dass ich eine dumme Gans bin, die immer alles kaputt macht." „Und was wird deine Lehrerin sagen?" „Sie sagt, dass ich eine Stütze der Klasse bin." Mutter seufzte und nickte. „Das sagt sie, weil sie achtunddreißig von euch in einer Klasse hat und für jedes Kind dankbar ist, das ruhig und leise und fleißig ist. Sieht dich denn die Klasse auch als Stütze?" „Bestimmt nicht!", sagte Monika düster. „Ich soll Klassenkeile haben, weil ich als Einzige die Strafarbeit gemacht habe." Man sah, dass Mutter sich eine Bemerkung zu dem Thema verbiss. Schnell sagte sie: „Und was meinst du, sagt dein Trainer im Sportverein?" „Dass ich feige bin und mich nichts traue." „Und was sagte Frau Kienast?" „Ach, die!" Monika schnitt eine Grimasse. Mit künstlicher, hoher Stimme flötete sie: „Kind, du gibst mir den Glauben an die Jugend wieder." [...] „Siehst du", sagte Mutter leise, „das alles bist du ..."

Karin Bolte

Karin Bolte (*1943): dt. Jugendbuchautorin

INFO

Selbstwahrnehmung

Wie jemand sich selbst sieht, ist durch die Wahrnehmung der eigenen Gefühle, Interessen, Wünsche bestimmt. Auch die Einschätzung des eigenen Aussehens, der eigenen Fähigkeiten, Stärken und Schwächen tragen dazu bei. Manchmal sehen die Mitmenschen eine Person anders als sie sich selbst.

AUFGABEN

1 Fertige nach dem vorgegebenen Muster einen Streckbrief an, mit dem du dich im Kurs vorstellen kannst. > M1

2 Hängt eure Steckbriefe im Klassenzimmer auf, schaut sie euch an und erläutert, warum jede/r von euch einzigartig ist. > M1

H 3 Legt eine Tabelle mit den unterschiedlichen Sichtweisen auf Monika an. Vergleicht diese miteinander und erklärt, wie es dazu kommen kann. > M2

plus Triff eine Auswahl von mehreren Fotos, die zeigen, was dich aus deiner Sicht ausmacht. Bitte deine Familienmitglieder und Freund/innen, für deine Collage jeweils eine Stärke von dir auf einem Zettel zu notieren (z. B. „fröhlich" – Mama).

Ich und meine Wünsche

M1 Jeder hat Wünsche und Träume

M2 Die Wunschmaschine

„Was kann ich mir wohl wünschen?" [Das fragte sich Herr Taschenbier.] […] „Wie wäre es mit einem Urlaub auf einer einsamen Insel? […] Ich werde einfach wünschen, dass wir beide auf einer einsamen Insel sind." „Wie lange?", fragte das Sams. „Vielleicht einen Tag, wenn es uns dort gefällt. Vielleicht eine Minute, wenn es uns nicht gefällt." „Und dann?" „Dann wünsche ich uns zurück." „Und wie? Ohne Wunschmaschine?" „Du hast Recht", sagte Herr Taschenbier. „Daran habe ich nicht gedacht. Die Wunschmaschine bleibt ja hier, die darf nicht bewegt werden. Und ohne Maschine kommen wir nicht mehr weg von der Insel. Was machen wir nur?" „Ich fürchte, du musst allein auf deine einsame Insel, Papa. Ich bleibe hier bei der Wunschmaschine und wünsch dich wieder zurück." „Ja, so geht es", sagte Herr Taschenbier. „Schade, dass du nicht mitkannst." […] „Wann soll ich dich denn wieder zurückwünschen?" „Vielleicht nach einer Stunde", schlug Herr Taschenbier vor. „Lieber schon nach fünf Minuten", meinte das Sams. „Wer weiß, wo du landest." […] Herr Taschenbier […] stellte den Hebel der Wunschmaschine auf EIN, wartete, bis das Lichtchen regelmäßig blinkte, und sagte: „Ich wünsche, dass ich jetzt gleich auf einer einsamen Insel stehe!" Die Maschine summte – und das Sams war allein im Zimmer. […] [A]ls es meinte, dass nun fünf Minuten um seien, sagte es in den Trichter der Wunschmaschine: „Ich wünsche Papa Taschenbier sofort in dieses Zimmer hier." Die Maschine summte wieder und Herr Taschenbier stand schlotternd auf dem Tisch, hatte die Hände Wärme suchend in die Achselhöhlen geschoben und zitterte am ganzen Körper vor Kälte. „Diese dämliche Maschine!", schimpfte er. „Die muss mich ganz in der Nähe vom Nordpol abgesetzt haben. Das war eine Kälte, kann ich dir sagen! Da hätte ich es keine Minute länger ausgehalten." „War es denn wenigstens eine einsame Insel?", fragte das Sams. „Wahrscheinlich die einsamste der Welt", sagte Herr Taschenbier und stieg vom Tisch. „Kein Mensch weit und breit, der mir einen Pelzmantel hätte leihen können. Nur Felsen und Wasser mit Eisbergen drin." „Die Maschine kann doch nichts dafür, wenn du nur – einsame Insel – sagst. Kannst du es ihr nicht genauer erklären?"

Paul Maar

Paul Maar (*1937): deutscher Kinderbuchautor

M3 Im goldenen Käfig

Auf der Terrasse eines wunderschönen Gartens stand auf einem Gartentisch ein vergoldeter Vogelbauer von erstaunlicher Größe. In ihm saß ein herrlicher Kakadu mit schneeweißem, gepflegtem Gefieder und beäugte neugierig die Schwalben, die sich um den Käfig herum auf dem Gartentisch niedergelassen hatten. „Wie hältst du es nur in diesem Käfig aus?", fragten die Vögel. „Oh, ich habe morgens und abends frisches Wasser und Körner, angereichert mit Vitaminen, meine Krallen werden geschnitten und jede Woche darf ich baden und bekomme frischen Sand", erzählte der vornehme Kakadu den erstaunten Schwalben. „Und mein Käfig ist der schönste und größte, den es gab. Ich bin nämlich ein vornehmer Vogel! – Was bekommt ihr für Fressen?" „Ach, unsere Nahrung müssen wir uns selbst suchen", zwitscherten die Schwalben. „Hier und da bleibt immer etwas für uns übrig. Unter der warmen Rinde der Bäume finden wir immer wieder Gutes. Man muss nur danach suchen. Und ein Bad im frischen Regen oder eine Dusche unter Baumblättern ist herrlich erfrischend. Und wenn es zu kalt wird, ziehen wir einfach nach Süden." „Nach Süden ziehen! Das ist doch sicher furchtbar anstrengend! Wie lange seid ihr denn da unterwegs?" „Das sind oft Wochen", erwiderten die Schwalben, „und es macht Spaß, so zusammen durch die Lüfte zu ziehen." „Ihr seid nirgendwo richtig zu Hause", entgegnete der Kakadu, „niemand kümmert sich um euch. Ich dagegen werde verwöhnt, und wenn ich wollte, könnte ich sicher auch fliegen. Aber es muss ja nicht so weit sein. Ich habe das nicht nötig. Jedenfalls bedaure ich euch, dass ihr so um eure Existenz kämpfen müsst!" „Wir sind nichts Anderes gewöhnt", sagten die Schwalben. „Und unser Zuhause ist der Himmel und das ist herrlich! Spürst du die laue Luft? Es ist Sommer, und es ist zu schön, durch die Luft zu segeln und auf diesem oder jenem Baum Pausen einzulegen! Jeder neue Baum ist eine Welt für sich: Das alles ist aufregend und es gibt so viel zu entdecken und zu erfahren! Und das Allerschönste ist, sich vom Winde über einen glitzernden Bach tragen zu lassen und seinem Lauf zu folgen, egal wo er hinfließt! Dann bekommst du eine Ahnung davon, wie alles zusammenhängt …" „Das wäre mir denn doch zu unbequem", krächzte der Kakadu. „Und meine eigene Welt in meinem herrlichen Haus reicht mir auch. Ihr könnt mir ja dann und wann von euren Abenteuern erzählen. Ich will aber nicht für mich selber sorgen müssen. Ich liebe den Luxus und bin stolz auf mich. Ich bin eben ein ganz besonderer Vogel!" „Da kannst du Recht haben!", zwitscherten die Schwalben fröhlich und hoben sich in den Himmel. *nach Gabriele Münnix*

Vogelbauer: Vogelkäfig

Gabriele Münnix (* 1950): Philosophielehrerin und Autorin

AUFGABEN

1 Beschreibt, worin die dargestellten Wünsche sich ähneln oder unterscheiden. > M1
2 Schreibe die Geschichte so weiter, dass Herr Taschenbier den Wunsch nach seinen Vorstellungen erfüllt bekommt. > M2
V 3 Schreibe drei Wünsche auf Karteikarten. Anders als Herr Taschenbier besitzt du keine Wunschmaschine. Überlege, was du beitragen kannst, damit deine Wünsche in Erfüllung gehen. Notiere dazu Stichpunkte. > M1/M2
4 Beschreibt das Leben und die Wünsche des Kakadus und der Schwalben. > M3
5 Welches Leben würdest du vorziehen? Begründe deine Antwort. > M3

plus Schneide Bildmaterial aus Zeitschriften aus, das deine Wünsche und Träume zum Ausdruck bringt.

Ich und meine Gefühle

M1 Nicht im Gleichgewicht

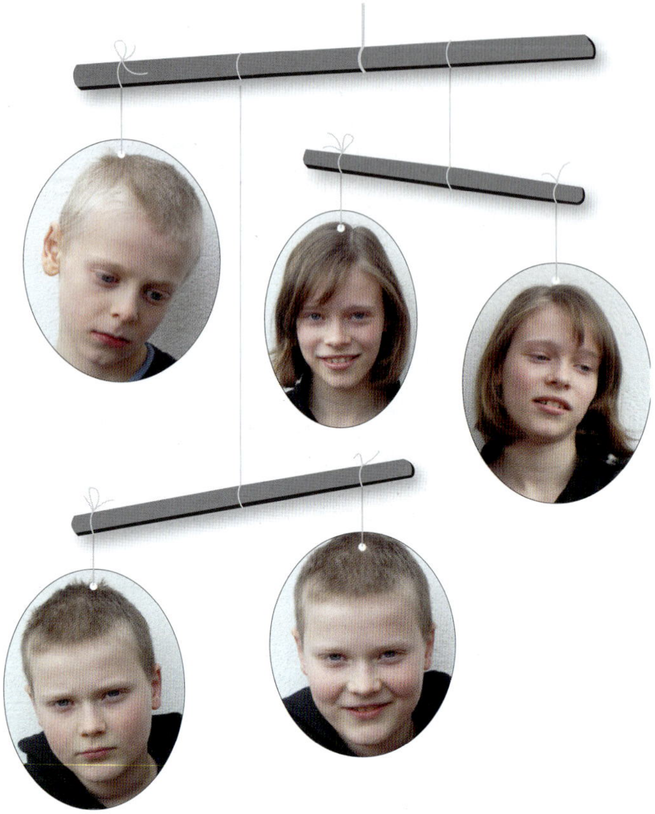

M2 Achterbahn

Ekrem wacht erschrocken auf, als sein Wecker klingelt. ① Nebenan dreht sich sein Bruder im Bett noch einmal um und murmelt: „Blödmann, stell den Wecker ab." ② Er hat heute erst viel später Schule. Ekrem läuft zum Badezimmer, aber seine Schwester hat es noch blockiert. ③ Nachdem Ekrem nun endlich duschen konnte und sich angezogen hat, sucht er seine neuen Fußballschuhe, die er heute beim Spiel zum ersten Mal tragen will. Er findet sie nicht und muss deshalb die alten einpacken. ④ Seine Mutter macht daraufhin eine dumme Bemerkung über seine Ordnung. ⑤ Dafür gibt es aber zum Glück heute sein Lieblingsfrühstück. ⑥

Auf dem Weg zur Schule trifft er seinen Freund Dennis. Dieser sagt ihm, dass er seine neuen Fußballschuhe mitgebracht hat, die Ekrem am gestrigen Nachmittag bei ihm vergessen hatte. ⑦ Beide kommen fünf Minuten zu spät in den Unterricht. Der Geschichtslehrer begrüßt sie mit den Worten: „Na ihr beiden, wohl mal wieder getrödelt?" ⑧ Er trägt sie ins Klassenbuch ein. ⑨ In der zweiten Stunde kommt die Englischlehrerin. Sie hat die korrigierten Klassenarbeiten in der Hand. ⑩ Ekrem hat die zweitbeste Arbeit der Klasse. Die Lehrerin lobt ihn. ⑪

Vor der Sportstunde am Nachmittag, in der das Fußballturnier der Stufe stattfindet, kommt der Sportlehrer auf Ekrem zu und teilt ihm mit, dass er heute die wichtige Position des Libero und Mannschaftsführers für den erkrankten Timo übernehmen soll. ⑫

In der ersten Halbzeit schießt er das Führungstor. ⑬ Er vergibt aber kurz danach eine sichere Torchance, als er einen Strafstoß weit vorbeischießt. ⑭ Die gegnerischen Spieler grinsen. ⑮

In der zweiten Halbzeit wird er böse gefoult. Er kann nicht weiterspielen und wird ausgewechselt. ⑯ Dennoch gewinnt seine Mannschaft gegen die Parallelklasse. ⑰ Als Mannschaftsführer nimmt Ekrem die Siegerurkunde von der Schulleiterin entgegen. ⑱

Am Abend zeigt Ekrem seinem Vater die Englischarbeit und berichtet von dem gewonnenen Fußballspiel in der Schule. ⑲ Dieser ist stolz auf ihn und erlaubt endlich, dass Ekrem Mitglied im Fußballverein werden darf. ⑳

Erst im Bett merkt Ekrem, wie sehr sein Knie schmerzt. Er wird damit wohl doch morgen zum Arzt gehen müssen. ㉑

M3 Gefühle ausdrücken, Gefühle empfinden

Kunstwerke können Gefühle zum Ausdruck bringen und beim Betrachten Gefühle entstehen lassen.

Pablo Picasso, Weinende Frau, 1937

Wassily Kandinsky, Himmelblau, 1940

Henri Matisse, Der Tanz, 1909-1910

Pablo Picasso (1881-1973): bedeutender spanischer Maler und Bildhauer

Wassily Kandinsky (1866-1944): berühmter russischer Maler

Henri Matisse (1869-1954): bekannter französischer Maler

AUFGABEN

W 1 Tauscht euch über die Gefühle aus, die die Gesichter zum Ausdruck bringen. Was könnte jeweils die Ursache dafür sein? > M1

2 Stellt selber unterschiedliche Gefühle durch Gesichtsausdruck und Körperhaltung dar: Eine/r zeigt etwas und die anderen versuchen, das dargestellte Gefühl zu erraten. > M1

3 Beschreibt, wie Ekrem sich im Laufe der Geschichte fühlt, indem ihr zu den Ziffern 1–21 treffende Adjektive notiert. Vergleicht anschließend eure Ergebnisse. > M2

4 Beschreibt die Bilder und erläutert die Gefühle, die durch sie ausgedrückt werden. > M3

V 5 Jede/r von euch wählt ein Bild aus und schreibt eine Geschichte dazu. Lest euch eure Geschichten vor, diskutiert sie und stellt sie zu einem Reader zusammen. > M3

Manchmal bin ich so ängstlich!

M1 Eine Neue in der Klasse

M2 Ins Nichts geworfen

Es war einmal ein junger Adler in einem hohen, am Rande einer steilen Felswand gelegenen Adlerhorst. Alle seine Geschwister waren schon aus dem Nest und hatten gelernt zu fliegen. Er aber hatte fürchterliche Angst vor der endlosen Tiefe unter sich […].

„Woher soll ich wissen, ob diese kurzen Flügel mich tragen werden?", fragte er bang. „Und wie soll ich lernen zu fliegen, wenn ich es nicht vorher ausprobieren kann? Ich bin sicher nicht stark genug." […]

Gabriele Münnix:
> S. 15

„Du musst es einfach probieren!", ermutigte ihn die Adlermutter. „[…] Breite deine Flügel aus, benutze Kopf und Schwanz als Steuer, so wie ich es dir gezeigt habe und es kann gar nichts passieren. Die Luft wird dich tragen, so wie sie alle Adler trägt."

„Aber woher weiß ich das?", fragte der kleine Adler. „Ich glaube nur, was ich sehe und ich sehe die Luft nicht. Ich sehe *nichts*. Und wenn ich nach unten sehe, wird mir ganz schlecht und ich habe keinen Mut mehr. […]"

„Dann müssen wir dich eben aus dem Nest werfen, damit du das Fliegen lernst!", sagte der Adlervater, der eben hinzukam, mit strenger Stimme. „Du musst lernen, für dich selber zu sorgen, und kannst nicht immer hier im Nest bleiben […] – warum bist du denn nur so ängstlich?" […].

„Ich habe so elende Angst, weil ich ganz allein bin beim Fliegen und nur auf mich gestellt", rief der kleine Adler. Und da wurde er auch schon gnadenlos ins gefürchtete Nichts geworfen.

Vor lauter Entsetzen […] hielt der kleine Adler sich die Flügel vor die Augen. […] „Flügel raus!", schrie da die Mutter, als sie sah, was passierte. Sie stürzte sich dem Kleinen im Sturzflug nach, war bald unter ihm und breitete ihre Flügel aus.

Da fand der kleine Adler den Mut – mit geschlossenen Augen –, die Flügel auszustrecken. Sie bremsten seinen Fall, das spürte er sofort und er flatterte einige Male, um wieder hoch zu kommen. Da merkte er, dass die Luft ihn tatsächlich trug, auch wenn er sie nicht sehen konnte. Aber er konnte sie spüren! Sie half ihm, wieder an Höhe zu gewinnen. […]

„Es geht! Ich kann fliegen! Ich bin ein Adler!", rief er voller Begeisterung. Offenbar war er doch nicht zu schwach. Er konnte fliegen wie seine Brüder und Schwestern! Unternehmungslustig machte er ein paar Flugexperimente. Ob er sogar höhere Gipfel ansteuern konnte als den elterlichen?

Gabriele Münnix

M3 Ein Krimi am Abend

Charles M. Schulz

Hund von Baskerville: gruselige Detektivgeschichte aus dem Jahr 1902 von Arthur Conan Doyle

Charles M. Schulz (1922-2000): US-amerikanischer Comiczeichner

M4 Wie wird man seine Ängste wieder los?

Was passiert, wenn jemand deine Augen anpustet? Richtig, deine Lider schließen sich reflexartig, um deine Augen zu schützen. Das ist der sogenannte Lidschlussreflex. Unser Körper reagiert auf alle möglichen Formen von Gefahren immer mit einem Reflex. Wenn du Angst empfindest, dann ist diese Situation mit Herzklopfen, Zittern, Schweißausbruch und anderen unangenehmen Körperreaktionen verbunden: Wenn du z. B. einmal von einer Katze gekratzt und angefaucht wirst, weil du sie vielleicht geärgert hast, wirst du erschrecken und dein Körper zeigt die typischen Angstreaktionen. So kann es passieren, dass du deshalb in Zukunft auf jede noch so friedliche Katze mit Angst reagierst. Man kann sagen, du „lernst" die Angst bei jeder Begegnung mit einer Katze.

Selbstversuch: Schließe die Augen und stell dir noch einmal deine Angstsituation vor! Wie verhältst du dich meistens in solchen Situationen? Kannst du dir nun denken, warum deine Angst nicht verschwinden kann?

Erklärung: Häufig verhindern wir das „Verlernen" unserer Angst selber, indem wir vor der Angst auslösenden Situation davonlaufen, sie vermeiden, wie es in der Fachsprache heißt.

Wenn du wie in unserem Beispiel allen Katzen aus dem Weg gehst, nur weil dich einmal eine erschreckt hat, kannst du nie die Erfahrung machen, dass Katzen ungefährlich, ja die meisten von ihnen sogar wunderbare Schmusetiere sind, wenn du verständnisvoll mit ihnen umgehst.

nach Monika Hartig

Reflex: unwillkürliche Reizbeantwortung

Monika Hartig (*1936): Psychotherapeutin und Autorin

AUFGABEN

1 Stellt dar, was „die Neue" und was ihre Mitschülerinnen und Mitschüler jeweils denken. > M1
2 Stellt Tipps zusammen, was dem Mädchen in dieser Situation helfen könnte. > M1
3 Erklärt, weshalb der kleine Adler Angst vor dem Fliegen hat und wie er es schließlich doch erlernt. > M2
4 Beurteilt das Verhalten der Eltern. Welchen Anteil haben sie daran, dass ihr Sohn fliegen lernt? > M2
5 Beschreibt, wie Snoopy mit seiner Angst umgeht. Diskutiert, ob ein solches Verhalten immer sinnvoll ist. > M3
6 Stellt an einem weiteren Beispiel dar, wie Angst entsteht und wie man mit ihr umgehen kann. > M4

(W: Aufgaben 5 und 6)

Diese Menschen finde ich stark!

M1 Am liebsten wäre ich ...

so reich wie
Bill Gates,
weil ...

so schlagfertig wie
Günther Jauch,
weil ...

so mutig wie
Greta Thunberg,
weil ...

so sportlich wie ...

so cool wie ...

so schön wie ...

so ... wie ...

M2 Stars, die sich engagieren

UN (United Nations): internationale Organisation, die sich für Frieden und Menschenrechte einsetzt

Die Schaupielerin **Emma Watson** – bekannt als Hermine in den Harry-Potter-Verfilmungen – setzt sich als UN-Sonderbotschafterin für die Bildung von Mädchen und die Gleichbehandlung von Männern und Frauen ein. Jungen und Männer will sie über die Kampagne „HeForShe" (er für sie) dazu bringen, aktiv für die Rechte von Frauen und Mädchen einzutreten.

Revier: *hier:* Ruhrgebiet

Manuel Neuer, der Fußball-Weltmeister von 2014, engagiert sich seit Jahren für zahlreiche soziale Projekte im Revier. 2010 gründete er die *Manuel Neuer Kids Foundation*, die sich insbesondere um benachteiligte Kinder und Jugendliche in der Region kümmert. Außerdem werden in dem 2014 errichteten *MANUS*, einem offenen Kinder- und Jugendhaus von Neuers Stiftung, Kinder außerhalb der regulären Schulzeit durch verschiedene Bildungsangebote und Aktivitäten in ihrer ganzheitlichen Entwicklung gefördert. *Marius Achatz, fcbayern.com*

Leonardo DiCaprio nutzt seinen Ruhm als Hollywood-Star, um für Umweltprojekte zu werben und Geld zu sammeln. Schon seit vielen Jahren ist ihm eine intakte Umwelt ein wichtiges Anliegen, er engagiert sich auch im Kampf gegen den Klimawandel. Der Schauspieler hat 1998 eine eigene Stiftung gegründet, über die bereits 100 Millionen Dollar zur Unterstützung von Projekten und Maßnahmen gegen den Klimawandel gesammelt und gespendet wurden.

M3 Heldin des Alltags

Meine Großmutter ist erst vor sehr kurzer Zeit verstorben. […] Sie wurde 96 Jahre alt.
Als ich ein Kind war, war es mehr ein Gefühl, das mich zu ihr zog. Ich fühlte mich aufgehoben und verstanden. Sie hatte immer ein offenes Ohr für mich, auf alles eine Antwort, konnte fantastisch kochen und backen und hat meinen Lieblings-Hundebär genäht, wenn er mal wieder ein Loch hatte. […] In ihren Geschichten von früher hörte ich, wie sie von ihrer Arbeit sprach. Sie hatte vier eigene Kinder und zusätzlich ein Pflegekind, war aber immer berufstätig. […] Sie vermittelte mir, dass es völlig normal ist, […] das eigene Leben aktiv in die Hand zu nehmen. […] Nichts konnte sie erschüttern, sie nahm jeden Menschen genauso an, wie er war, ohne zu urteilen, und lachte gern und oft. […] Je mehr ich verstehe, was dieses Leben für meine Großmutter […] bedeutete, […] desto mehr bin ich beeindruckt von ihren Leistungen und ihrer Lebenseinstellung. […]
Mein Blick auf meine Großmutter ist sicher gefärbt. Sie hatte ganz bestimmt auch Schwächen. Aber so ist das wohl bei Vorbildern: Egal aus welchem Bereich sie kommen, man stellt sie immer ein bisschen auf einen Sockel. Meine Großmutter […] war eine berufstätige Mutter, ein Herzensmensch, eine gute Seele. Sie ist mein Vorbild.

Katja G.

M4 Brückenbauer

Abenteuer Ethik: Helena, du machst bei dem Projekt „Brückenbauer" mit. Kannst du uns etwas darüber erzählen?
Helena: Das Projekt, bei dem ich mitmache, heißt „Brückenbauer – Jugendliche helfen älteren und behinderten Menschen". Mein Team „Sch'cool" von der Realschule Weil am Rhein unternimmt z. B. Ausflüge mit geistig behinderten Menschen. Ich glaube, wir waren bisher 75-mal unterwegs: unter anderem haben wir Hausbootfahrten gemacht, mehrtägige gemeinsame Freizeiten und einige Wochenendausflüge, die von uns Schülern mit großem Aufwand finanziert wurden. Für Seniorinnen und Senioren haben wir PC-Kurse angeboten. Außerdem haben wir selbstgemachte Filme und Diashows in der Volkshochschule und im Seniorenkreis gezeigt.
Abenteuer Ethik: Warum machst du das alles?
Helena: Helfen ist etwas Schönes. Wenn ich mithelfen kann, dass es anderen Menschen besser geht, macht mich das richtig glücklich.

AUFGABEN

1. Ergänzt die Aussagen mit euren jeweiligen Begründungen. > M1
2. Beschreibt, wofür die Stars sich engagieren. Inwiefern kann ihr Verhalten in besonderer Weise als vorbildlich bezeichnet werden? > M2
3. Stellt dar, inwiefern auch die Großmutter und die Brückenbauer Vorbilder sein können. > M3/M4
4. Tauscht euch darüber aus, was ein Vorbild ausmacht und inwiefern Vorbilder hilfreich für das eigene Leben und die Planung der Zukunft sein können. > M1-M4

plus Falls du ein Vorbild hast: Fertige einen Text an, aus dem hervorgeht, weshalb du ihn oder sie als dein Vorbild ansiehst.

Pläne schmieden und Ziele erreichen

M1 Wenn ich 40 bin …

Bis ich fast 40 Jahre alt bin, möchte ich Karriere gemacht haben – als Managerin oder so … Am liebsten würde ich in einer großen Stadt leben, wie London oder New York, vielleicht auch München, in der man viel unternehmen kann. Zum Ausruhen könnte ich mir z. B. eine kleine Wohnung auf Mallorca vorstellen. Ich möchte viel Geld verdienen, eine schöne Wohnung haben, ein teures Auto fahren und schicke Klamotten besitzen. Mein Beruf wird viel Arbeit und viele Reisen erfordern, so dass ich mir nicht vorstellen kann, verheiratet zu sein.

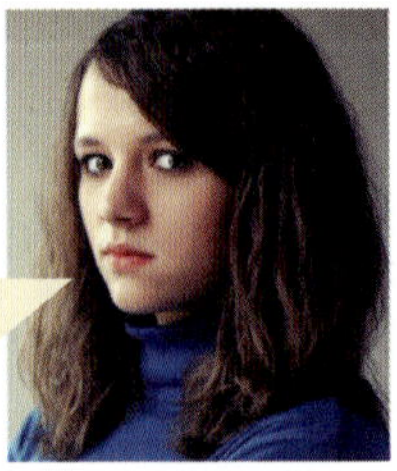

Ulla

Ellen

Maira

Ich kann mir gut vorstellen, in Tierschutzprojekten mitzuarbeiten.
Ich möchte etwas Sinnvolles tun, etwas, wo ich helfen kann. Ich werde wahrscheinlich relativ einfach irgendwo in Afrika leben, aber das macht mir nichts aus. Ob ich heiraten werde und Kinder will, weiß ich wirklich nicht. Wichtiger ist es für mich, etwas zu bewegen.

Ich möchte als Hebamme arbeiten, es muss schön sein, dabei zu helfen, Kinder auf die Welt zu bringen. Selbstverständlich will ich später auch selbst eine Familie. Am liebsten würde ich mit meinem Mann und den Kindern in einem Häuschen auf dem Land leben. In der Freizeit fände ich es schön, mich in der Kirchengemeinde zu engagieren …

Wenn es gut läuft, dann bin ich mit 40 ein bekannter Schauspieler, am liebsten an einem großen deutschen Theater mit ein paar Auftritten in TV-Produktionen im Jahr; wenn nicht, dann vielleicht an einem kleineren Theater. Mir ist es egal, ob ich dabei viel Geld verdiene, Hauptsache, ich schaffe es und kann auf der Bühne stehen.

Finn

Als Leichtathlet wäre es für mich das Größte, einmal an Europameisterschaften oder Weltmeisterschaften, am besten jedoch an Olympischen Spielen teilgenommen zu haben. Das wäre fantastisch. Klar möchte ich eine Familie und einen sicheren Beruf, der es mir aber zugleich erlaubt, meinen Sport auszuüben, in einer Bank zum Beispiel. Vielleicht arbeite ich dann auch als Trainer für Jugendliche.

Mustafa

M2 Die Verwirklichung eines Traums

Im Alter von 21 Jahren hat Mamo Mohammad das geschafft, wovon er immer geträumt hatte: einen eigenen Friseursalon zu führen.

Gerade einmal elf Jahre alt war er, als er die ersten Handgriffe des Friseurgewerbes lernte, damals im Salon seines Onkels in Kamischli. In Syrien sei es normal, schon als Kind zu arbeiten.

Nach Kriegsbeginn flüchtete Mohammad gemeinsam mit seiner Mutter und seinem kleinen Bruder in die Türkei. 2015 bekamen die drei die Genehmigung, nach Deutschland einzureisen, wo der Vater und der große Bruder schon auf sie warteten.

Mohammad ging zur Hauptschule. In den ersten Wochen fühlte er sich einsam. Alles war fremd für ihn: die Sprache, die Kultur, das Essen. Er hatte gehofft, in seiner Klasse neue Freunde zu finden, doch seine Mitschüler verstanden ihn nicht. „Wenn man neu ist in einem Land, ist der Anfang immer hart", erklärt er. [...] [Aber er ließ sich nicht entmutigen.] Sein Pflichtpraktikum für die Schule machte er bei einem Wolfenbütteler Friseur. Er zeigte den Mitarbeitern, was er in Syrien gelernt hatte, und stieß auf Begeisterung. Kunden hätten seine einfühlsame Art gelobt, Kollegen seinen Teamgeist und sein Engagement. Zum ersten Mal, sagt Mamo Mohammad, habe er das Gefühl gehabt, richtig angekommen zu sein. Aus den vorgeschriebenen zwei Wochen wurden zwei Monate, dann durfte er dort seine Ausbildung beginnen. Er wechselte auf die Berufsschule, verstand viele Fachbegriffe nicht und schrieb anfangs Fünfen und Sechsen. Er ließ sich davon nicht beirren. „Ich wollte mir und meiner Familie beweisen, dass ich es schaffen kann, meinen Traum zu verwirklichen." Er hörte den Kollegen zu und merkte sich beliebte Sätze und Gesprächsthemen – über das Wetter, lernte er schnell, sprechen die Deutschen besonders gern. [...] Mit dem deutschen Wortschatz verbesserten sich seine Schulleistungen. Die schriftliche Abschlussprüfung bestand er mit der Note 2,9. Angespornt habe ihn auch seine heutige Ehefrau, die er ein Jahr nach seiner Ankunft in Deutschland kennenlernte. Die Deutsche mit kolumbianischen Wurzeln machte ihm Mut, als er den Laden in der Innenstadt entdeckte, und bestärkte ihn, dort seinen eigenen Friseursalon zu eröffnen. [...] „Wir haben alles selbst gemacht", erzählt der Friseur. Die Verwandten hätten geholfen, sein Onkel, sein Bruder, viele Freunde, vor allem sein heutiger Schwiegervater. [...] Das Geschäft laufe gut. Mohammad hat mittlerweile zwei Mitarbeiter eingestellt. *Katrin Eigner, Anna-Lena Jaensch*

AUFGABEN

1 Erläutere, welche Lebensentwürfe du dir auch für dich vorstellen kannst, welche keinesfalls. > M1

2 Stellt dar, warum Mamo Mohammad es nicht leicht hatte. > M2

3 Erläutert, welche Eigenschaften ihm dabei geholfen haben, seinen Traum zu verwirklichen. > M2

4 Erläutert, welche weiteren Eigenschaften und Einstellungen wichtig sind, damit man seine Ziele verwirklichen kann. > M2

plus Male ein Bild, das deine Pläne für die Zukunft wiedergibt.

> Kapitel 3, S. 56f.: Vor Krieg und Not fliehen

Nicht ohne die Anderen

M1 Insel der blauen Delfine

Scott O'Dell erzählt in seinem Roman *Die Insel der blauen Delfine* die Geschichte des Mädchens Won-a-pa-lei, das im Alter von zwölf Jahren allein auf einer Insel im Pazifik zurückbleibt, nachdem seine Ureinwohnergemeinschaft von den Aleütern ausgelöscht worden ist.

Der Sommer ist die beste Zeit auf der Insel der blauen Delfine. Die Sonne scheint am wärmsten, und die Winde wehen sanfter, bisweilen aus dem Westen, manchmal aus dem Süden. Das Schiff konnte nun jeden Tag zurückkommen. Ich verbrachte diese Zeit meist auf dem Felsblock, den Blick nach Osten gerichtet, nach der Richtung, wo das Land lag, das meine Leute aufgesucht hatten. Ich schaute und schaute hinaus aufs Meer, das nirgends ein Ende nahm.

Einmal sah ich in der Ferne etwas, das ich für ein Schiff hielt. Aber ich täuschte mich. Ein Wasserstrahl schoss in die Luft, ich wusste, dass es ein Walfisch war. Außer diesem Walfisch gab es in jenem Sommer nichts mehr zu sehen.

Mit dem ersten Wintersturm hörte die Hoffnung auf. Wenn das Schiff der weißen Männer nach mir ausgeschickt worden wäre, so hätte es in der guten Jahreszeit kommen müssen. Jetzt blieb mir nichts übrig, als zu warten, bis der Winter vorbei war. Wer weiß, vielleicht dauerte es noch länger.

Mit einem Mal fühlte ich mich sehr verlassen. Ich dachte daran, wie viele Sonnen über dem Meer auf- und niedergehen würden, während ich mutterseelenallein auf dieser Insel lebte. Es war ein ganz neues und beängstigendes Gefühl. Bisher hatte ich ja stets gehofft, das Schiff werde irgendwann zurückkommen, wie Matasaip gesagt hatte. Jetzt musste ich diese Hoffnung begraben. Ich war allein. Allein. Ich aß wenig, und wenn ich schlief, träumte ich von schrecklichen Dingen. [...] [Ich fasste den Entschluss, die Insel zu verlassen. Es wäre] falsch gewesen, zu sagen, ich hätte Angst gehabt, als ich dort an der Küste stand. Meine Vorfahren hatten in ihren Kanus das Meer überquert, von dem Land hinter dem Horizont bis hierher zur Insel. [...] Von Kanus verstand ich nicht halb so viel wie [...] [unsere] Männer, aber ich muss gestehen, dass mir nicht ernstlich bangte vor den Dingen, die mir auf meiner Fahrt zustoßen konnten. Alles war leichter zu ertragen als dieses Alleinsein auf der Insel, ohne Familie, ohne Gefährten, von wilden Hunden bedroht und, wo ich ging und stand, verfolgt von der Erinnerung an die, die gestorben oder gegangen waren. [...]

Rings um mich gab es nur noch Hügel und Täler aus Wasser. Wenn ich in eines der Täler sank, konnte ich überhaupt nichts mehr sehen, und wenn [...] [mein] Kanu wieder auftauchte, war nur der weite, endlose Ozean da. *Scott O'Dell*

Scott O'Dell (1898-1989): US-amerikanischer Schriftsteller

M2 Die Bremer Stadtmusikanten

Es war einmal ein Mann, der hatte einen Esel, der zur Arbeit nicht mehr taugte. Da dachte der Herr daran, ihn wegzugeben. Als der Esel merkte, dass sein Herr etwas Böses im Sinn hatte, lief er fort und machte sich auf den Weg nach Bremen. Dort, so meinte er, könnte er ja Stadtmusikant werden. Unterwegs traf er auf Hund, Katze und Hahn, die ebenfalls aufgrund ihres Alters von ihren Herren dem Tod übergeben werden sollten. Der Esel schlug den Tieren vor, mit ihm zusammen als Musikanten nach Bremen zu reisen. Da ihnen der Vorschlag gefiel, zogen sie gemeinsam los.

Sie konnten die Stadt Bremen an einem Tag nicht erreichen und kamen abends in einen Wald, wo sie übernachten wollten. Bald standen sie vor einem hellerleuchteten Räuberhaus. Der Esel schaute durch das Fenster. „Ich sehe einen gedeckten Tisch mit Essen und Trinken. Räuber sitzen rundherum und lassen sich's gut gehen!"

Da überlegten die Tiere, wie sie es anfangen könnten, die Räuber hinauszujagen. Endlich fanden sie ein Mittel. Der Esel stellte sich mit den Vorderfüßen auf das Fenster, der Hund sprang auf des Esels Rücken, die Katze kletterte auf den Hund, und zuletzt flog der Hahn hinauf und setzte sich der Katze auf den Kopf. Als das geschehen war, fingen sie auf ein Zeichen an, ihre Musik zu machen: Der Esel schrie, der Hund bellte, die Katze miaute, und der Hahn krähte. Darauf stürzten sie durch das Fenster in die Stube hinein, dass die Scheiben klirrten. Die Räuber fuhren bei dem entsetzlichen Geschrei in die Höhe und flohen in größter Furcht in den Wald. Nun setzten sich die vier Gesellen an den Tisch, und jeder aß nach Herzenslust. Als sie fertig waren, löschten sie das Licht aus, und jeder suchte sich eine Schlafstätte nach seinem Geschmack.

Als Mitternacht vorbei war, schickte der Hauptmann einen Räuber zurück, um nachzusehen, ob noch jemand im Hause wäre. Da sah er die feurigen Augen der Katze und meinte, es wären glühende Kohlen. Er hielt ein Streichholz daran, dass es Feuer fangen sollte. Aber die Katze verstand keinen Spaß, sprang ihm ins Gesicht und kratzte ihn aus Leibeskräften. Da erschrak er gewaltig und wollte zur Hintertür hinauslaufen. Aber der Hund, der da lag, sprang auf und biss ihn ins Bein. Als der Räuber am Misthaufen vorbeirannte, gab ihm der Esel noch einen tüchtigen Schlag mit dem Hinterfuß. Der Hahn aber, der von dem Lärm aus dem Schlaf geweckt worden war, rief vom Dach herunter: „Kikeriki!"

Da lief der Räuber zu seinem Hauptmann zurück und sprach: „In dem Haus sitzt eine Hexe, die hat mich angehaucht und mir mit ihren langen Fingern das Gesicht zerkratzt. An der Tür steht ein Mann mit einem Messer, der hat mich ins Bein gestochen. Auf dem Hof liegt ein schwarzes Ungetüm, das hat mit einem Holzprügel auf mich losgeschlagen. Und oben auf dem Dache, da sitzt der Richter, der rief: ‚Bringt mir den Schelm her!' Da machte ich, dass ich fortkam."

Von nun an getrauten sich die Räuber nicht mehr in das Haus. Den vier Bremer Stadtmusikanten aber gefiel's darin so gut, dass sie nicht wieder hinaus wollten. *Märchen der Brüder Grimm (gekürzt)*

Bremer Stadtmusikanten: Märchen der Brüder Grimm, erstmals veröffentlicht 1819 in der 2. Auflage der Sammlung „Kinder- und Hausmärchen"

Brüder Grimm: Jacob (1784-1863) und Wilhelm (1786-1859) Grimm: deutsche Sprach- und Literaturwissenschaftler

AUFGABEN

1. Beschreibt die Situation und die Gefühle Won-a-pa-leis. Warum entschließt sie sich, die Insel zu verlassen? > M1
2. Beschreibt, in welcher Lage die Tiere sich vor ihrem Zusammenschluss befanden. > M2
3. Beurteilt, was sich für die Tiere durch die Gemeinschaft verändert hat. > M2

Was mir die Gemeinschaft bedeutet

M1 In der Familie

M2 Der verlorene Sohn

Ein reicher Mann hatte zwei Söhne. Eines Tages ging der jüngere zu seinem Vater und sprach: „Vater, zahle mir schon heute den Teil des Besitzes aus, der mir nach deinem Tode zusteht. Ich will nicht mehr hier bleiben. Ich möchte in die weite Welt ziehen."

Der Vater wurde sehr traurig, als er die Worte seines Sohnes hörte, doch er konnte ihm die Bitte nicht ausschlagen. Er verteilte seinen Besitz unter seine beiden Söhne; der jüngere verkaufte seinen Anteil und machte sich mit dem Geld auf die große Reise.

Er zog weit fort in ein fernes Land, wo niemand ihn kannte. Doch er wusste nicht, mit seinem Geld umzugehen und lebte im Überfluss, bis all sein Reichtum verschwendet war. Als er nun nichts mehr besaß, brach in jenem Land eine große Hungersnot aus. Er bettelte an den Türen, doch niemand wollte ihm etwas geben. Da suchte er Arbeit bei einem Bauern, der stellte ihn als Schweinehirten an. Der Junge war so hungrig, dass er heimlich von dem Schweinefutter aß. Da endlich kam er zur Besinnung und beschloss, nach Hause zurückzukehren. Sein Vater würde ihm sicherlich verzeihen, und so machte er sich auf die lange Heimreise.

Sein Vater liebte ihn immer noch sehr und hatte niemals die Hoffnung aufgegeben, dass er eines Tages zurückkehren würde.

Der Junge hatte noch nicht das Haus erreicht, da eilte ihm sein Vater schon entgegen. Sie fielen sich um den Hals, und der Junge rief schluchzend: „Vater, ich […] verdiene es nicht, dein Sohn zu sein." Doch sein Vater war so glücklich, dass er ihm auf der Stelle vergab und ein großes Fest vorbereitete, um die Rückkehr seines Sohnes zu feiern. Als das Fest in vollem Gange war, kehrte der ältere Bruder von der Arbeit auf dem Felde zurück. Da wurde er zornig und rief an seinen Vater gewandt: „All diese Jahre habe ich gearbeitet, doch für mich hast du nie ein Fest gegeben." „Mein Sohn", erklärte der Vater beruhigend, „du bist immer bei mir gewesen, dein Bruder aber war für mich wie tot; jetzt ist er wieder lebendig. Wir glaubten, ihn für immer verloren zu haben, doch wir haben ihn wiedergefunden. Sollten wir uns da nicht freuen und ein Fest feiern?"

Geoffrey Marshall-Taylor (nach Lukas 15,11-32)

M3 Leben in der Gemeinschaft

Das Leben in einer Gemeinschaft läuft auf drei Ebenen gleichzeitig ab. Die erste ist das Leben in der Familie. Der Mensch wird in eine Familie hineingeboren, im Unterschied […] zu den Pflanzen, die aus Samenkörnern entstehen. Im Gegensatz zu einem Fohlen, das schon wenige Minuten nach der Geburt laufen kann, *muss* ein Kind über einen langen Zeitraum hinweg intensiv gepflegt werden. Für den Menschen ist die Familie die Kerngemeinschaft […].

Eine zweite Ebene ist die der Freundschaft. Unsere Freunde, das sind Menschen, die sich für uns entschieden haben und für die wir uns entschieden haben; Menschen, die wir uns als Begleiter durch unser Leben erwählt haben.

Die dritte Ebene ist die der Gesellschaft insgesamt. Wir sind vor allem durch unsere Arbeit in sie integriert.

Jetzt wollen wir uns noch die […] wichtigsten Gründe vor Augen führen, warum der Mensch die Gemeinschaft nötig hat, um glücklich zu sein: An erster Stelle deswegen, weil wir auf eine ganze Reihe von Zuwendungen und Hilfeleistungen angewiesen sind, die wir uns nicht selbst zuteilwerden lassen können. Wer schwer krank ist, braucht jemanden, der ihm das Essen zubereitet; ein Baby braucht jemanden, der ihm die Windeln wechselt; und auch ein älterer Mensch braucht häufig jemanden, der sich um ihn kümmert. Sogar ein junger, kräftiger und gesunder Mensch wäre auf sich allein gestellt nicht in der Lage, all die Dinge zu erwerben, die ihm die Gemeinschaft zur Verfügung stellt. […] Wir kommen somit zu dem Ergebnis: Nur mit Hilfe anderer Menschen kann der Mensch seine Natur voll zur Entfaltung bringen; nur mit Hilfe anderer Menschen kann er ein echter Mensch werden. […]

[Auch unsere Fähigkeiten zu lieben und geliebt zu werden] würden ohne den Kontakt mit anderen Menschen völlig verkümmern […] Die Fähigkeit zu lieben gehört zu unserer natürlichen Ausstattung mit hinzu; außerhalb einer Gemeinschaft könnte sie sich nicht entfalten. Der Mensch ist von Natur aus auf Liebe und Zuneigung angewiesen – etwas, das es nur in der Gemeinschaft mit anderen Menschen gibt. […]

Und schließlich lernt man auch die Tugenden […] in der Gemeinschaft. […] Beispiele dafür sind die Gerechtigkeit, die Barmherzigkeit, die Großzügigkeit oder die Treue.

Aus diesen […] Gründen ist es natürlich, dass die Menschen in einer Familie aufwachsen und später selbst Familien gründen; und dass die Menschen Freunde haben. Unter anderen Umständen wäre es ihnen gar nicht möglich, ihre Fähigkeiten zu entfalten.

Héctor Zagal und José Galindo

integriert: einbezogen

Tugend: gute Eigenschaft (*Gegenteil:* Laster)

Héctor Zagal (*1952) / **José Galindo:** mexikanische Philosophen

AUFGABEN

1 Sprecht anhand der dargestellten Situationen über die Frage, was aus eurer Sicht wichtig für familiäres Zusammenleben ist. > M1

2 Stellt in einem Rollenspiel die Geschichte des verlorenen Sohnes dar. > M2

V 3 Tauscht euch darüber aus, welches Bild von Familie hier vermittelt wird. > M2

4 Erläutert, warum nach Zagal und Galindo für den Menschen das Leben in einer Gemeinschaft notwendig und wichtig ist. > M3

5 Notiere deine Ideen dazu, was jede/r beitragen muss, damit das Zusammenleben mit anderen gelingt. Führt dann im Kurs eine Diskussion zu diesem Thema durch. > M3

Was wir wissen – was wir können

Wissen kompakt

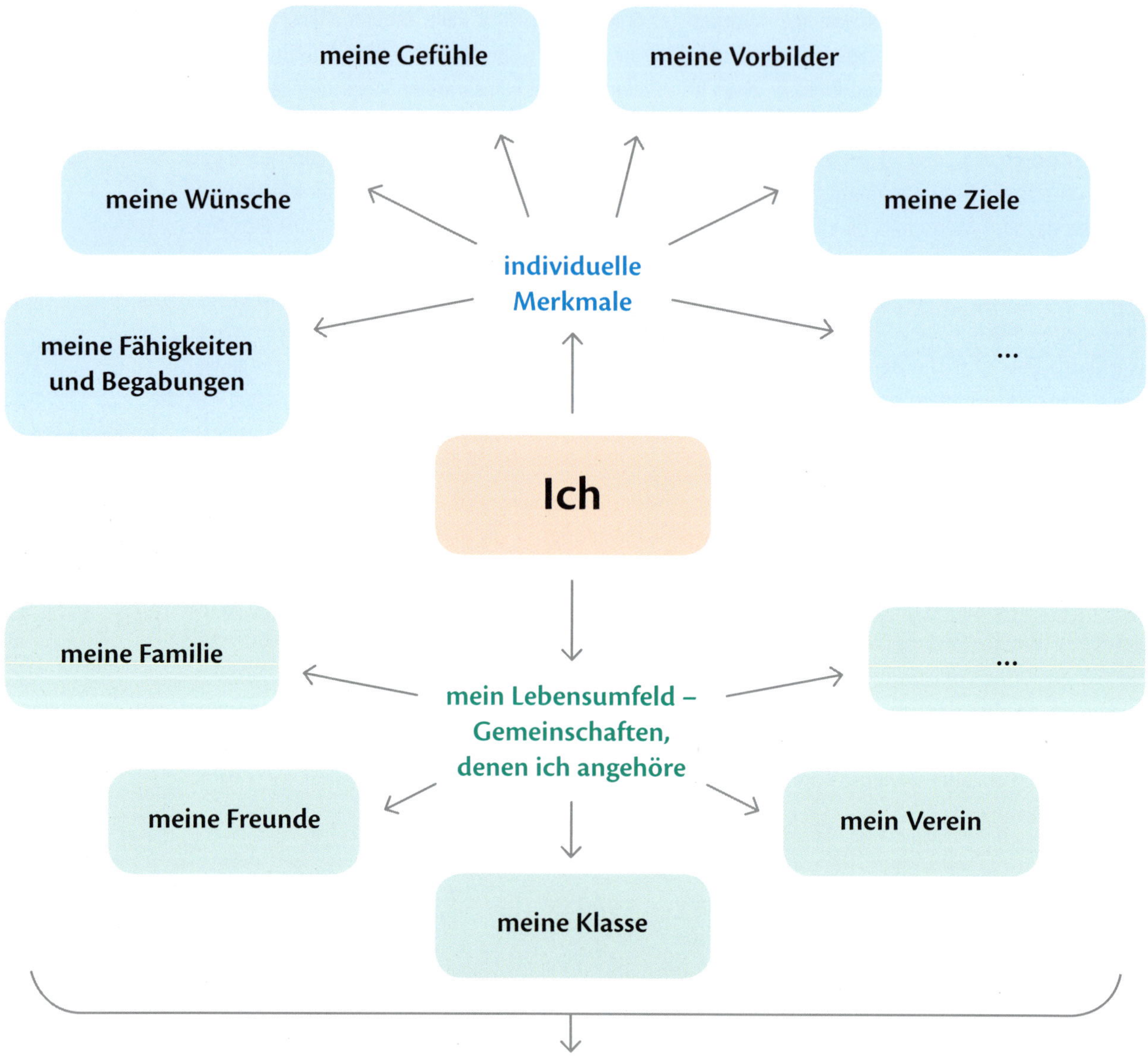

- gegenseitige Unterstützung
- Verantwortung für einander
- Liebe
- Schutz
- Förderung
- ...

KOMPETENZ-CHECK

Überprüfe dich selbst: Wenn du dich bei einem Punkt noch unsicher fühlst, lies und bearbeite (ggf. mit Partner/in) die passende Schulbuchseite noch einmal.

Ich kann …		Meine Einschätzung – –	–	+	++
mich selbst in meinem Lebensumfeld beschreiben	> S. 12-13				
darstellen, wie andere mich sehen	> S. 12-13				
darstellen, wie Hoffnungen und Wünsche mich prägen	> S. 14-15				
meine Gefühle beschreiben und angemessen mit ihnen umgehen	> S. 16-19				
erklären, was ein Vorbild ist und welchen Einfluss es ausüben kann	> S. 20-21				
erläutern, was dazu gehört, selbstgesetzte Ziele zu erreichen	> S. 22-23				
aufzeigen, warum Gemeinschaft für den Menschen wichtig ist und wie Zusammenleben mit Anderen gelingen kann	> S. 24-27				

Arbeitsblatt:
Kompetenz-Check „Ich und mein Leben“

Mediencode: 21004-01

plus In den letzten Wochen hast du Material zu folgenden Aspekten gesammelt:

- Fotos, die zeigen, was dich ausmacht, sowie Notizen zu deinen Stärken
- Bildmaterial, das für deine Wünsche und Träume steht
- Texte, aus denen hervorgeht, warum du jemanden als Vorbild ansiehst
- gemaltes Bild, das die Pläne für deine Zukunft wiedergibt

Ordne die Materialien für deine Collage auf deinem Plakat an und klebe sie anschließend fest.
Hängt eure Plakate im Klassenraum auf und stellt einander eure Produkte vor.

HÄGAR
DER SCHRECKLICHE
by DIK BROWNE
AAAIAIA
AIAIOOOO!!
© 1991 by King Features Syndicate, Inc. World rights reserved.
HIER SIND DEINE BURGER.
1-27
UND WO SIND MEINE POMMES?
CHRIS BROWNE

Ich und meine Freundschaften

AUFGABEN

1 Erzählt die Geschichte nach, indem ihr auf die einzelnen Bilder eingeht.

2 Beurteilt das Verhalten von Hägar und Sven Glückspilz.

3 Sprecht darüber, ob man das Verhältnis von Hägar und Sven Glückspilz als Freundschaft bezeichnen kann.

plus Handbuch „Freundschaft stärken – Freundschaft erhalten"

In den nächsten Wochen soll jede bzw. jeder von euch ein Handbuch mit Überlegungen und Tipps erstellen, wie man eine Freundschaft erhalten oder sie sogar noch weiter stärken kann.

> Besorge dir einen Schnellhefter, in dem du deine Ergebnisse nach und nach sammeln kannst.

> Entwirf ein Titelblatt für dein Handbuch, dass du nach eigenen Vorstellungen illustrierst.

Ich und meine Gruppen

M1 Spaß mit Anderen

M2 Was ich alles nach der Schule mache

Jonas (Werkrealschule in Baden-Baden): So oft es geht, treffe ich mich nachmittags mit meinen Freunden zum Zocken. Auf der Konsole spielen wir in der Regel Fifa. Das ist immer lustig. In letzter Zeit vernetzen wir häufig unsere Computer, um Minecraft zu spielen. Das ist spannend und verlangt eine Menge Teamgeist.

Gülbahar (Realschule in Heidelberg): Nach der Schule gehe ich immer direkt nach Hause. Dort warten meine kleinen Geschwister auf mich. Ich passe auf sie auf, weil meine Mutter nachmittags zur Arbeit geht. Das ist manchmal anstrengend, aber meistens haben wir viel Spaß zusammen. Außerdem helfe ich auch im Haushalt mit: Ich räume auf, putze und sorge für das Abendessen.

Vanessa (Gymnasium in Ravensburg): Ich liebe das Ballett. Zwei Mal in der Woche gehe ich in die Ballettschule, wo ich zusammen mit anderen Mädchen und auch zwei Jungen trainiere und neue Figuren einübe. Das ist viel anstrengender, als es aussieht. Es macht aber riesigen Spaß, vor allen Dingen dann, wenn man sieht, wie man immer besser wird. Und wenn wir dann sogar mal mit unserer Ballettgruppe auf der Bühne stehen, sind wir alle total stolz.

Merve (Hauptschule in Mannheim): Wenn ich nichts anderes vorhabe, gehe ich nachmittags einfach zum Marktplatz des kleinen Dorfes, in dem ich wohne und gucke mal, was so los ist. Alleine bleibe ich nie lange: Immer wieder treffe ich Mitschülerinnen oder andere Kinder, die ich kenne. Wir reden dann und machen Quatsch und manchmal entscheiden wir uns, zusammen zum Shoppen oder in ein Eiscafé zu gehen.

Mathis (Gemeinschaftsschule in Freiburg): In meiner Freizeit mache ich Musik. Zu Hause habe ich eine E-Gitarre. Damit sitze ich oft stundenlang in meinem Zimmer und probiere die neuesten Stücke aus. Das muss ich nämlich, weil ich mit vier anderen Jungs eine Band gegründet habe. Dreimal in der Woche treffen wir uns zur Probe. Wir haben schon mehrere Auftritte in Jugendheimen gehabt. Demnächst wollen wir eine CD aufnehmen. Ich hoffe, dass wir mal richtig berühmt werden.

Gloria (Gemeinschaftsschule in Rust): Meine zwei besten Freundinnen und ich haben echt das schönste Hobby der Welt: Reiten. Immer wenn wir uns sehen, telefonieren oder chatten, geht es nur um Pferde. Wir treffen uns auch jeden Nachmittag im Reitstall, wo wir unsere Pferde pflegen und mit ihnen ausreiten. Wenn wir dann zusammen über eine Wiese galoppieren, sind wir glücklich und fühlen uns so richtig verbunden.

Kevin (Gymnasium in Calw): Fußball, das ist alles, was mich interessiert. Drei Mal in der Woche gehe ich zum Training der Jugendmannschaft der Arminia. Unser Trainer verlangt eine Menge von uns, aber er ist nie unfair. Dadurch ist meine Mannschaft echt gut. Am Wochenende ist normalerweise ein Spiel. Und wenn wir weiter so erfolgreich sind, kann es sogar sein, dass wir dieses Jahr die Meisterschaft gewinnen.

Lea (Gymnasium in Böblingen): Für mich stand schon vor der ersten heiligen Kommunion fest, dass ich Messdienerin werde würde. Jetzt bin ich knapp zwei Jahre dabei. Es macht immer Spaß, wenn wir uns donnerstags in der Messdienergruppe treffen. Zuerst üben wir in der Kirche, wer wann welche Aufgabe im Gottesdienst auszuführen hat, um den Priester bei seiner Arbeit zu unterstützen. Anschließend haben wir dann meistens noch zwei Stunden Zeit, um miteinander zu spielen – und wir verstehen uns auch alle immer richtig gut!

AUFGABEN

1 Erläutert, woran man erkennt, dass die Kinder auf den Fotos eine Gemeinschaft bilden. > M1

2 Benennt die Gemeinschaften, in denen die Jugendlichen ihre Freizeit verbringen. > M2

H 3 Beschreibt, was die Kinder nach der Schule im Einzelnen mit anderen unternehmen und wodurch sich die jeweiligen Gemeinschaften unterscheiden. > M2

Freundschaft ist wichtig

M1 Freundschaftspuzzle

„Mit meiner besten **Freundin** kann ich alle meine Gefühle und Geheimnisse teilen. Sie ist nämlich immer **für mich da**."

„Durch meine **Freunde** habe ich das Gefühl, gebraucht und **anerkannt** zu werden."

„Durch meine **Freundin** finde ich heraus, was alles in mir und was in ihr steckt. Ich **messe** mich mit ihr."

„In meiner **Clique** fühle ich mich geborgen. Dort werde ich von den anderen **angenommen**. Sie denken oft genauso wie ich und beschäftigen sich mit den gleichen Problemen. Außerdem gibt mir die Clique Sicherheit."

„Mein **Kumpel** und ich **halten zusammen**. Mit dem verstehe ich mich manchmal besser als mit meinen Eltern."

„Unseren **Freundschaftsbund** haben wir besiegelt. Wir hoffen, er hält **ein Leben** lang."

M2 Schachmenschen

Harry, Ron und Hermine wollen zum Stein der Weisen vordringen, um ihn zu beschützen. Sie glauben, dass ihr Lehrer Snape ihn für den bösen Zauberer Voldemort stehlen will. Kurz vor dem Ziel müssen sie schwere Prüfungen bestehen.

„Ich glaube", sagte Ron, „wir müssen Schachmenschen werden." Er ging vor zu einem schwarzen Springer, streckte die Hand aus und berührte ihn. Sofort erwachte der Stein zum Leben. Das Pferd scharrte und der Ritter wandte seinen behelmten Kopf zu Ron hinunter.

„Müssen wir – ähm – mit euch kämpfen, um [zur Tür] hinüberzukommen?" Der schwarze Ritter nickte. Ron drehte sich zu den andern um. „Lasst mich mal nachdenken ...", sagte er. „Ich denke, wir müssen die Plätze von drei der Schwarzen einnehmen ..."

Harry und Hermine sahen schweigend zu, wie Ron nachdachte. Schließlich sagte er: „Hört mal, seid nicht beleidigt, aber keiner von euch beiden ist besonders gut im Schach."

„Wir sind nicht beleidigt", sagte Harry rasch. „Sag uns einfach, was wir tun sollen."

„Gut. Harry, du nimmst den Platz dieses Läufers ein, und Hermine, du stellst dich neben ihn an die Stelle dieses Turms."

„Was ist mit dir?"

„Ich bin ein Springer", sagte Ron.

Die Schachfiguren hatten offenbar zugehört, denn in diesem Augenblick kehrten ein Springer,

ein Läufer und ein Turm den weißen Figuren den Rücken und schritten vom Platz. Sie ließen drei leere Quadrate zurück, auf denen Harry, Ron und Hermine ihre Plätze einnahmen.
„Weiß zieht im Schach immer zuerst", sagte Ron und spähte über das Brett. „Ja ... schaut ..."
Ein weißer Bauer war zwei Felder vorgerückt. Ron begann die schwarzen Figuren zu führen. Wo immer er sie hinschickte, sie rückten schweigend auf ihre Plätze. Harry zitterten die Knie. Was, wenn sie verloren?
„Harry, rück vier Felder schräg nach rechts."
Richtig mit der Angst zu tun bekamen sie es erst, als der andere Springer geschlagen wurde. Die weiße Dame schlug ihn zu Boden und schleifte ihn vom Brett, wo er mit dem Gesicht nach unten bewegungslos liegen blieb. „Ich musste das zulassen", sagte Ron erschüttert.
„Deshalb kannst du jetzt diesen Läufer schlagen, Hermine, geh los."
Wenn die Weißen eine ihrer Figuren schlagen konnten, zeigten sie niemals Gnade. Nach kurzer Zeit lagen haufenweise übereinander gekrümmte schwarze Spieler entlang der Wand. Zweimal bemerkte Ron gerade noch rechtzeitig, dass Harry und Hermine in Gefahr waren.
Er selbst jagte auf dem Brett umher und schlug fast so viele weiße Figuren, wie sie schwarze verloren hatten.
„Wir haben es gleich geschafft", murmelte er plötzlich. „Lasst mich nachdenken ... lasst mich nachdenken ..."
Die weiße Königin wandte ihm ihr leeres Gesicht zu.
„Ja ...", sagte Ron leise, „das ist die einzige Chance ... Ich muss geschlagen werden."
„NEIN!", riefen Harry und Hermine.
„So ist es eben im Schach!", herrschte sie Ron an. „Manchmal muss man Figuren opfern! Ich springe vor und sie schlägt mich, dann könnt ihr den König schachmatt setzen. Harry!"
„Aber –"
„Willst du Snape aufhalten oder nicht?"
„Ron –"
„Hör zu, wenn du dich nicht beeilst, dann ist er mit dem Stein auf und davon!"
Darauf gab es nichts mehr zu sagen.
„Fertig?", rief Ron mit blassem Gesicht, aber entschlossen. „Ich springe, und trödelt nicht, wenn ihr gewonnen habt."
Er sprang vor und die weiße Dame stürzte sich auf ihn. Mit ihrem steinernen Arm schlug sie Ron heftig gegen den Kopf und er brach auf dem Boden zusammen. Hermine schrie, blieb aber auf ihrem Feld. [...]
Harry ging mit zitternden Knien drei Felder nach links. Der weiße König nahm seine Krone ab und warf sie Harry zu Füßen. Sie hatten gewonnen. Die Schachfiguren verbeugten sich zum Abschied und gaben die Tür auf ihrer Seite frei. Mit einem letzten verzweifelten Blick zurück auf Ron stürmten Harry und Hermine durch die Tür und rannten den nächsten Gang entlang.
„Was, wenn er –?" [fragte Hermine.]

Joanne K. Rowling

Joanne K. Rowling (*1965): britische Schriftstellerin, wurde durch *Harry Potter* weltweit bekannt

AUFGABEN

1 Stellt dar, was die Bilder und Texte über Freundschaft aussagen. > M1
2 Erläutert, wie Ron Harry seine Freundschaft beweist, und nehmt Stellung zu seiner Entscheidung. > M2

plus Beschreibe Situationen, in denen Freunde für einander da sind. Du kannst dabei auf Bücher, Filme oder auch auf eigene Erfahrungen zurückgreifen.

Beste Freunde

M1 Zu zweit, zu dritt, zu mehreren

Pippi, Annika und Thomas

Asterix und Obelix

Fünf Freunde

M2 Das waren zwei Freunde!

Johann Bökh, genannt Justus (der Gerechte), ist Lehrer am Jungeninternat Kirchberg. Er erzählt den Schülern Martin, Matthias, Uli, Sebastian und Jonathan eine Geschichte:

Tertianer: Achtklässler

Primaner: älterer Schüler mit Aufsichtspflicht

„Von einem der [...] Tertianer, die vor zwanzig Jahren in euren eisernen Bettstellen schliefen und auf euren Plätzen im Klassenzimmer und im Speisesaal saßen, handelt die Geschichte. Es war ein braver, fleißiger Junge. Er konnte sich über Ungerechtigkeiten empören wie der Martin Thaler. Er prügelte sich herum, wenn es sein musste, wie der Matthias Selbmann. Er saß mitunter nachts auf dem Fensterbrett im Schlafsaal und hatte Heimweh wie der Uli von Simmern. Er las furchtbar gescheite Bücher wie der Sebastian Frank. Und er verkroch sich manchmal im Park wie der Jonathan Trotz. [...]

Da wurde eines Tages die Mutter dieses Jungen sehr krank. Und man brachte sie, weil sie sonst bestimmt gestorben wäre, von dem kleinen Heimatort nach Kirchberg ins Krankenhaus. [...] Der kleine Junge war damals sehr aufgeregt. Er hatte keine ruhige Minute. Und da rannte er eines Tages, weil es seiner Mutter sehr schlecht ging, einfach aus der Schule fort, quer durch die Stadt ins Krankenhaus, saß dort am Bett der Kranken und hielt ihre heißen Hände. Dann sagte er ihr, er komme morgen wieder – denn am nächsten Tag hatte er Ausgang –, und rannte den weiten Weg zurück. Am Schultor wartete schon ein Primaner [älterer Schüler mit Aufsichtspflicht] auf ihn. [...] [Der unbeliebte, eingebildete Schüler] fragte den Jungen, wo er gewesen sei. Der Junge hätte sich eher die Zunge abgebissen, als diesem Menschen zu erzählen, dass er von seiner kranken Mutter kam. Der Primaner entzog ihm zur Strafe die Ausgeherlaubnis für den nächsten Tag. Am nächsten Tag lief der Junge trotzdem davon. Denn die Mutter wartete ja auf ihn! Es ging ihr noch schlechter als am Tag vorher. Und sie bat ihn, morgen wieder zu kommen. Er versprach es ihr und lief in die Schule zurück.

[Dort hatte ihn der Primaner dem strengen Hauslehrer gemeldet, dem er sich auch nicht anvertrauen wollte. Er schwieg und erhielt vier Wochen Hausarrest.]

Aber am nächsten Tag war er wieder fort. Da brachte man ihn, als er zurückkam, zum Direktor des Gymnasiums. Und der bestrafte ihn mit zwei Stunden Karzer. Als sich nun der Direktor am nächsten Tage vom Hausmeister den Karzer aufschließen ließ, um den Jungen zu besuchen und ins Gebet zu nehmen, saß ein ganz anderer Junge im Karzer. Das war der Freund des Ausreißers, und er hatte sich einsperren lassen, damit der andere wieder zu seiner Mutter konnte.

Ja, […] das waren zwei Freunde! Sie blieben auch später beieinander. Sie studierten zusammen. Sie wohnten zusammen. Sie trennten sich auch nicht, als der eine von ihnen heiratete. Dann aber bekam die Frau ein Kind. Und das Kind starb. Und am Tage nach dem Begräbnis war der Mann verschwunden. Und sein Freund, dessen Geschichte ich euch hier erzähle, hat nie wieder etwas von ihm gehört." Doktor Bökh stützte den Kopf in die Hand und hatte sehr, sehr traurige Augen. […] Er sah die fünf Knaben lange an. „Und wisst ihr auch, wie dieser Junge hieß?"
„Jawohl", sagte Martin leise. „Er hieß Johann Bökh."

Erich Kästner

Erich Kästner
(1899-1974):
dt. Schriftsteller und Kinderbuchautor

M3 Momo, Beppo und Gigi

Momo […] hatte zwei allerbeste Freunde, die beide jeden Tag zu ihr kamen und alles mit ihr teilten, was sie hatten. Der eine war jung und der andere war alt. Und Momo hätte nicht sagen können, welchen von beiden sie lieber hatte.

Der Alte hieß Beppo Straßenkehrer. […] Manche Leute waren der Ansicht, Beppo Straßenkehrer sei nicht ganz richtig im Kopf. Das kam daher, dass er auf Fragen nur freundlich lächelte und keine Antwort gab. Er dachte nach. […] Nur Momo konnte so lange warten […] [bis Beppo endlich etwas erwiderte]. […]

Der andere beste Freund, den Momo hatte, war jung und in jeder Hinsicht das genaue Gegenteil von Beppo Straßenkehrer. Er war ein hübscher Bursche mit verträumten Augen, aber einem schier unglaublichen Mundwerk. Er steckte immer voller Späße und Flausen und konnte so leichtsinnig lachen, dass man einfach mitlachen musste, ob man wollte oder nicht. Sein Name war Girolamo, aber er wurde einfach Gigi [Fremdenführer] gerufen. […] Wenn sich tatsächlich einmal ein paar Reisende in diese Gegend verirrten […], dann legte er los und erzählte das Blaue vom Himmel herunter. […] Seltsamerweise war der Einzige, der Gigi niemals wegen seiner Leichtfertigkeit tadelte, gerade der alte Beppo. Und ebenso seltsamerweise war es gerade der zungenfertige Gigi, der als Einziger niemals über den wunderlichen alten Beppo spottete.

Das lag wohl auch an der Art, wie die kleine Momo ihnen beiden zuhörte.

Michael Ende

Michael Ende
(1929-1995):
dt. Schriftsteller und Jugendbuchautor

INFO

Freundschaft

Freundschaft nennt man eine besondere Beziehung zwischen mindestens zwei Menschen, die sich von einer bloßen Bekanntschaft einerseits und einer Paarbeziehung/Lebensgemeinschaft andererseits unterscheidet. Sie kennt keine Grenzen in Bezug auf Alter, Wohnort, Nationalität usw.

AUFGABEN

1 Erzählt, was ihr über die abgebildeten Freunde wisst und welche Konflikte sie auszuhalten haben. > M1

2 Erläutert, wodurch sich Freundschaft in Bökhs Geschichte auszeichnet. > M2

V H 3 Beschreibt, wie sich Momos zwei beste Freunde unterscheiden. Überlegt, warum sie einander mögen und warum Momo beide gleich gern hat. Erklärt dazu auch den letzten Satz des Textes. > M3

Zusammen sind wir stärker!

M1 „Die Wilden Hühner"

In der Schulklasse von Frau Rose ärgert die Jungenbande „Die Pygmäen" um ihren Anführer Fred immerzu die Mädchen. Um sich gemeinsam besser wehren zu können, wollen die Freundinnen Sprotte, Trude, Melanie, Frieda und Wilma eine eigene Bande gründen. Der einzige Ort, an dem die Mädchen sich ungestört treffen können, ist der Hühnerstall auf dem Hof von Sprottes Oma. Daraus entsteht auch der Bandenname „Die Wilden Hühner".

Heute Nacht sind die Hühner wild
Heute Nacht gibt es nichts, was uns noch stoppt
Da kannst du machen, was du willst
Doch diese Hühner kriegst du nie in den Topf

Und keine Seele erahnt unsere Pläne,
Denn selbst unsern Namen verstehen ja nur wenige
Doch: Die Bande meisterte jegliche Lage,
Ist die beste der Welt, da stellt sich gar keine Frage

Darum spür: Wie gut man sich doch fühlt,
Wenn man weiß, wer zu einem steht
Und sich redlich um einen müht
Ganz egal, wie's einem geht. [...]

Schon seit dem allerersten Tag
War uns klar: wir sind uns treu
Unsere Herzen spielen im selben Takt
Nichts hat's geschafft, uns zu zerstreuen.

Aus dem Lied „Wild Chicks" (Heute Nacht sind die Hühner wild), dem Titelsong des Films „Die Wilden Hühner"

FILMTIPP
Die Wilden Hühner (Deutschland 2006; Fortsetzungen 2007 und 2009)

M2 Hühner und Pygmäen

Schon bald benötigen die „Wilden Hühner" die Hilfe der „Pygmäen". Nach Schulschluss organisieren die Mädchen ein Treffen mit Fred, Torte und Willi.

Sprotte: Es war nicht meine Idee, dich zu rufen, großer Pygmäen-Boss. Die andern wollten es so, und wir sind eine demokratische Bande. Aber es geht um Leben und Tod.

Fred: Oh, jetzt sind wir aber gespannt.

Sprotte: Meine Oma will die Hühner schlachten. [...]

Fred: Wir haben verstanden. Ihr wollt die Tiere retten und braucht Hilfe.

Torte: Von ein paar unerschrockenen, ...

Willi: ... mutigen, bärenstarken, ...

Fred: … heldenhaften und sehr gut aussehenden Typen.

Sprotte: Also macht ihr mit? Samstagabend. Da ist der beste Zeitpunkt.

Fred: Ähm, Samstag wäre möglich. Als kleines Dankeschön für unsere Hilfe gebt ihr uns einen Gutschein.

Frieda: Ist mal wieder auf Tortes Mist gewachsen.

Fred: Es könnte ja der unwahrscheinliche Fall eintreten, dass wir auch mal Hilfe brauchen.

Torte: Zum Beispiel beim Knöpfeannähen oder Sockenstopfen.

Sprotte: Sehr witzig.

Torte: Wir könnten ja reinschreiben: kein Kochen, keine Küsse.

Frieda: Ich find' das okay mit dem Gutschein.

Sprotte: Okay, auch für mich. Wir schreiben was auf und kommen damit morgen zum Baumhaus.

Aus dem Film „Die Wilden Hühner"

M3 Willis Vater ist wütend

Eines Tages macht Willi eine Dummheit und läuft aus Furcht vor seinem Vater, der ihn schon öfter geschlagen hat, von zuhause weg. Willis wütender Vater kommt am nächsten Tag in der großen Pause auf den Schulhof.

„Wo ist er?", schnauzte Willis Vater […]. „Wo ist Willi? Ihr wisst doch, wo er sich versteckt hat. Raus damit, oder ich schnapp mir jeden Einzelnen von euch." Drohend machte er einen Schritt vor.

Hühner und *Pygmäen* rückten eng, ganz eng zusammen.

„Können Sie nicht zählen?" Friedas Stimme zitterte nur ein ganz kleines bisschen. „Wir sind acht. Da nützt Ihnen Ihre Größe gar nichts. Und wenn … wenn …", das Zittern wurde stärker, weil Frieda so furchtbar wütend war, „wenn Sie Fred noch mal so durchschütteln, dann …"

„Was dann?", fragte Willis Vater. „Ich werd ja wohl fragen dürfen, wo mein Sohn ist, oder? Was glaubt der, wie lange ich mir das noch gefallen lasse, dass er nicht nach Hause kommt. Denkt er, ich löffel für ihn aus, was er sich eingebrockt hat?"

„Versprechen Sie denn, ihn nicht anzurühren, wenn er zurückkommt?", fragte Wilma.

Sprotte und Fred stießen ihr den Ellbogen fast gleichzeitig in die Seite, aber da war es schon raus.

„Na, seht ihr. Ihr wisst, wo er steckt. Dachte ich's mir doch." Willis Vater grinste selbstzufrieden und klopfte sich etwas Dreck vom Jackenärmel. „Los, raus damit. Mit jeder Minute, die ich hier rumstehe, wird der Ärger nur größer."

Feindselig starrten *Hühner* und *Pygmäen* ihn an.

„Und wenn der da rumsteht, bis er Moos ansetzt", murmelte Torte. „Nicht mal Hühner verraten ihre Freunde, oder?"

Cornelia Funke

Cornelia Funke (*1958): deutsche Kinder- und Jugendbuchautorin, Verfasserin der fünfbändigen Buchreihe „Die Wilden Hühner"

AUFGABEN

1 Stellt dar, was das Verhältnis der Mädchen untereinander ausmacht und warum sie sich zusammengeschlossen haben. > M1

2 Untersucht, wie und warum sich das Verhältnis von „Wilden Hühnern" und „Pygmäen" schrittweise verändert. > M2/M3

3 Erklärt, was Torte mit dem letzten Satz zum Ausdruck bringen möchte. > M3

plus Formuliere Tipps, die dazu beitragen können, einer Freundschaft Ausdruck zu verleihen und sie zu vertiefen.

Freundschaften – selten ohne Konflikte

M1 Probleme unter Freunden

Michael und Christian Epp

M2 Ganz schön zickig, oder?

Wie findet ihr diesen Spruch von meiner Freundin?

gefragt von bienchen93
am 08.12.2019 um 19:00 Uhr

Meine Freundin Britta und ich waren heute in einem Laden in der Stadt, weil ich Jeans anprobieren wollte. Sie ist ziemlich dünn, ich nicht so. Sie zieht eine richtig enge Röhrenjeans raus und sagt zu mir: „Mir würde das stehen. Wie schade, dass DU da nicht reinpasst!" Wie findet ihr das? Okay, weil ehrlich? Oder total daneben? Danke für eure Antwort!

beantwortet von jojo
am 08.12.2019 um 19:04 Uhr

Klingt echt gemein und so, als ob sie sich über dich stellen möchte.

beantwortet von Leon17
am 08.12.2019 um 20:01 Uhr

Klingt wie der ganz normale Zickenkrieg unter 13-jährigen. Nichts Besonderes.

beantwortet von Julia94
am 08.12.2019 um 20:02 Uhr

Schon ein bisschen daneben. Sie hätte ja auch einfach die Klappe halten können. Obwohl ich schon dafür bin, dass man ehrlich zueinander ist. Aber verletzend braucht niemand zu sein. Vielleicht hat sie aber auch einfach nicht nachgedacht und es ist ihr so rausgerutscht.

nach www.gute-frage.net

M3 Der Löwe und die Stiere

Eine zärtliche und enge Freundschaft verband vier junge Stiere. Ein Löwe [...] beobachtete sie aus sicherer Entfernung, und seine Begierde nach ihnen wuchs von Tag zu Tag. „Vor diesen acht spitzen Hörnern", sagte er sich aber, „müsste ich fliehen! Ja, diese vier Stiere könnten mich sogar töten, wenn sie mich gemeinsam angreifen. Aber ich weiß, was ich tun muss!" Er verbarg sich am Rand der grünen, saftigen Wiese, auf der die Stiere weideten, und wartete geduldig, bis sich einer von den anderen ein wenig entfernte. Dann schlich der Löwe hin und flüsterte dem Stier zu: „Ah, du bist es, den die anderen drei verspotten!" Dem nächsten Stier erzählte er: „Die anderen drei sind eifersüchtig auf dich, weil du größer und schöner bist als sie."

Am Anfang hörten die Stiere nicht auf den Löwen, aber bald fingen sie an, sich gegenseitig zu misstrauen. Sie gingen nicht mehr gemeinsam auf die Weide und nachts rückten sie voneinander ab. Das alles machte sie noch viel misstrauischer, und jeder dachte von den anderen: Sie warten auf eine Gelegenheit, mir ein Leid anzutun.
Als der Löwe schließlich die Nachricht verbreitete, die vier Stiere wollten sich gegenseitig bekämpfen, weil jeder der Stärkste sein und die anderen von der Weide verjagen wolle, da fielen sie einander sofort in heller Wut an. [...] Sie schlugen mit ihren Hufen aufeinander ein und zerfetzten sich mit ihren Hörnern die Lenden.
Als der Löwe einen von ihnen anfiel, tötete und fortschleppte, kamen die anderen ihrem Gefährten nicht zu Hilfe. Der Löwe zerriss bald danach einen zweiten, dann tötete er den dritten, und auch der vierte Stier wurde in einigen Tagen, als der Löwe wieder Hunger hatte, dessen Opfer.

Johann Gottfried Herder

Johann Gottfried Herder (1744-1803): dt. Dichter und Philosoph

M4 Enttäuschte Freundschaft? Das sagt Knigge!

In seinem Werk *Über den Umgang mit Menschen* (1788) geht es Adolph Freiherr von Knigge nicht nur um Benimmregeln, sondern v. a. um den achtsamen Umgang miteinander und mit sich selbst.

Auch unter den vertrautesten Freunden können Missverständnisse eintreten. Wenn man aber über Missverständnisse Zeit verstreichen lässt oder zulässt, dass sich Leute einmischen, so erwächst daraus nicht selten eine dauerhafte Feindschaft. Ich rate dringend beim ersten Schatten von Unzufriedenheit über irgendein Betragen des Freundes auf Erläuterung zu dringen, vorausgesetzt, dass kein böser Wille waltet, wie ich es bei gutgesinnten Freunden voraussetzen muss. Mehrenteils [sind wir] selbst daran schuld, wenn wir bei näherem Umgang die Menschen anders finden, als wir sie uns anfangs gedacht haben. Wir denken uns [die Freunde] engelsrein. Nachher sind wir ihnen gegenüber viel unduldsamer als Fremden gegenüber ... Spannet eure Meinungen von euren Freunden nicht zu hoch, so wird euch ein menschlicher Fehltritt, den sie in Augenblicken der Versuchung begehen, nicht befremden, nicht ärgern.

Adolph Freiherr von Knigge

Benimmregeln: > S. 77

Adolph Freiherr von Knigge (1752-1796): dt. Schriftsteller

AUFGABEN

W
1. Beschreibt den Konflikt, der zwischen Tobi und Vincent (der Junge mit dem blauen T-Shirt) besteht. Stellt anschließend dar, wie zwischen den beiden Freunden ein angemessenes Verhalten aussehen sollte. > M1
2. Beurteilt die Reaktionen auf Bienchens Frage. Stellt anschließend dar, wie sich Freundinnen in diesem Fall verhalten sollten. > M2
3. Sammelt andere Anlässe, die eine Freundschaft belasten oder gefährden könnten. > M1/M2
4. Erläutert, wie es der Löwe schafft, die Freundschaft zwischen den Stieren zu zerstören. Wie hätten die Freunde deiner Meinung nach auf das Verhalten des Löwen reagieren sollen? > M3
5. Gebt die Empfehlungen von Knigge in eigenen Worten wieder und beurteilt sie anschließend. > M4

plus Sammle Tipps zum Umgang mit Freunden in Konfliktsituationen, indem du dazu Mitschülerinnen und Mitschüler, Freundinnen und Freunde, deine Eltern usw. befragst. Fasse die Tipps für dein Handbuch zusammen.

Freundschaft – richtig verstanden

M1 Die neue Gruppenregel

M2 Eine Lösung für Julias Problem

Als die Freunde das nächste Mal bei Jackie sind und mit der neuen Konsole spielen, beginnt Julia ein Gespräch:

Julia: Ich muss mal mit euch sprechen. Wir haben ja festgelegt, dass jeder von uns ein Konsolenspiel stehlen soll, damit wir nicht immer dasselbe spielen müssen. Ich sollte vor über einem Jahr eine Tüte Bonbons stehlen, um eure Freundin bleiben zu können. Ich habe die Bonbons aber nicht gestohlen, sondern gekauft. Ich konnte sie einfach nicht so mitnehmen. Und ein Spiel kann ich erst recht nicht stehlen.

Jackie: Warum nicht? Du bist jetzt dran: Nimm einfach ein Spiel und geh aus dem Laden. In einem so großen Geschäft wie dem MEDIENRIESEN fällt das überhaupt nicht auf, wenn da ein Spiel fehlt.

Christian: Genau! Und wofür machen wir eigentlich Regeln? Wenn wir uns nicht daran halten, dann hat unsere Gruppe doch gar keinen Sinn.

Ben: Boah, Christian. Wir sind doch schließlich Freunde. Und wir wollen ja auch nicht als Diebe angesehen werden. Vielleicht gibt es doch auch eine andere Lösung.

Julia: Ich sehe das wie Ben. – Christian, wenn du sagst, wir müssen Regeln einhalten, dann stimme ich dir zu. Aber dann dürfen wir auch eine Regel wie „Du sollst nicht stehlen" nicht brechen, oder? Denn Diebstahl ist schließlich überall auf der Welt verboten und wird bestraft, wenn man erwischt wird.

Jackie: Ich will eigentlich auch nicht beim Klauen erwischt werden. Was sollen wir deiner Meinung nach also tun?

Ben: Was haltet ihr davon, wenn wir alle jeden Monat fünf Euro von unserem Taschengeld in eine gemeinsame Kasse zahlen. Wir können dann immer, wenn wir genug Geld zusammen haben, ein neues Spiel kaufen, das uns allen gefällt.

Christian: Ist okay für mich! So können wir es von mir aus versuchen!

M3 Eine Mutprobe für Liam?

Liam fühlt sich mal wieder als Außenseiter. Dabei würde er nur allzu gern zu der coolen Clique um Julian und Debbie gehören. Die fünf Freunde Julian, Debbie, Tim, Moritz und Anna treffen sich jeden Nachmittag und haben immer etwas vor: mal Kino, mal Basketball im Park, ein Spielenachmittag oder Eis essen in der Stadt. Aber Liam weiß, dass man nur in die Clique reinkommt, wenn man eine Mutprobe ablegt. Dazu denkt sich die Clique jeweils eine unangenehme Aufgabe aus … Eines Tages nach dem Sportunterricht spricht Julian Liam dann plötzlich an: „Du hast vorhin voll gut Basketball gespielt! Echt krass, Mann! Wenn du willst, könntest du zu unserer Gruppe gehören." Liam nickt. „Du erhältst heute Nachmittag deine Aufgabe von uns", sagt Julian und trabt davon.

Nachmittags trifft sich Debbie mit Liam und überbringt ihm die Aufgabe: „Du wirst für uns in der Cafeteria Trinkpäckchen an der Kasse vorbei ‚organisieren'. Montag bis Freitag, jeden Tag ein Päckchen. Und wir schauen zu, um sicherzugehen, dass du nicht vielleicht doch bezahlst."

Soll sich Liam auf diese Mutprobe einlassen? Immerhin hatte er so lange darauf gewartet, in die Clique aufgenommen zu werden. Oder ist der Preis, den er eventuell für die Mutprobe zu zahlen hätte, doch zu hoch? Liam beschließt, mit Julian und Debbie zu reden. Er will sie überzeugen, dass diese Mutprobe keine gute Idee ist, aber er trotzdem eine Chance verdient, in die Clique aufgenommen zu werden. Am nächsten Tag nach der Schule wartet er auf die beiden und spricht sie an: „…"

AUFGABEN

1 Beschreibt die Bildgeschichte und diskutiert, wie sich Julia jetzt verhalten soll. Was würdet ihr ihr raten? > M1

2 Stellt dar, wie die Freunde das Problem im Gespräch lösen, und nehmt Stellung dazu. > M2

3 Erläutert, was Liam damit meint, wenn er sich fragt, welchen Preis er eventuell für sein Handeln zahlen muss. > M3

V 4 Schreibe die Geschichte weiter. Am Ende sollte es zu einer Lösung kommen, mit der alle zufrieden sind. > M3

Was Philosophen über Freundschaft denken

Philosoph (gr.): „Freund der Weisheit", Denker

Aristoteles (384-322 v. Chr.): griechischer Philosoph

M1 Drei Arten von Freundschaft

Abenteuer Ethik: Aristoteles, Sie sind einer der bekanntesten Philosophen der Antike. Sie haben sich doch ausgiebig zur Freundschaft geäußert. Erklären Sie uns bitte, was Sie unter Freundschaft verstehen?

Aristoteles: Gerne. Freundschaft gehört für jeden Menschen zum Wichtigsten im Leben. Niemand möchte ohne Freunde leben, auch wenn er alle Dinge besitzen sollte, die man sich nur vorstellen kann. Das liegt daran, dass der Mensch andere Menschen braucht. Aber nicht jeder Mensch, mit dem man seine Freizeit verbringt, ist automatisch auch eine Freundin oder ein Freund.

Abenteuer Ethik: Können Sie das etwas genauer erklären?

Aristoteles: Wir müssen zwischen drei Arten von Freundschaft unterscheiden. Da ist erstens die Freundschaft von Menschen, die etwas miteinander unternehmen, weil sie *Spaß* zusammen haben wollen.

Abenteuer Ethik: Zum Beispiel …

Aristoteles: Nehmen wir ein Beispiel aus Ihrer Zeit, etwa zwei Jungen, die nur deshalb miteinander befreundet sind, weil sie Spaß daran haben, Fußball zu spielen. Lässt aber ihre Begeisterung für das Fußballspiel nach, wird schon bald ihre Freundschaft zu Ende sein, denn der Grund ihrer Freundschaft bestand ja im gemeinsamen Fußballspielen.

Abenteuer Ethik: Das ist einleuchtend. Wie sieht es mit der zweiten Art von Freundschaft aus?

Aristoteles: Die zweite Form bezeichne ich als Freundschaft des *Nutzens*. Die Menschen sind nur deshalb miteinander befreundet, weil sie einander nützlich sind. So kann es auch sein, dass man sich befreundet hat, um dasselbe Ziel zu verfolgen, wobei das Ziel für beide Parteien nützlich sein muss. Besteht der Nutzen nicht mehr, endet diese Art der Freundschaft in der Regel. Wenn nur eine oder einer Nutzen aus der Freundschaft ziehen kann, kann man nicht von Freundschaft sprechen.

Abenteuer Ethik: Können Sie uns hierfür auch Beispiele geben?

Aristoteles: Aber natürlich. Frau Schmitz hilft Frau Meier beim Spazierengehen, weil Frau Meier aufgrund ihres Alters nicht mehr gut zu Fuß ist. Frau Meier kauft dafür regelmäßig für Frau Schmitz Lebensmittel ein, weil Frau Schmitz nur eine kleine Rente hat, die kaum zum Leben reicht. Hier noch ein zweites Beispiel: Ben ist nicht so gut in Mathe, Lisa hat Schwierigkeiten in Englisch. Sie treffen sich zweimal in der Woche, um sich bei den Hausaufgaben gegenseitig zu helfen.

Abenteuer Ethik: Bleibt noch die dritte Art der Freundschaft.

Aristoteles: Genau. Anders als bei der Freundschaft, die auf Spaß beruht, oder der Freundschaft des Nutzens hat man bei der *echten Freundschaft* den Freund oder die Freundin um seiner bzw. ihrer selbst willen gern.

Abenteuer Ethik: Das habe ich nicht verstanden.

Aristoteles: Man ist nicht in erster Linie mit einer Person befreundet, weil man mit ihr Spaß haben kann oder weil sie einem nützlich ist, sondern weil man sie so mag, wie sie ist. Echte Freundschaft besteht darin, dass man sich gut versteht und viele Ansichten teilt. Das Wichtigste aber ist, dass man dem Freund oder der Freundin immer Gutes und niemals Schlechtes wünscht und immer für den Anderen da ist, wenn es ihm schlecht geht.

M2 Wahre Freundschaft

Wie kann überhaupt „ein Leben lebenswert" sein, [...] welches nicht auf wechselseitiger Freundesliebe ruht? Was gibt es Schöneres, als einen Menschen zu haben, mit dem du dich alles so zu reden traust wie mit deinem eigenen Ich? Gäbe es einen so schönen Ertrag in Stunden des Glücks, wenn du nicht einen Menschen hättest, der sich in gleicher Weise wie du selbst darüber freuen kann? Unglück aber zu ertragen wäre schwierig ohne einen, der so geartet ist, dass er es sogar noch schwerer nimmt als du. *Cicero*

Cicero (106-43 v. Chr.): römischer Philosoph

In einer Freundschaft, wie ich sie meine, geht eine so vollständige Verschmelzung der zwei Seelen miteinander vor sich, dass an dem Punkte, wo sie sich treffen, keine Naht mehr zu entdecken ist. Die Zweiheit ist verschwunden. Wenn ich sagen soll, warum ich ihn so liebhatte, kann ich mein Gefühl nur in die Worte kleiden: „Weil er es war; weil ich es war." *Michel de Montaigne*

Michel de Montaigne (1532-1592): französischer Philosoph

Wahre, echte Freundschaft setzt eine starke [...] Teilnahme am Wohl und Wehe des andern voraus. [...] Die Echtheit eines Freundes zu erproben hat man die beste Gelegenheit in dem Augenblick, da man ihm ein Unglück [...] berichtet. Alsdann nämlich malt sich, in seinen Zügen, wahre, innige, unvermischte Betrübnis. Die gewöhnlichen sogenannten Freunde vermögen, bei solchen Gelegenheiten, oft kaum das Zucken zu einem leisen, wohlgefälligen Lächeln zu unterdrücken. *Arthur Schopenhauer*

Arthur Schopenhauer (1788-1860): deutscher Philosoph

AUFGABEN

1 Erläutert die Arten von Freundschaft, die Aristoteles unterscheidet. > M1

2 Wendet die von Aristoteles unterschiedenen Arten von Freundschaft auf die Beispiele der vorhergehenden Seiten an. > M1

V 3 Stellt die Auffassung Ciceros, de Montaignes und Schopenhauers zur Freundschaft dar und veranschaulicht sie durch Beispiele. > M2

plus Verfasse für dein Handbuch eine Bestimmung, was du unter wahrer Freundschaft verstehst. Berücksichtige dabei auch die Aussagen der Philosophen.

Was wir wissen – was wir können

Wissen kompakt

Familie
nicht selbst gewählte, in der Regel verwandtschaftliche Beziehung zwischen Menschen verschiedener Generationen

Verein, Klasse, Musikgruppe o. Ä. …
menschliche Beziehungen, die einem bestimmten Zweck dienen und vorgegeben oder organisiert sind

Bekanntschaft
oberflächliche Beziehung zwischen Menschen, die einander kennen

unterscheidet sich von anderen Gemeinschaften

FREUNDSCHAFT

= enge Beziehung zu Menschen,

- die ich selbst wähle
- mit denen ich gerne Zeit verbringe
- an deren Leben ich Anteil nehme

Formen:

Freundschaft, die auf Spaß beruht
(z. B. Treffen in der Freizeit zum Fußballspielen)

Echte Freundschaft

- die/den Andere/n so mögen, wie sie oder er ist
- der/dem Anderen immer Gutes wünschen
- immer für die oder den Anderen da sein
- …

Freundschaft zum gegenseitigen Nutzen
(z. B. Treffen zum gemeinsamen Lernen)

---

falsch verstandene Freundschaft:

- Freundschaft aus Eigennutz
- Freundschaft, die von Gefühlen der Konkurrenz oder Eifersucht etc. beherrscht wird
- Freundschaft, die an Bedingungen geknüpft ist (für die man z. B. lügen oder stehlen soll)
- …

KOMPETENZ-CHECK

Überprüfe dich selbst: Wenn du dich bei einem Punkt noch unsicher fühlst, lies und bearbeite (ggf. mit Partner/in) die passende Schulbuchseite noch einmal.

Ich kann ...		Meine Einschätzung – –	–	+	++
aufzeigen, wie sich Freundschaft von anderen Beziehungen (z. B. Familie, Verein) unterscheidet	> S. 32-33				
an Beispielen deutlich machen, was Freundschaft ausmacht und wie sich Freundinnen und Freunde füreinander einsetzen	> S. 34-39				
erläutern, wie man mit Konflikten zwischen Freundinnen oder Freunden umgehen kann	> S. 40-41				
Situationen beschreiben, in denen Freundschaft mit moralischen Werten in Konflikt gerät, und verschiedene Lösungswege aufzeigen und bewerten	> S. 42-43				
darstellen, wie Philosophen „Freundschaft" bestimmen und welche Arten von Freundschaft sie unterscheiden	> S. 44-45				

Arbeitsblatt:
Kompetenz-Check „Ich und meine Freundschaften"

Mediencode: 21004-02

plus In den letzten Wochen hast du ein Handbuch zum Thema „Erhaltung und Stärkung von Freundschaft" erstellt. Dabei hast du folgende Punkte bearbeitet:

- Beschreibung von Situationen, in denen Freundinnen und Freunde füreinander da sind
- Tipps zum Umgang mit Freundinnen und Freunden in Konfliktsituationen
- Tipps, wie man einer Freundschaft Ausdruck verleihen und sie weiter vertiefen kann
- Bestimmung, was wahre Freundschaft ausmacht

Stellt euch eure Handbücher in Kleingruppen gegenseitig vor und vergleicht sie miteinander. Berichtet anschließend im Kurs, welche Vorschläge und Ideen von euren Mitschülerinnen und Mitschülern euch besonders beeindruckt haben und warum.

Wie soll man Fremden begegnen?

Wie kann man einen Fremden besser verstehen?

Was sind Vorurteile?

Woher kommt Fremdenfeindlichkeit?

Was bedeutet Toleranz?

Ich und die Anderen

AUFGABEN

1 Berichtet, wo ihr schon Erfahrungen mit der Andersartigkeit von Menschen gemacht habt.

2 Tauscht euch über die Aussage „Es ist völlig ok, anders zu sein" im Kurs aus.

3 Formuliert erste Antworten zu den fünf Fragen von der linken Seite.

Spiele der Welt

M1 Überall wird gespielt

M2 Dscharkakani

„Ich bin Tara aus Indien. Mein Lieblingsspiel heißt *Dscharkakani*. Wenn ihr es spielen wollt, müsst ihr folgende Regeln beachten: Du brauchst jemanden, der mit dir spielt. Dann malt ihr den abgebildeten Spielplan auf ein Blatt und besorgt euch vier weiße und vier braune (Spiel-)Steine. Die Steine können natürlich auch andere Farben haben.

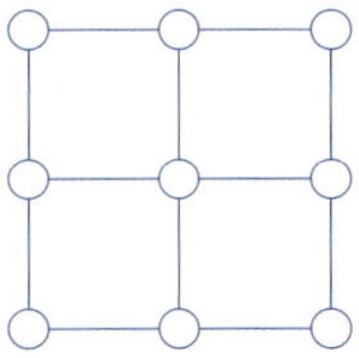

Jeder legt abwechselnd immer einen Stein auf die Punkte. Sind alle Steine gesetzt, so werden sie von einem Punkt entlang der Linie auf einen anderen geschoben, wenn dieser frei ist. Bleibt hinter einem Punkt ein Stein frei, kann der Partner über den gezogenen Stein springen. Er darf diesen dann aus dem Spiel wegnehmen. Gewonnen hat, wer alle Spielsteine seines Partners eingezogen hat."

nach www.eineweltfueralle.de

M3 Buzkashi – Ziege greifen

Buzkashi ist ein traditionelles Reiterspiel in Afghanistan. In diesem Spiel geht es darum, eine tote Ziege oder ein totes Kalb vom Rücken eines galoppierenden Pferdes aus vom Boden aufzunehmen und zu einem bestimmten Punkt zu bringen. Die Kinder ahmen bei ihrem Spiel die Erwachsenen nach, nur reiten sie statt auf Pferden auf den Schultern anderer Jungen oder Mädchen, die Pferde darstellen sollen. Von den Schultern des „Pferdes" aus muss der *Tschapandaz*, der Spieler, einen Gegenstand aufnehmen (z. B. einen Schal, der die Ziege darstellt) und zum *Daria e Halal*, dem Schlacht- oder Zielkreis, bringen.

Bildet zwei gleich große Mannschaften, wobei immer zwei Schülerinnen und/oder Schüler Pferd und Reiter bilden. Beide Mannschaften stehen von der Mitte des Spielfeldes gleich weit entfernt. Dort liegt die Ziege (der Schal). Hinter der Startlinie der beiden Mannschaften ist das Ziel, dorthin muss die „Ziege" gebracht werden. Allerdings darf dies nur das Reiterpaar versuchen, das im Besitz der „Ziege" ist. Die gegnerische Mannschaft versucht ihrerseits, in Besitz der „Ziege" zu gelangen. Hierbei ist alles erlaubt, um den Gegner bei seinem Vorhaben zu behindern: anrempeln, stoßen, etc. Aber nicht zu fest, damit sich niemand wehtut oder verletzt! Die Reiterpaare der eigenen Mannschaft versuchen, das Reiterpaar mit der „Ziege" zu schützen, damit es die „Ziege" rennend in das Ziel werfen kann. Gewonnen hat die Mannschaft, die es schafft, die „Ziege" ins Ziel zu bringen. Man kann den Wettkampf aber auch über eine bestimmte Zeit durchführen. Dann gewinnt die Mannschaft mit den meisten Punkten.

Spielidee nach www.afghan-aid.de

M4 Ngoli

Material: 11 Steine oder Murmeln

Vorbereitungen: Man malt einen Kreis von ungefähr einem halben Meter Durchmesser auf. In die Mitte dieses Kreises werden 10 Steine gelegt. In ungefähr 2 Metern Entfernung markiert man die Abwurfstelle.

Hinweis: Möchte man es im Zimmer spielen, sollte man Murmeln oder kleine Steine dazu nehmen. Spielt man es draußen, kann man auch größere Steine mit einem größeren Kreis und Entfernung nehmen. [...] [Im afrikanischen Uganda] werfen die Kinder aus bis zu 8 Metern Entfernung.

Spielregeln: Der beginnende Spieler wirft von der Markierung aus mit einem Stein auf den Kreis. **Ziel ist es,** die im Kreis liegenden Steine heraus zu stoßen. Gelingt dies mit einem oder mehreren Steinen, gehören sie dem Werfer, der gleich noch einmal an der Reihe ist. Wirft er daneben oder die getroffenen Steine bleiben innerhalb des Kreises liegen, darf der Gegenspieler werfen. Gewonnen hat, wer am Ende die meisten Steine eingesammelt hat.

www.bleyenberg.de

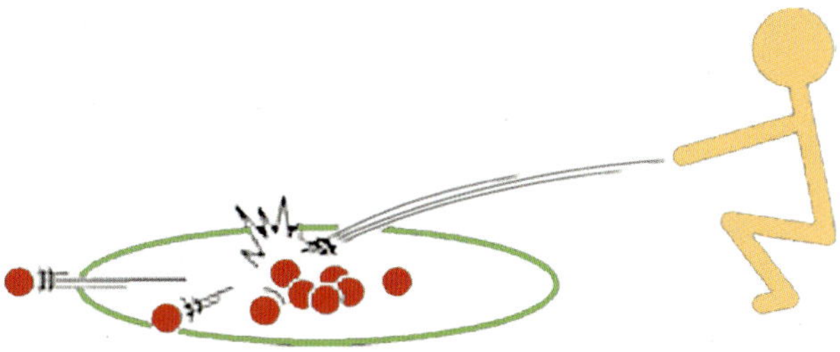

M5 La Barra – Die Schranke

Bei diesem beliebten chilenischen Fangspiel stellen sich zwei Mannschaften zu mindestens vier Mitspielern in einer Linie auf. Etwa 6 m vor ihnen steht der Gesandte, den eine Mannschaft bestimmt hat. Die andere Mannschaft beginnt das Spiel, indem sie im Chor fragt: „Barra?" (Schranke?). Der Gesandte antwortet: „Dicha la Barra!" Das bedeutet im Spiel: „Schranke frei!" In diesem Augenblick läuft ein Spieler aus der Fragemannschaft, der Fänger, los und versucht, den noch an der gleichen Stelle stehenden Gesandten zu erreichen. Gleichzeitig rennt auch ein Spieler aus der Mannschaft des Gesandten, um den Fänger möglichst vorher abzufangen. Hat der Fänger den Gesandten erreicht, dann ist er sein Gefangener. Wenn jedoch der zum Schutz des Gesandten losrennende Spieler den Fänger vorher berührt, dann wird der Fänger Gefangener der Gegenpartei. Nun beginnt eine neue Runde. Wenn der Gesandte gefangen genommen wurde, wird seine Gruppe Fragemannschaft, und die andere schickt einen Gesandten aus. Ist der Fänger dagegen in Gefangenschaft geraten, bleibt der Gesandte auf seinem Platz. Das Spiel ist zu Ende, wenn eine Mannschaft alle ihre Spieler verloren hat.

www.quetzal-leipzig.de

AUFGABEN

1. Beschreibt die Spiele der Kinder. Was soll die Abbildung zum Ausdruck bringen? > M1
2. Bildet vier Gruppen und probiert jeweils ein Spiel aus. > M2-M5
3. Tauscht euch darüber aus, wie euch euer Spiel gefallen hat. > M2-M5
4. Sprecht darüber, welche Gemeinsamkeiten und Unterschiede im Leben von Menschen verschiedener Herkunft in den Spielen zum Ausdruck kommen. > M1-M5

Wo ich zuhause bin

M1 Marcos aus Brasilien

Marcos ist ein zwölfjähriger *Carioca*. So nennt man die Einwohner von Rio de Janeiro. Marcos wohnt in Ipanema. Das Viertel liegt direkt am Meer und ist eines der reichsten von Rio. […] Die Wohnungen in den Hochhäusern am Meer sind großzügig angelegt und haben in allen Räumen eine Klimaanlage. In den schattigen Straßen dahinter stehen prächtige Villen. Die meisten Häuser werden von bewaffneten Männern überwacht, die rund um die Uhr an Bildschirmen nach Verdächtigem Ausschau halten. Außerdem sind überall Überwachungskameras angebracht.

Jeden Tag – auch heute – geht Marcos zum Meer, egal, ob er Schule hat oder nicht. In Rio beginnt der Unterricht wegen der großen Hitze bereits um 7 Uhr. Um 15 Uhr ist die Schule aus, und danach ist noch viel Zeit für den jeweiligen Lieblingssport. Wenn er den Hügel hinter dem Strand von Ipanema hinaufklettert, überschreitet er die Grenze zwischen zwei Welten. Auf einer Seite sind der Strand und die Badenden. Die andere Seite gehört den Autos, der Umweltverschmutzung, der Stadt mit ihren schönen Gebäuden und den Favelas, den gefährlichen Armenvierteln. […]

Manchmal begegnet Marcos Straßenkindern, die ihn neidisch betrachten. Er kann sie leicht erkennen, denn meistens bilden sie Gruppen, gehen barfuß und tragen zerrissene und schmutzige Kleidung. Sie putzen den Autofahrern an roten Ampeln für ein paar Centavos die Windschutzscheibe. Marcos' Eltern haben ihn vor den *moleques*, den Straßenkindern, gewarnt. Wenn sie Hunger haben, greifen sie bummelnde Touristen oder Kinder aus reichen Vierteln an.

Der Wind hat inzwischen aufgefrischt, und es verspricht ein guter Tag zum Wellenreiten zu werden. Eine Gruppe junger Mädchen hat sich neben Marcos in den Sand gelegt. Es sind Freundinnen aus der Schule […]. *nach François-Xavier Freland*

M2 Andrei aus Russland

Der elfjährige Andrei lebt mit seinen Eltern in einem Weiler, einem winzigen Dorf, gegenüber dem kleinen Dorf Myschkino am Ufer der Wolga. Insgesamt leben hier im Winter nur fünf Menschen: er mit seinen Eltern sowie zwei alte Frauen, die in ihrem eigenen Haus wohnen. Sein Schulweg ist lang. Er muss einen Kilometer bis zur großen Straße laufen und von dort den Schulbus nach Myschkino nehmen.

Andrei hat noch nie woanders gelebt als in seinem kleinen Dorf. […]

Zu beiden Seiten der Wolga erstrecken sich endlos weite Nadelwälder. Andrei liebt den Wald, denn im späten Frühjahr und im Sommer kann man dort leckere Sachen finden: eine Fülle von Pilzen und unzählige Beeren. In diesen Monaten verbringt Andreis Mutter viel Zeit in der Küche: Früchte müssen eingeweckt, Marmelade gekocht, Saft gemacht, Pilze und Kräuter getrocknet werden. Im Winter, wenn es kein frisches Obst oder Gemüse mehr gibt, freut sich die Familie über die Vorräte. Neben dem Obst und Gemüse ist die Kartoffel ein wichtiges Grundnahrungsmittel. Aber manchmal hat Andrei es richtig satt, ständig Kartoffeln essen zu müssen.

Er träumt auch manchmal davon, in einer modernen Wohnung zu leben. Das Holzhaus, in dem er wohnt, wurde nach einer Technik erbaut, die schon seit Hunderten von Jahren in Russland angewandt wird. Das Haus ist viereckig, und die Wände bestehen aus dicken Baumstämmen, die lediglich entrindet wurden. Ein solches Haus nennt man *Isba*. Diese Häuser bestehen hauptsächlich aus einem großen Raum, in dem die ganze Familie lebt. Im Sommer spielt sich der Alltag auch auf der Veranda und dem Speicher ab, doch da dort nicht geheizt wird, sind diese Räume im Winter zum Wohnen ungeeignet. In der Mitte des Hauptraums steht ein großer russischer Ofen, der den ganzen Winter über eine wohlige Wärme verbreitet. Das Feuer geht nie aus, wenn man ein wenig darauf achtet. [...] *nach Maïa Werth*

M3 Shubha aus Indien

Shubha wohnt in Thanfavur, einer Stadt im Süden von Indien. Als sie gestern Abend von der Schule nach Hause gekommen ist, hat sie gleich Safrankuchen gebacken. Am heutigen Feiertag nimmt sie das Gebäck mit in den Tempel, weil sie und ihre Mutter die Götter um einen Gefallen bitten wollen. Shubhas 18 Jahre alte Schwester hat geheiratet und wünscht sich ein Kind. Ihre Mutter glaubt, dass sich dieser Wunsch erfüllen wird, wenn sie zum Gott Vishnu, der die Geburten begünstigt, beten. Am Eingang des Tempels zieht Shubha ihre Sandalen aus. In Indien ist es üblich, zu Hause und im Tempel barfuß zu laufen, um den Boden nicht zu beflecken, denn alles, was von draußen kommt, gilt als unrein. Shubha geht dreimal um die Vishnu-Statue herum, wie es der Brauch vorschreibt. [...]

Shubhas Vater ist Sänger. [...] Er möchte, dass seine Tochter ebenfalls Musikerin wird. Shubha erhält daher seit ihrem vierten Lebensjahr Einzelunterricht. [...]

Shubha weiß, dass es in Indien nicht einfach ist, ein Mädchen zu sein. Viele Ehepaare wünschen sich einen Sohn, denn die Verheiratung von Töchtern ist eine kostspielige Angelegenheit. Die Eltern der Braut müssen an die Familie des zukünftigen Ehemanns eine hohe Mitgift zahlen, obwohl dies eigentlich seit langem durch ein Gesetz verboten ist. Shubha ist sich sicher, dass ihre Eltern ihr nicht vorschreiben werden, wen und wann sie zu heiraten hat. Zunächst möchte sie aber ihr Gesangsstudium zu Ende bringen, auch wenn sie nach dem Abschluss bereits älter als 18 Jahre sein wird. Viele indische Mädchen heiraten sehr früh und werden sehr jung Mutter. Sie widmen ihr ganzes Leben der Familie und dem Haushalt. Shubha hat ohne Zweifel großes Glück, ein anderes Leben führen zu können. *nach Philippe Godard*

AUFGABEN

1 Teilt euch in Gruppen auf und setzt euch jeweils mit dem Leben eines der drei Kinder auseinander.

W
a) Marcos > M1
b) Andrei > M2
c) Shubha > M3

Fertigt Plakate an, auf denen jeweils alle Besonderheiten der Lebensführung festgehalten werden. Stellt eure Ergebnisse euren Mitschülerinnen und Mitschülern vor.

V 2 Vergleicht die drei dargestellten Lebensweisen mit dem Leben in eurem Ort oder in eurer Stadt. Überlegt und benennt, welche Unterschiede bestehen. > M1-M3

Fremd(e) in Deutschland

M1 Herkunftsländer

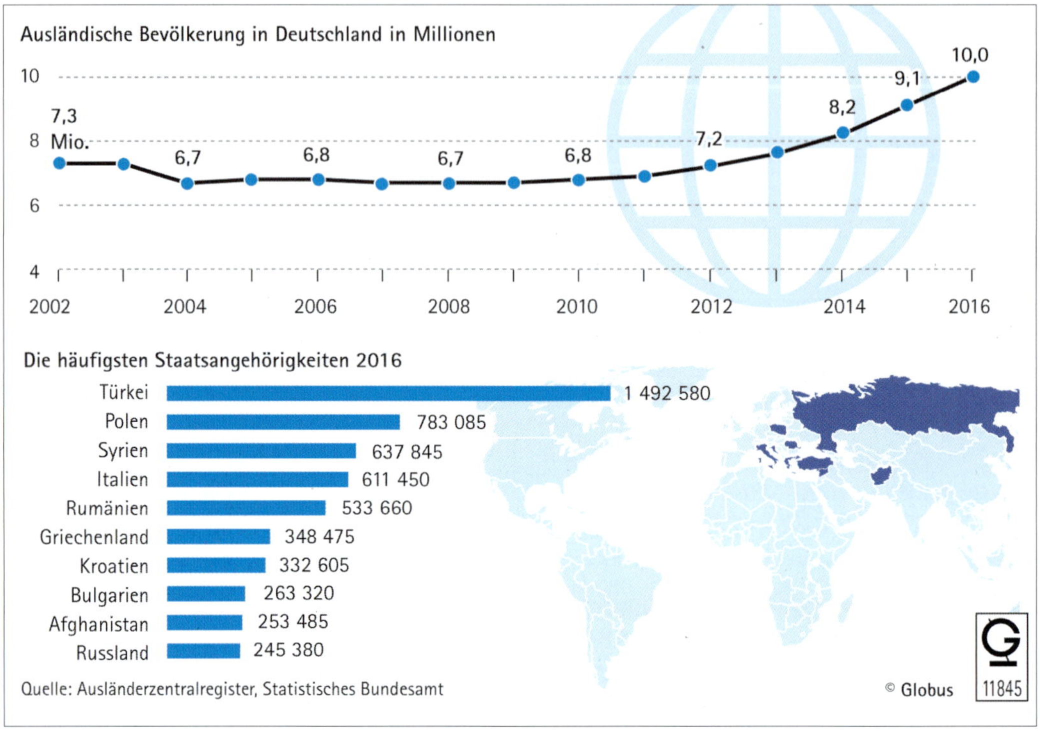

M2 In einem fremden Land

Als meine Mutter und mein Vater […] heirateten, war mein Vater Gastarbeiter in Deutschland und brachte meine Mutter mit hierher. Hier ist ein Erlebnis, das sie hatte:

Knapp drei Monate, nachdem meine Mutter nach Deutschland gekommen war, wurde sie krank. Mein Vater brachte sie sofort zum Hausarzt. Der Arzt sagte: „Sie haben eine Blinddarmentzündung. Sie müssen ganz schnell ins Krankenhaus!"

Also wurde meine Mutter ins Krankenhaus gebracht. Sie war zum ersten Mal in ihrem Leben im Krankenhaus, und das nun auch noch in Deutschland. Sie verstand kein Wort von dem, was die Ärzte und Schwestern ihr sagten. Sie hatte große Angst und weinte leise vor sich hin. Im Bett nebenan lag eine Deutsche, eine alte Frau. Als sie sah, dass meine Mutter überhaupt kein Deutsch konnte, nahm sie eine Zahnbürste in die Hand und sagte: „Das ist eine Zahnbürste!" Danach hielt sie eine Tube Zahnpasta hoch und sagte: „Das ist eine Zahnpasta!"

Alles, was sie sagte, musste meine Mutter nachsprechen. Und so brachte sie meiner Mutter wichtige Wörter bei, jeden Tag ein paar mehr. Zwei Wochen musste meine Mutter im Krankenhaus bleiben. In dieser Zeit lernte sie von der alten Frau so viel Deutsch, dass sie damit zurechtkommen konnte.

Einen Tag, nachdem meine Mutter aus dem Krankenhaus entlassen worden war, brachte sie der alten Frau einen Strauß Blumen und sagte auf Deutsch: „Danke schön!"

Uğur D.

M3 Fremd bleibt fremd?

„Ich hab mich nie als Ausländerin gefühlt", erzählt Sevim. Bis zu einem gewissen Zeitpunkt. Bis zu dem Zeitpunkt, als sie zum ersten Mal bemerkte, dass sie sich zwar selbst nicht als anders betrachtete, aber von vielen Mitmenschen so gesehen wurde. Dieses „erste Mal" kann ein scheinbar unbedeutendes Erlebnis sein.

So hatte etwa der kleine Mehmet den Wettbewerb „Sicher durch den Straßenverkehr" gewonnen. Daraufhin wurde er zu einem Empfang beim Bürgermeister geladen. Er war dort das einzige Kind mit Migrationshintergrund. Als der Bürgermeister fragte, woher er denn komme, da nannte Mehmet den Namen des Dorfes nahe Bielefeld, in dem er mit seinen Eltern wohnte. Worauf der gesamte Saal in Lachen ausbrach. Die Anwesenden hatten erwartet, dass der Junge sich als „Ausländer" [darstellte]: „Ich komme aus der Türkei". Für den kleinen Mehmet barg dieses Erlebnis eine [...] Erkenntnis – die Erkenntnis nämlich, dass er anders ist, dass er von woanders kommt und dass er offenbar nicht dazugehört.

Zuvor hatte Mehmet, der in Deutschland geboren wurde, fest geglaubt, dass er dazugehört – zu den anderen Kindern, zu seinem Dorf und letztlich auch zu Deutschland. Diese Selbstverständlichkeit war danach dahin. Seitdem ist er – kaum hatte jemand seine schwarzen Haare bemerkt oder seinen Namen gehört – immer wieder gefragt worden, wo er denn herkomme. Und immer wurde so lange gebohrt, bis seine „Fremdheit" zum Vorschein kam.

Mark Terkessidis

Migration: *eigentlich:* Wanderschaft; *hier:* aus einem anderen Land dauerhaft nach Deutschland übergesiedelt

M4 Warum wir nach Deutschland gekommen sind

Ich bin schon lange in Deutschland, weil man mich als Arbeiter angeworben hat.
Guiseppe (52) aus Italien

Die Deutschen zahlen mir als Computerspezialisten ein sehr gutes Gehalt.
Vijay (31) aus Indien

Mein Mann lebt schon lange in Deutschland. Endlich durfte ich zu ihm kommen.
Ayşe (29) aus der Türkei

Ich bin fasziniert von der deutschen Kultur und Lebensweise. Deshalb bin ich nach Deutschland ausgewandert.
Amy (23) aus den USA

Meine Eltern sind mit mir nach Deutschland gekommen, weil wir eigentlich Deutsche sind.
Julia (14) aus Russland

Mein Bruder und ich sind nach Deutschland geflohen, um Terror und Völkermord zu entgehen.
Riham (28) aus dem Irak

AUFGABEN

1 Gebt an, wie sich der Anteil der ausländischen Bevölkerung in Deutschland entwickelt hat und woher die meisten hier lebenden Ausländer/innen stammen. > M1

2 Erläutert anhand der Geschichte, welche Probleme Einwanderinnen und Einwanderer in Deutschland haben. > M2

3 Schreibe aus der Sicht von Sevim oder Mehmet einen Tagebucheintrag über deine Gefühle, nachdem du als Ausländer/in abgestempelt wurdest. > M3

4 Sprecht über die unterschiedlichen Gründe, die dazu geführt haben, dass diese Menschen nach Deutschland gekommen sind. Welche weiteren Gründe könnte es geben, auszuwandern bzw. zu fliehen? > M4

Vor Krieg und Not fliehen

M1 Endlich angekommen ...

M2 Krieg – stell dir vor, er wäre hier!

Wenn durch die Bomben der größte Teil des Landes, der größte Teil der Stadt in Ruinen läge? Wenn das Haus, in dem du und deine Familie lebt, Löcher in den Wänden hätte? Wenn alle Fensterscheiben zerbrochen, das Dach weggerissen wäre? Der Winter steht bevor, die Heizung funktioniert nicht, es regnet herein.

Ihr könnt euch nur im Keller aufhalten. Deine Mutter hat eine schwere Erkältung. Dein großer Bruder hat schon früh bei einem Vorfall mit einer Mine drei Finger der linken Hand verloren. Deine kleine Schwester wurde von Granatsplittern am Kopf verletzt, sie liegt in einem Krankenhaus, dem es an allem fehlt. Deine Großeltern starben, als eine Bombe ihr Pflegeheim traf.

Du bist noch unversehrt, aber du hast Angst. Morgens, mittags, abends, nachts. Jedes Mal, wenn in der Ferne die Raketen abgefeuert werden, zuckst du zusammen, jedes Mal, wenn du am Horizont Licht aufscheinen siehst und du nicht weißt, ob die Rakete dieses Mal in deine Richtung fliegt. Jedes Mal, wenn es irgendwo kracht, zuckst du zusammen. Wie viele deiner Freunde wurden dieses Mal getroffen?

Janne Teller (1964): dänische Schriftstellerin

Die Wasserrohre sind schon lange geplatzt. Jeden Tag müssen du und dein großer Bruder durch die Straßen und über den Rathausplatz zum öffentlichen Wasserversorgungswagen laufen, jeder mit zwei Eimern. [...] [Den Platz muss man schnell überqueren. Das ist gefährlich, weil man von Soldaten anderer Nationen getötet werden könnte.] Schlimmer als die Angst ist der Hunger. Am allerschlimmsten ist die Kälte. Du frierst die ganze Zeit, und dabei ist es erst Anfang November. Du weißt nicht, wie ihr den Winter überleben sollt. Der Arzt sagt, deine Mutter wird einen weiteren Winter im Keller nicht schaffen. Er kann euch zu keiner besseren Bleibe verhelfen. Es gibt zu viele andere, die einen weiteren Winter im Keller nicht schaffen werden.

Dein bester Freund ist verschwunden. Sein Vater war [...] Politiker. [Er wurde verfolgt, weil er sich für Redefreiheit eingesetzt hatte. Deshalb wollte er mit seiner Familie das Land verlassen. Aber er wurde von der Polizei verhaftet und grundlos in ein Gefängnis gebracht, in dem er jetzt sitzt. Keiner weiß, ob er noch einmal daraus entlassen wird.]

nach Janne Teller

M3 Sie hat es geschafft

Als die erste Bombe auf ihre Heimatstadt Aleppo fiel, saß Roubina Berberian gerade in der Schule. Es war neun Uhr morgens, und das Gebäude zitterte von der Wucht der Explosion. „Wir haben alle geweint", sagt sie. An das Datum kann sie sich genau erinnern: Es war der 10. Februar 2012. An diesem Tag war auch in ihrer Stadt, bis dahin Handelsmetropole und Reiseziel, der Krieg angekommen. Zwei- bis dreimal in der Woche fielen die Bomben auf Aleppo. Abends konnte die 15-Jährige die Kampfflugzeuge kreisen hören. [...] Die Berberians gehören zu den Ersten, die Syrien verlassen haben. Als sie gingen, wussten sie noch nicht, dass es keine Rückkehr geben würde. [...]

Roubina Berberian wollte das Abitur machen. Unbedingt. Doch die Mitarbeiter in der Schulbehörde sagten, dass der Besuch des Gymnasiums für sie nicht infrage komme. [...] Eine Entscheidung, die die Eltern nicht akzeptieren wollten. [...] Ihr Vater [...] [fuhr mit ihr zu einer Schule in der Nähe und] erklärte im Sekretariat, dass seine Tochter neu sei und gerne einen Platz an der Schule haben würde. [...] Andreas Oettel, Koordinator der Mittelstufe, wollte sich den Fall auch anhören.

„Ich habe mir die Zeugnisse angeguckt und gesehen, dass Roubina Englisch, Französisch und Mathe in der Schule hatte. In Syrien war sie eine gute, teilweise sehr gute Schülerin", sagt Oettel [...]. Das größte Problem sei die deutsche Sprache gewesen. „Aber ich hatte den Eindruck, dass Roubina eine hohe Lernmotivation mitbringt." [...]

Im Unterricht der zehnten Klasse verstand sie zuerst nichts. „Ich habe bei ‚Hallo', ‚Guten Tag' und ‚Tschüss' angefangen", erzählt sie. Jeden Tag bekam sie eine Deutschstunde, eine junge Referendarin übernahm diesen Extra-Unterricht. Zweimal in der Woche besuchte sie außerdem einen Deutschkurs an der Uni, machte dort häufig ihre Hausaufgaben. Sie hatte immer ein Vokabelheft dabei, versuchte, jeden Tag mindestens zehn neue Wörter zu lernen. [...] [Im Geschichtsunterricht zeigte die junge Syrerin bei einem Vortrag] Bilder und Videos von ihrer alten Heimatstadt Aleppo vor dem Krieg – und von der verwüsteten Stadt, die sie heute ist. Die Klasse war erschüttert. „Schrecklich, dass es da jetzt so aussieht", sagten ihre Mitschüler. Doch wie Roubina Berberian sich fühlt, wenn sie diese Bilder sieht, konnten sie sich nicht vorstellen. Sie versteht die Klasse. „Wenn man das nicht selbst erlebt und mit eigenen Augen gesehen hat, kann man das einfach nicht nachempfinden", sagt sie. Sie hat gelernt, nach vorne zu schauen, versucht, positiv zu denken. [...]

Ihr großes Ziel [das Abitur] hat sie erreicht, jetzt beginnt sie bald mit dem Studium [der Ingenieurswissenschaften]. „Man kann im Leben alles schaffen, wenn man wirklich will", sagt sie.

Katrin Schmiedekampf

AUFGABEN

1. Beschreibt die Fotos und tauscht euch darüber aus, wie sich die Geflüchteten in den gezeigten Situationen wohl fühlen. > M1
2. Stell dir vor, auch dein Vater plant, mit dir und deiner Mutter das Land zu verlassen: Wie stehst du dazu? > M2
3. Untersucht, was Roubinas Familie veranlasst hat, ihre Heimat zu verlassen, und wie die junge Frau es geschafft hat, sich in Deutschland einzuleben. > M3

Kinder auf der Flucht

M1 Ibrahim aus Nigeria

Ibrahim (12) ist mit seiner Mutter und seinen drei Schwestern aus Nigeria geflüchtet und über viele Umwege nach Deutschland gekommen. Seit fast einem Jahr lebt er nun hier und besucht die 6. Klasse einer Gesamtschule. Ganz besonders hat sich Ibrahim mit Philipp angefreundet. Die beiden Jungen verbringen seit einigen Monaten einen großen Teil ihrer Freizeit miteinander. Philipp berichtet seinem Bruder Bastian, der für ein Jahr als Austauschschüler in Australien lebt, in einer längeren Mail über seinen neuen Freund Ibrahim:

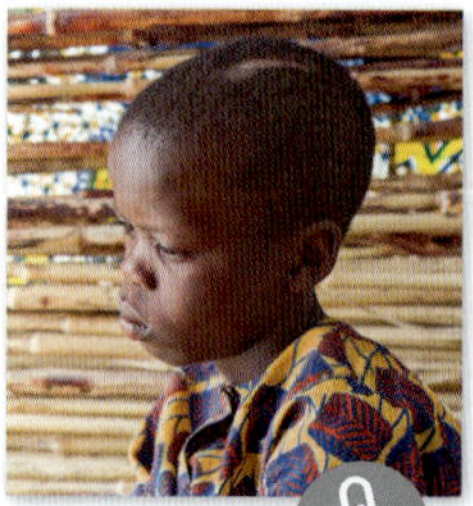

Von: philipp@mail.de

An: bastian@mail.de

Hi Bastian,

ich habe dir doch zuletzt noch kurz von Ibrahim aus Nigeria erzählt. Hier schicke ich dir ein Bild von ihm (als Kind in Afrika). Wir sind mittlerweile echt gute Freunde. Aber manchmal kommt er mir immer noch fremd vor und bis vor kurzem konnte ich manches gar nicht verstehen.

Zum Beispiel isst Ibrahim beim Mittagessen in der Mensa nur nigerianische Gerichte, die ihm seine Mutter eingepackt hat. Er benutzt kein Besteck, sondern isst mit den Händen, die er sich vorher immer gründlich wäscht. Während wir anderen uns beim Essen unterhalten, redet er kein einziges Wort.

Um unsere Weitsprunganlage auf dem Schulhof macht er grundsätzlich einen großen Bogen. Bisher konnte ihn noch keiner zum Springen überreden. Als unsere Sportlehrerin es einmal versuchte, blickte er immer wieder hinter sich und fing dann an zu weinen. Das hat alle gewundert.

Und neulich auf unserer Klassen-Faschings-Feier hatten sich die meisten Jungen als Cowboys verkleidet und natürlich haben wir mit unseren Pistolen geschossen. Ibrahim hatte keine Waffe und machte auch nicht mit. Er setzte sich in eine Ecke, weinte und hielt sich die Ohren zu. Wenig später war er einfach verschwunden.

Ich habe mich erst nicht so richtig getraut, ihn dann aber vor kurzem mal darauf angesprochen, dass einige seiner Verhaltensweisen für mich ungewöhnlich sind. Daraufhin hat er mir all meine Fragen beantwortet: In Nigeria ist es ganz normal, mit den Händen zu essen und sich deshalb vorher die Hände gut zu waschen. Wie jeder andere Nigerianer will Ibrahim dadurch nämlich vermeiden, dass beim Essen ungewollt Bakterien in seinen Körper gelangen. Und dass er beim Essen nicht redet, ist ebenfalls leicht zu erklären: Nigerianische Speisen sind sehr scharf gewürzt. Damit man sich nicht verschluckt und keine scharfen Gewürze in die Luftröhre kommen, schweigt man dort beim Essen.

Ibrahim erzählte mir auch die Hintergründe seiner Flucht: Eines Tages überfiel eine gefährliche Gruppe, die Boko Haram heißt, ohne Grund sein Dorf. Diese Gruppe will in Nigeria durch Gewalt an die Macht kommen. Die Bürger sollen nicht frei leben und auch nicht zur Schule gehen, um etwas zu lernen. Daher rannten bei dem Angriff alle Dorfbewohner um ihr Leben – auch Ibrahim und sein Vater. Ibrahim musste dann miterleben, wie sein Vater erschossen wurde! Er konnte nichts dagegen tun und wurde selbst mit einer Machete bewusstlos geschlagen. Die Anhänger von Boko Haram nahmen aber an, er sei tot, warfen ihn in ein Loch und deckten ihn mit Sand zu. Zwei Tage später fand ihn seine ältere Schwester und trug ihn auf ihrem Rücken zuerst nach Hause und dann in ein Krankenhaus. Ibrahim ist ihr sehr dankbar, dass sie ihm sein Leben gerettet hat.

Ich habe versucht, mir vorzustellen, ich hätte das alles erlebt – wie schrecklich! – und ich glaube, ich verstehe jetzt, warum Ibrahim beim Weitsprung in den Sand nicht mitmacht und sich die Ohren zuhält, wenn er Schüsse hört. Und manchmal komme ich mir selbst jetzt ganz komisch vor, wenn ich beim Essen rede und lache oder mit Pistolen spiele. Verstehst du, was ich meine?

Philipp

M2 Masuma aus Afghanistan

Masuma (13) ist mit ihrer Familie nach Deutschland geflüchtet. Ihren Klassenkameradinnen und Klassenkameraden fällt Folgendes an ihr auf:

- Sie trägt ein Kopftuch.
- Sie ist in sich gekehrt.
- Sie isst kein Schweinefleisch.
- Sie weint häufig.
- Sie reagiert manchmal nicht, wenn man sie anspricht.
- Sie meidet jeglichen Kontakt zu Jungen.

Über ihre bisherige Geschichte hat sie Folgendes erzählt:

Ich habe mit meiner Familie in einer Gegend gelebt, in der es viele Taliban gibt. Wir sind zwar religiöse Muslime, aber zu dieser Gruppe haben wir nie gehört. Ganz im Gegenteil, denn dort, wo die Taliban herrschen, müssen die Menschen nach strengen Regeln leben. So haben beispielsweise Frauen keine Rechte, dürfen nicht arbeiten und müssen sich völlig verschleiern. Mädchen dürften nicht zur Schule gehen und Musik, Sport und Fernsehen sind verboten. Wer sich nicht an ihre Regeln hält, wird ermordet.
Eines Abends kam mein Vater nach Hause und hat zu meiner Mutter und uns sechs Kindern gesagt: Wir flüchten. Da war ich neun oder zehn. Wir haben in Afghanistan in einer Gegend gewohnt, in der es viele Taliban gab. Meine Zwillingsschwester sollte mit einem Taliban verheiratet werden. Sie wollte das nicht und mein Vater auch nicht. Der Mann, den sie heiraten sollte, hat sie so schwer geschlagen, dass sie taub ist auf einem Ohr. Mein Vater hatte Angst, dass seine anderen vier Töchter auch so früh verheiratet werden sollen, darum sind wir geflohen. Mama hat gebacken, damit wir auf der Flucht etwas zu essen haben. Ich durfte nichts mitnehmen. Ich hatte immer Angst auf der Flucht und muss bis heute weinen, wenn ich daran denke. Wir sind ein paar Jahre in der Türkei geblieben, mein Vater hat keine Arbeit gefunden, er sprach kein Türkisch. Aber wir Kinder haben es schnell gelernt, und darum haben wir alle gearbeitet. Wir sind von Haus zu Haus gegangen und haben Sachen verkauft. Ein Schlepper hat uns später zusammen mit zwanzig anderen Leuten mit einem kleinen Boot nach Griechenland gebracht, dort sind wir viele Tage zu Fuß gegangen. Irgendwann waren wir in Deutschland. Mit gefällt es gut, ich möchte hierbleiben und Psychologin werden.

Süddeutsche Zeitung Magazin

AUFGABEN

1 Erklärt, warum Philipp das Verhalten seines Freundes Ibrahim nach dessen Erzählungen besser verstehen kann. > M1

2 Formuliert eine Antwort, die Philipps Bruder Bastian ihm auf seine Frage im letzten Absatz der E-Mail geben könnte. > M1

3 Erkläre Masumas Verhaltensweisen, indem du dich in ihre Lage versetzt. > M2

V 4 Schreibe nach dem Muster von M1 einen Brief an deine Schwester, in dem du ihr von deiner neuen Klassenkameradin Masuma erzählst. > M2

Fremdenfeindlichkeit

M1 Sortierte Klingelschilder

Folgende geplante Maßnahme einer Wohnungsgesellschaft löste heftige Kritik in der Bevölkerung aus:

Ein Haus für Türken, eins für Italiener, eins für russische Spätaussiedler, eins für Deutsche, eins für ...? Eine der größten deutschen Wohnungsgesellschaften will ihre Wohnungen nach Volksgruppen sortiert vermieten.

„Wir setzen auf einheitliche [...] Nachbarschaften", sagt der Geschäftsführer der Nassauischen Wohnungsgesellschaft Thomas Dilger. *GrafStat*

M2 Anders als wir

In seinem Buch *Papa, was ist ein Fremder?* beschreibt Tahar Ben Jelloun ein Gespräch mit seiner Tochter zu diesem Thema.

Rassismus: Ablehnung von Menschen aufgrund bestimmter äußerer Merkmale (z. B. Hautfarbe)

Leider passiert es häufig, dass wir jemanden verachten oder sogar schlecht behandeln, der uns nichts getan hat [...]. [Er] nervt uns dann, [...] einfach nur, weil er anders ist als wir.

Wie anders?

Nun, [...] jemand [ist] „anders", weil er eine andere Sprache spricht, anders kocht, andere Bräuche oder eine andere Religion hat, auf eine andere Art lebt und feiert als wir. Es gibt also neben äußerlichen Unterschieden wie zum Beispiel Körpergröße, Hautfarbe und Gesichtszügen die Unterschiede im Verhalten, in den Überzeugungen, im Glauben und viele andere mehr.

Heißt das, ein Rassist und Ausländerfeind mag nur seine eigene Sprache, nur Menschen mit seiner Hautfarbe und auch nur Speisen aus seinem eigenen Land?

Nicht ganz: Ein Fremdenfeind kann andere Sprachen lieben und lernen, weil er sie für seine Arbeit oder seine Hobbys braucht, aber er kann gleichzeitig die Völker verachten, die diese Sprachen sprechen. Er kann sich zum Beispiel weigern, einem ausländischen Studenten ein Zimmer zu vermieten, und gleichzeitig mit Vorliebe in asiatischen Restaurants essen. Ein solcher Fremdenfeind sieht in allem, was sich zu sehr von ihm unterscheidet, eine Bedrohung. [...] [Deshalb misstraut er] allem Neuen und Fremden. [...]

[Ist Rassismus anerzogen?]

Ja, zweifellos wird niemand als Rassist geboren, man wird erst dazu gemacht [...]. Einige [Politiker oder Religionsführer] benutzen den Rassismus oder die Religion, um die Menschen dazu zu bringen, einander zu hassen und zu bekämpfen. Dabei kennen sich diese Menschen gar nicht. Um das zu erreichen, schüren sie die Angst vor dem Fremden. [...] Nimm zum Beispiel unsere Nachbarn hier in Paris. Sie haben uns lange misstraut, bis wir sie eines Abends zum Kuskusessen eingeladen haben. Da haben sie gemerkt, dass wir leben wie sie. Seitdem sind wir in ihren Augen nicht mehr gefährlich, auch wenn wir aus einem anderen Land, aus Marokko, stammen. Durch unsere Einladung haben wir ihr Misstrauen verjagt. Wir haben miteinander geredet und uns besser kennengelernt. Wir haben zusammen gelacht. Das heißt, wir fühlten uns wohl miteinander, während wir uns vorher im Treppenhaus kaum gegrüßt haben.

Tahar Ben Jelloun

Tahar Ben Jelloun (*1944): marokkanischer Schriftsteller, lebt in Paris

M3 Das Lied vom Anderssein

Im Land der Blaukarierten
sind alle blaukariert.
Doch wenn ein Rotgefleckter
sich mal dorthin verirrt,
dann rufen Blaukarierte:
„Der passt zu uns doch nicht!
Er soll von hier verschwinden,
der rotgefleckte Wicht!"

Im Land der Rotgefleckten
sind alle rotgefleckt.
Doch wird ein Grüngestreifter
In diesem Land entdeckt,
dann rufen Rotgefleckte:
„Der passt zu uns doch nicht!
Er soll von hier verschwinden,
der grüngestreifte Wicht!"

Im Land der Grüngestreiften
sind alle grüngestreift.
Doch wenn ein Blaukarierter
So etwas nicht begreift,
dann rufen Grüngestreifte:
„Der passt zu uns doch nicht!
Er soll von hier verschwinden,
der blaukarierte Wicht!"

Im Land der Buntgemischten
Sind alle buntgemischt.
Und wenn ein Gelbgetupfter
Das bunte Land auffrischt,
dann rufen Buntgemischte:
„Willkommen hier im Land!
Hier kannst du mit uns leben,
wir reichen dir die Hand!"

Klaus W. Hoffmann

Klaus W. Hoffmann (*1947): dt. Schriftsteller und Liedermacher

INFO

Fremdenfeindlichkeit

Fremdenfeindlichkeit bedeutet, dass Menschen anderen gegenüber feindselig eingestellt sind. Sie behandeln sie schlecht, nur weil sie ihnen aufgrund ihrer Herkunft, Hautfarbe, Religion usw. fremd erscheinen.

AUFGABEN

1 Diskutiert, welche Gründe sich gegen die geplanten Maßnahmen der Nassauischen Wohnungsgesellschaft anführen lassen. > M1
2 Stellt dar, wodurch sich Menschen – nach Tahar Ben Jelloun – unterscheiden. Findet weitere Unterschiede. > M2
3 Zeigt anhand von Beispielen, wie Fremdenfeinde auf die Unterschiede von Menschen reagieren und wie man Fremdenfeindlichkeit abbauen kann. > M2
4 Erläutert, wie die Blaukarierten in ihrem Land mit den Rotgefleckten umgehen, wie die Rotgefleckten wiederum mit den Grüngestreiften umgehen usw. und was das Besondere am Land der Buntgemischten ist. > M3
5 Male ein Bild, das die Einwohner/innen im Land der Buntgemischten zeigt. > M3
6 Vergleicht eure Bilder aus Aufgabe 5 mit dem Bild aus M1: Welche Unterschiede sind auffällig? Nehmt Stellung dazu. > M1/M3

Mein Blick auf Andere

M1 Total langweilig?

Schwester Andrea aus dem Kloster Abtei St. Hildegard bei Rüdesheim

Als ich gestern auf dem Weg zu meinem Freund Felix durch den Park ging, bemerkte ich eine Nonne, die im Schatten auf einer Bank saß und sich den Schweiß aus dem Gesicht wischte. „Die sieht schon komisch aus", dachte ich. „Kein Wunder, dass die so schwitzt unter dem dicken schwarzen Umhang! Und warum die wohl in ein Kloster gegangen ist? Das macht doch keiner freiwillig – immer nur beten den lieben langen Tag. Echt super öde! Die kann einem nur leid tun ..."

Als ich bei Felix ankam, erzählte ich ihm sofort von meiner Begegnung. „Vielleicht war das ja diese Nonne, von der meine Mutter mal erzählt hat: Schwester Andrea. Über die stand sogar was in der Zeitung. Die hat irgendwas Tolles gemacht, glaube ich."

„Was soll denn so eine langweilige Nonne schon Tolles machen?" Diese Frage fiel mir auf dem Rückweg durch den Park wieder ein und zuhause setzte ich mich an meinen Computer und gab ihren Namen und unseren Ort ein. Als Erstes sah ich diese Meldung: „Brand in Schreinerei – Schwester Andrea löscht Feuer." Als ich weiterlas, stellte sich heraus, dass Schwester Andrea aktives Mitglied bei der Freiwilligen Feuerwehr unseres kleinen Städtchens ist, und zwar schon seit zwei Jahren und als einzige Frau unter zwanzig Männern. Für ihre Einsätze unterbricht sie immer wie selbstverständlich ihr Klosterleben, weil sie findet, dass Menschenleben nun mal vorgehen. „Wow, das ist ja echt cool und kein bisschen langweilig", staunte ich.

Ich habe dann noch viel mehr über Schwester Andrea herausgefunden: Sie hat insgesamt vier Berufe erlernt: Sie ist Buchbinderin, Winzerin, Hauswirtschafterin und Hausmeisterin. Was sagt man denn dazu? Ich war völlig verblüfft, das hätte ich von einer Nonne niemals erwartet!

Da sieht man mal, wie leicht man sich täuschen kann, wenn man nur vom äußeren Eindruck ausgeht, ohne die Person genauer zu kennen. Als ich mehr über Schwester Andrea gelesen habe, fand ich sie plötzlich spannend und es war mir ein bisschen peinlich, wie ich zuerst über sie gedacht hatte.

Wenn ich jetzt eine Nonne sehe, frage ich mich immer, was sie wohl alles so macht und kann, das man nicht erwarten würde...

Schwester Andrea im Einsatz bei der Freiwilligen Feuerwehr

Methodenkompetenz: Erste Eindrücke und Gefühle beschreiben und prüfen

Wenn man sich bei der Begegnung mit anderen Personen nur auf seine ersten Eindrücke und Gefühle verlässt, kann das zu Irrtümern und Missverständnissen führen. Deshalb sollte man seine Einstellung überprüfen. Um zu einer zutreffenden Einschätzung zu gelangen, ist es wichtig, die andere Person genauer kennenzulernen (z. B. durch persönliche Gespräche, Informationen aus Medien, Recherchen im Internet).

Gehe am besten in folgenden Schritten vor:

1. Mache dir deine ersten Eindrücke und Gefühle in Bezug auf eine Person bewusst, indem du sie beschreibst.
2. Prüfe die ersten Eindrücke und Gefühle, indem du weitere Informationen einholst.
3. Beschreibe, ob und gegebenenfalls wie sich deine Einstellung gegenüber der Person durch diese Informationen verändert hat.

M2 Absolut eingeschränkt?

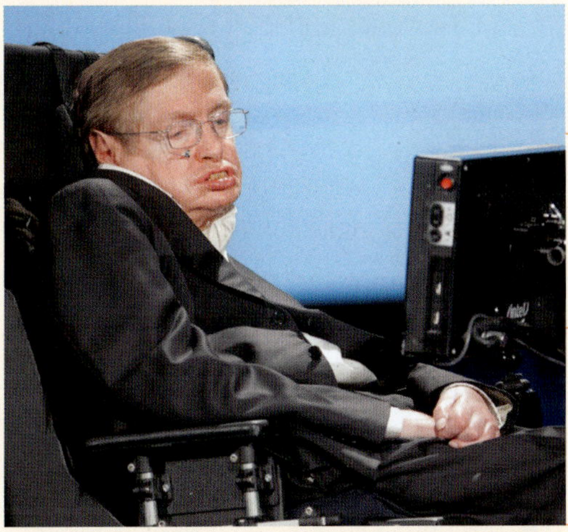

Stephen Hawking

1. Beschreibung der ersten Eindrücke und Gefühle beim Betrachten des Fotos:
   …
2. Einholen von Informationen über Stephen Hawking zur Prüfung der ersten Eindrücke und Gefühle:
   …
3. Beschreibung der (veränderten) Einstellung gegenüber Stephen Hawking auf der Grundlage der eingeholten Informationen:
   …

AUFGABEN

1 Beschreibt, wie der Sprecher Schwester Andrea aufgrund der ersten Eindrücke und Gefühle eingeschätzt hat. Vollzieht nach, wie sich diese Einstellung aufgrund der eingeholten Informationen ändert. > M1/Anleitung

2 Prüfe deine ersten Eindrücke und Gefühle in Bezug auf Stephen Hawking nach dem vorgegebenen Muster. > M2

V 3 Vielleicht habt ihr ja schon selbst die Erfahrung gemacht, dass eure ersten Eindrücke und Gefühle anderen Menschen gegenüber nicht zutreffend waren. Stellt dar, wie ihr sie überprüft und korrigiert habt.

Wie Vorurteile entstehen

M1 Klar, das ist typisch ...

M2 „Diese Gauner!“

Herr Meier [...] schaute in die Runde. [...] „Stellt euch vor. Mein Schwager war mit dem Auto unten im Süden, in Brindisi. Er wollte mit der Fähre weiter nach Griechenland und musste im Hotel übernachten. Seinen Wagen hatte er in einer Nebenstraße abgestellt, mit Lenkradsperre. Hundertprozentig sicher. Als er am nächsten Morgen zu seinem Wagen ging, war der noch da. Aber: alle Räder abmontiert, einfach weg. Den nächsten Fährtermin konnte er vergessen. Ein Auto ohne Räder! Du musst in Italien unheimlich auf der Hut sein.“ Er schaute in die Runde.

„Wem erzählst du das“, sagte Herr Hofmüller. „Ich war als junger Mann in Italien unterwegs, per Anhalter. [...] Nach dem Schwimmen wollte ich mir etwas kaufen. Der Rucksack war noch zu, mein Portemonnaie war noch drin. Aber bis auf die Münzen war das ganze Geld weg. [...]“

„Tja“, meinte einer. „Das sind Geschichten. Die Italiener sind alle Gauner.“ *Helmut Engels*

Helmut Engels: (*1937): dt. Philosophielehrer und Buchautor

M3 Vorsicht: Verallgemeinerung!

Abenteuer Ethik: Wie kommt es eigentlich, dass viele Menschen Vorurteile haben, z. B. gegen Ausländer?

Experte: Ein Vorurteil ist ein Urteil, das wir uns bilden, ohne genau die Fakten zu prüfen. Dabei nehmen wir Verallgemeinerungen vor, die nicht zutreffen. Wenn jemand z. B. eine negative Erfahrung mit ein paar unhöflichen Amerikanern gemacht hat und nun daraus schließt, dass alle Amerikaner unhöflich sind, dann ist das ein Vorurteil.

Abenteuer Ethik: Aber wir können doch nicht immer alles, was wir sagen, umfassend überprüfen.

Experte: Das ist richtig. Verallgemeinerungen sind oft sogar sehr sinnvoll, um in der Welt zurechtzukommen. Wenn ein Kind sich an einer heißen Herdplatte die Finger verbrannt hat, ist bei der nächsten Begegnung mit einer Herdplatte das Vorurteil „Vorsicht! Die könnte heiß sein!“ ganz nützlich. Aber in Bezug auf Menschen sollten wir mit Verallgemeinerungen sehr vorsichtig sein.

Sonst kann es nämlich passieren, dass man bestimmte Personengruppen mit negativen Eigenschaften in Verbindung bringt und sie deshalb ablehnt und schlecht behandelt.

Abenteuer Ethik: Aber wie kann man denn erkennen, ob eine Verallgemeinerung falsch ist?

Experte: Indem man sich immer noch einmal fragt: Ist es zulässig, von diesem Einzelfall oder Beispiel auf eine ganze Gruppe zu schließen? Kenne ich nicht auch ein oder sogar noch viel mehr Gegenbeispiele? Was passiert, wenn die Verallgemeinerung oder das Urteil sich auf mich bzw. meine „Gruppe" beziehen würde? Würde ich dann auch noch zustimmen?

INFO

Vorurteile

Vorurteile sind (meist negative) Bewertungen eines Sachverhaltes, einer Person oder einer Menschengruppe, die in der Regel nicht zutreffen. Sie entstehen durch unzulässige Verallgemeinerungen und ungeprüft übernommene Vorstellungen.

M4 Was du alles sagst ...

Du sagst, du hast keine Vorurteile.
Aber du lachst über die Leute
aus einer anderen Stadt,
weil sie andere Gewohnheiten haben.
Du sagst wie alle anderen: Typisch Kleinstädter,
benehmen sich bei uns wie auf dem Dorf!
Du sagst, du hast keine Vorurteile.
Aber du lachst über die Leute
aus einem anderen Land,
weil sie einen anderen Dialekt sprechen.
Du sagst wie alle anderen:
Typisch Norddeutsche, großes Maul
und nichts dahinter!
Du sagst, du hast keine Vorurteile.
Aber du schimpfst über die Leute
aus einem anderen Volk,
weil sie eine andere Sprache sprechen,
weil sie anders erzogen sind als du,
weil sie eine andere Hautfarbe haben,
eine andere Religion, andere Ansichten als du.
Du sagst wie alle anderen:
Typisch Franzosen, typisch Engländer, typisch
Italiener, typisch Russe, Polen, Tschechen,
typisch Juden ...

Lutz Krause

AUFGABEN

1 Ordnet die abgebildeten Gegenstände unterschiedlichen Nationen zu und erklärt, warum sie als „typisch" angesehen werden. > M1
2 Nehmt Stellung zur Schlussfolgerung im letzten Satz der Geschichte. > M2
3 Stellt dar, wie dem Experten zufolge ein Vorurteil entsteht. > M3
4 Prüft anhand der Fragen des Experten (Z. 28-34) die Verallgemeinerung in M2. > M2/M3
5 Beschreibt, welche Vorurteile in dem Gedicht dargestellt werden und welche Gründe dafür genannt werden. > M4
V 6 Diskutiert, warum sich Vorurteile so oft auf Personen(gruppen) oder Sachverhalte beziehen, die uns fremd sind oder „anders" erscheinen. > M4

Abbau von Vorurteilen

M1 Den Menschen sehen

M2 Umgang mit Vorurteilen - Praktische Tipps

Sachliches Gespräch
Kannst du mit deinem Gegenüber von Angesicht zu Angesicht reden? Nehmt ihr euch gegenseitig ernst? Seid ihr beide in der gleichen Jahrgangsstufe? Dann führt ein Gespräch mit sachlichen Informationen, um ein Vorurteil z. B. in Bezug auf eine Nationalität als solches erkennbar zu machen und zu bereinigen. (Es kann helfen, wenn ein Erwachsener, z. B. dein Lehrer oder deine Lehrerin, zuhört.)

Praktische Widerlegung eines Vorurteils
Oft aber geht es nicht so einfach. Der andere hält dich vielleicht für uncool? Oder er gehört zur anderen Clique? Oder er glaubt alles, was andere z. B. über deine Religion behaupten, und hört dir nicht zu? Dann gib ihm die Möglichkeit, dich besser kennenzulernen. Du könntest bei passender Gelegenheit einige aus deiner Klasse zu dir nach Hause einladen, um ihnen z. B. zu zeigen, wie bestimmte Feste bei euch gefeiert werden.

Änderung der eigenen Haltung
Wenn du auf diesen Wegen nichts erreichen kannst, überlege dir einmal Folgendes: Wie wäre es, wenn du dich einfach nicht mehr darum kümmerst und die Leute mit den Vorurteilen einfach stehen lässt? Ist in einer Woche das Thema überhaupt noch aktuell oder wichtig? Vielleicht findest du ja eine witzige Erwiderung, wenn du wieder einmal doof angesprochen wirst. Das nimmt deinem Gegenüber nämlich den Wind aus den Segeln.

Unterstützung durch andere
Manchmal brauchst du aber auch Unterstützung von anderen. Sie müssen denjenigen, die dich wegen deiner Andersartigkeit schikanieren, klarmachen, dass Vorurteile zu größeren, vor allen Dingen aber unnötigen Auseinandersetzungen führen können.

M3 Zusammenleben ohne Vorurteile setzt voraus, dass ...

- man sich ohne Probleme miteinander verständigen kann
- alle die Grundrechte und Grundwerte der Gesellschaft akzeptieren und achten […]
- man sich in die Gesellschaft einbringt und Engagement zeigt
- man Freundschaften schließt – auch mit Menschen, die anders sind […]
- man andere annimmt, so wie sie sind […]
- …

GrafStat, www.bpb.de

AUFGABEN

1. Gebt den Comic mit eigenen Worten wieder. > M1
2. Erläutert, wie nach der Auffassung der beiden Jungen Vorurteile abgebaut werden können. > M1
3. Beurteilt die Tipps. Macht weitere Vorschläge zum Umgang mit Vorurteilen. > M2
4. Begründet, warum die einzelnen Grundsätze wichtig für ein Zusammenleben ohne Vorurteile sind, und ergänzt weitere Punkte. > M3

Verständnis für Andere

M1 Wie du!

M2 Märchen vom Auszug aller „Ausländer“

Es war einmal ... etwa drei Tage vor Weihnachten, spät abends. Über den Markplatz der kleinen Stadt kamen ein paar Männer gezogen. Sie blieben an der Kirche stehen und sprühten auf die Mauer „Ausländer raus“ und „Deutschland den Deutschen“. Steine flogen in das Fenster des türkischen Ladens gegenüber der Kirche. Dann zog die Horde ab. Gespenstische Ruhe. Die Gardinen an den Bürgerhäusern waren schnell wieder zugefallen. Niemand hatte etwas gesehen.

„Los, kommt, es reicht, wir gehen“. „Wo denkst du hin! Was sollten wir denn da unten im Süden?“ „... da unten? Das ist immerhin unsere Heimat. Hier wird es immer schlimmer. Wir tun einfach das, was da an der Wand geschrieben steht: „Ausländer raus!“ Tatsächlich, mitten in der Nacht kam Bewegung in die kleine Stadt. Die Türen der Geschäfte sprangen auf: Zuerst kamen die Kakaopäckchen heraus mit den Schokoladen und Pralinen in ihren Weihnachtsverkleidungen. Sie wollten nach Ghana und Westafrika, denn da waren sie zu Hause. Dann der Kaffee, palettenweise, der Deutschen Lieblingsgetränk; Uganda, Kenia und Lateinamerika waren seine Heimat. Ananas und Bananen räumten ihre Kisten, auch die Trauben und die Erdbeeren aus Südafrika. Fast alle Weihnachtsleckereien brachen auf, Pfeffernüsse, Spekulatius und Zimtsterne, denn die Gewürze in ihrem Inneren zog es nach Indien. Der Dresdner Christstollen zögerte. Man sah Tränen in seinen Rosinenaugen, als er zugab: Mischlingen wie mir geht's besonders an den Kragen. Mit ihm kamen das Lübecker Marzipan und der Nürnberger Lebkuchen. Nicht Qualität, nur Herkunft zählte jetzt. [...]

Der Verkehr brach an diesem Tag zusammen. Lange Schlangen japanischer Autos, vollgestopft mit Optik und Unterhaltungselektronik krochen gen Osten. Am Himmel sah man die Weihnachtsgänse nach Polen fliegen, auf ihrer Bahn gefolgt von den feinen Seidenhemden und den Teppichen aus dem fernen Asien. Mit Krachen lösten sich die tropischen Hölzer aus den Fensterrahmen und schwirrten zurück ins Amazonasbecken. Man musste sich vorsehen, um draußen nicht auszurutschen, denn von überall her quollen Öl und Benzin hervor, floss zu Bächen zusammen und strömte in Richtung Naher Osten. [...]

Nach drei Tagen war der Spuk vorbei, der Auszug geschafft, gerade rechtzeitig zum Weihnachtsfest. Nichts Ausländisches war mehr im Land. Aber Tannenbäume gab es noch, auch Äpfel und Nüsse. Und „Stille Nacht“ durfte gesungen werden – wenn auch nur mit Extragenehmigung, das Lied kam immerhin aus Österreich. Nur eines wollte nicht so recht ins Bild passen. Maria, Josef und das Kind waren geblieben. Drei Juden. Ausgerechnet. „Wir bleiben“, sagte Maria, „Wenn wir aus diesem Lande weggehen – wer will ihnen dann noch den Weg zurück zeigen, den Weg zurück zur Vernunft und zur Menschlichkeit?“ *Helmut Wöllenstein*

M3 Umgang mit Fremden

Wichtig ist, dass wir den Fremden grundsätzlich mit einer freundlichen Einstellung begegnen. Dabei sollten wir uns immer wieder vor Augen halten, dass die Fremden genauso fühlen wie wir. [...] Nur so können echte Kontakte zu unseren Mitmenschen entstehen. Hassgefühle gegenüber Ausländern sind oft ein Ausdruck von Angst vor dem Unbekannten. Wenn sich Fremde begegnen, sind sie zunächst vorsichtig und zurückhaltend. Aber solche Ängste kann man doch abbauen. Wenn ich mit einem mir noch unbekannten Menschen zusammentreffe, dann achte ich wenig darauf, welche Stellung er innehat, ob er reich oder arm ist. Für mich zählen sein Gesichtsausdruck, sein Lächeln, sein Blick. Das sagt mir mehr über einen bestimmten Menschen als alles, was in seinem Pass vermerkt ist. Jedes Mal, wenn ich mit jemandem aus einer anderen Kultur spreche, spüre ich, dass es zwar Dinge gibt, die uns voneinander unterscheiden, und doch sind wir alle Menschen. Wenn Kinder aus Afrika, aus Europa oder Asien zusammenkommen, dann können sie sich ohne Schwierigkeiten zusammensetzen und miteinander spielen. Kinder achten doch nicht auf kulturelle Unterschiede. Sie werden Freunde, wenn sie sich gut verstehen, ohne auf die Rasse oder die Hautfarbe zu achten. Das zeigt doch, dass es die eine große Völkergemeinschaft gibt.

Dalai Lama

Dalai Lama: geistiges Oberhaupt der tibetischen Buddhisten

M4 Chinesisches Sprichwort

„Solange du dem Anderen sein Anderssein nicht verzeihen kannst, bist du noch weit ab vom Weg der Weisheit.“

AUFGABEN

H 1 Erläutert, was durch die Abbildung und den Text zum Ausdruck gebracht werden soll. > M1

2 Fasst die wichtigsten Aussagen des Märchens in eigenen Worten zusammen. Begründet, warum ihr ihnen zustimmt oder nicht. > M2

3 Stellt dar, was der Dalai Lama im Umgang mit Fremden für wichtig hält. Erklärt, worauf er seine Haltung gründet. > M3

4 Deutet die Aussage des Plakats und gestaltet eigene Plakate, die zur Toleranz aufrufen. > M3

V 5 Erläutert das chinesische Sprichwort und nehmt auf der Grundlage der Materialien dieser Doppelseite dazu Stellung. > M4

Wie Fremde zu Freunden werden können

M1 Gottgewollte Gastfreundschaft

Diese gottgewollte Gastfreundschaft lässt Fremde in der Türkei schnell heimisch werden. Eine zufällige Begegnung kann Tür und Tor zu Familie und Freundeskreis öffnen [...].

Angefangen hatte es in den Trümmern der byzantinischen Stadt Hierapolis bei Pamukkale [...]. Plötzlich tauchte er vor mir auf, der Schäfer Hüseyin, schritt [...] vorbei an den umgestürzten Marmorsäulen des antiken Theaters. [...]

Günaydin, guten Morgen. Ein Gruß, ein Händedruck zwischen zwei Menschen aus völlig verschiedenen Welten. Und dann die Überraschung: Würdevoll [...] deutete der Schäfer auf einen Stein, bot mir einen Platz an in seinem Reich und setzte sich wie selbstverständlich auf eine zerbrochene römische Säule neben mich, während die Schafe in den altehrwürdigen Ruinen nach Futter suchten. Eine sprachliche Verständigung gelang natürlich nur mit Hilfe vieler Gesten. Wir übten die Aussprache unserer Namen, tauschten deutsche Bonbons und türkische Nüsse, und hier wäre eigentlich unsere kurze Begegnung zu Ende gewesen, vielleicht mit einem erlaubten Abschiedsfoto. Aus Neugierde hatte ich gefragt, welche Produkte aus der Schafsmilch hergestellt würden. Als Hüseyin den Sinn meiner Frage in etwa verstanden hatte, stand für ihn felsenfest: Der Fremde aus Deutschland hatte Durst – und Hunger wahrscheinlich auch. Also war es selbstverständlich, ihn mitzunehmen in sein Bergdorf, in sein Haus und zu Frau und Kindern und ihn dort nach alter Tradition zu bewirten mit dem, was Allah ihm und seiner Familie zugeteilt hatte. [...]

Und so folgte ich meinem neuen Bekannten, bestaunt und höflich gegrüßt von verschleierten Frauen und Kindern in blauen Schulkleidern. Die Wohnstube der Schäferhütte, es gab nur zwei Räume im Haus, betraten wir ohne Schuhe, und gleich wurde ich einer vielköpfigen Familie vorgestellt, den Großeltern vor dem Fernseher und mehreren jungen Frauen, von denen eine [...] ihren Säugling stillte. Derweil spielten die größeren Kinder im Hof mit den Lämmern, und ein kleineres durfte auf dem Leithammel reiten.

Die Schafmilch kam zuerst, warm und mit Zucker gesüßt. Nach kurzer Überwindung schmeckte sie gar nicht so übel. Danach der helle Tee, in kleinen Gläsern, schließlich das Mittagessen. Alle setzten sich auf den sauberen Fußboden um die Schüsseln herum, die auf einem niedrigen Tisch standen. Der frische Salat kam aus dem Garten, die braune Brühe hieß *Tanra corbasi*, den Schafsjoghurt nannten sie *Sut*, und das alles nahm man mit *Ekmek*, dem frisch gebackenen Fladenbrot, aus einer gemeinsamen Schüssel. So konnten wir gut auf Besteck und Teller verzichten. Klar, dass ich an einem der nächsten Tage stundenlang mit Hüseyin über die Weiden zog, seine Freunde und Nachbarn kennen lernte [...]. Natürlich freuen sich die gastfreundlichen Menschen in der Türkei auch über ein kleines Gastgeschenk. So sind z. B. die Kinder ganz versessen auf Süßigkeiten. Kein Grund also, die Gastfreundschaft allzu einseitig werden zu lassen. Also saßen wir alle zusammen an meinem letzten Abend in einem Restaurant an den Sinterterrassen vom Pamukkale und ließen uns das *Kebak* munden, an das ich mich doch leichter gewöhnen konnte als an die [...] Schäfermahlzeit in Örem Mahellesi.

Rolf Wilms

M2 E-Mails von weither

¡HolaTorsten!

wie toll, dass unsere Schulen jetzt einen E-Mail-Kontakt begonnen haben! Aber was soll ich dir erzählen? Vielleicht etwas über ein besonderes Fest, das wir in Mexiko gerade gefeiert haben: das Totenfest. Da nach altem Glauben die Toten als Geister auf die Erde zurückkehren könnten, wollen wir mit dem Fest etwas für ihr Wohlbefinden tun.

Wir haben hier im heutigen Mexiko ja verschiedene Wurzeln. Als Christen glauben wir an die Auferstehung der Toten. Aber wir pflegen auch die alten Traditionen unserer Vorfahren, der Ureinwohner, wie das Totenfest am 1. November. An diesem Tag kommen angeblich die Seelen der Toten zu Besuch, und wir heißen die Verstorbenen mit einem großen Fest willkommen. Wir servieren ihnen ihre Lieblingsspeisen und schmücken den Tisch mit Blumen und Süßigkeiten in Form von Totenköpfen und Skeletten.

Während sich die Besucher aus dem Jenseits in den Häusern unserer Angehörigen verköstigen, strömen wir Lebenden ins Freie. Um den Tod an der Nase herumzuführen, verkleiden wir uns alle als Skelett. Am nächsten Tag versammeln sich die Familien zu einem gemeinsamen Festessen auf dem Friedhof. Dadurch, dass wir ein ausgelassenes Fest feiern, wollen wir dem Tod seinen Schrecken nehmen. – Und was ist dein Lieblingsfest?

Bis bald. Adiós Pedro

Konnichiwa Leonie,

ich will dir etwas über unsere Gärten erzählen, denn sie sind bestimmt anders als eure: Japanische Gärten sind meist bis ins Detail geplant. Um sie vollends zu verstehen, ist es nötig, sie richtig „lesen" zu lernen. Die Gärten sind so angelegt, dass ihre Besucher zahlreiche Entdeckungen machen können. Häufig führt ein Blick aus einer anderen Perspektive zu einem ganz anderen Eindruck der gleichen Anlage, was durch die Architektur erreicht wird. Steine symbolisieren beispielsweise Tiere, die in die Natur eingebunden sind. Das Wasser steht für Seen und Ozeane. Laut einer chinesischen Legende verwandelt sich ein Fisch, der einen Wasserfall hinauf gelangt, in einen Drachen. Dieser *Drachentor-Wasserfall* stellt in Japan ein Sinnbild für Erleuchtung (Satori) dar. Das Moos hält Feuchtigkeit am Boden und symbolisiert zugleich Alter, was in Japan dadurch auch Ehre bedeutet. Bäume sind das Symbol für das Leben. Sie können auch als Sinnbild für das Menschsein angesehen werden, da sie Teil eines Ganzen und zugleich individuell sind. Sand, Kies und speziell Granitkies werden verwendet, um Wasser darzustellen. Durch geharkte Linien werden Wellen angedeutet. Bambus ist sowohl biegsam als auch standfest. Einzelne Abschnitte des Rohrs symbolisieren die Generationen. Pflaumen- und Kirschbäume blühen im Verlauf eines Jahres auf und verblühen wieder, wodurch Vergänglichkeit angezeigt wird.

Manche Pflanzen ermöglichen weitere Deutungen. So lautet das japanische Wort für Blumen *hana*, was auch Schönheit heißen kann. Nadeshiko bezeichnet sowohl wilde Nelken als auch junge Mädchen. Wir beide, du und ich, sind also hana nadeshiko, schöne Mädchen.

Sayonara Akira

AUFGABEN

1 Beschreibt, wie Rolf Wilms Gastfreundschaft erfuhr. > M1
2 Berichtet von ähnlichen Beispielen, wo Menschen ebenso gastfreundlich gehandelt haben wie der türkische Schäfer. > M1
3 Fasst in arbeitsteiliger Gruppenarbeit zusammen,
W a) was Torsten von Pedro über das mexikanische Totenfest,
b) was Leonie von Akira über japanische Gartenkunst
erfährt. Stellt euch eure Ergebnisse gegenseitig vor. > M2
4 Zeigt auf, wie Fremde durch Briefkontakte zu Freunden werden können. > M2

Freundschaft:
> S. 30ff.

Was wir wissen – was wir können

Wissen kompakt

VERSTÄNDNIS
sich in Andere hineinversetzen

FREUNDSCHAFT
Andere (um ihrer selbst willen) gern haben, schätzen

TOLERANZ
andere Sitten und Meinungen gelten lassen

erfordert oder bewirkt

Gutes

Menschen haben unterschiedliche
- **Eigenschaften**
- **Interessen**
- **Lebensgestaltung**
- **Herkunft und Sitten**
- **...**

Zusammenleben

wird bedroht durch

VORURTEIL
unzulässige Verallgemeinerungen vornehmen

FEINDSELIGKEIT
anderen schaden wollen und sie bekämpfen

RASSISMUS
Menschen wegen ihrer Hautfarbe, Herkunft usw. ablehnen und ausgrenzen

KOMPETENZ-CHECK

Überprüfe dich selbst: Wenn du dich bei einem Punkt noch unsicher fühlst, lies und bearbeite (ggf. mit Partner/in) die passende Schulbuchseite noch einmal.

Ich kann ...		Meine Einschätzung – –	–	+	++
Erfahrungen mit Andersheit und Fremdheit von Menschen beschreiben	> S. 48-49				
anhand von Kinderspielen aus aller Welt kulturelle Unterschiede von Menschen aufzeigen	> S. 50-51				
darstellen, wie sich die Lebensbedingungen von Kindern in verschiedenen Ländern unterscheiden	> S. 52-53				
Gründe dafür benennen, warum Menschen ihre Heimat verlassen, und Ursachen für die Erfahrung von Andersheit und Fremdheit erfassen	> S. 54-55				
mich in die Lage von Anderen hineinversetzen, um sie besser zu verstehen (z. B. von Menschen, die vor Krieg und Not geflohen sind)	> S. 56-59				
aufzeigen, wie es zu Fremdenfeindlichkeit kommen kann	> S. 60-61				
erklären, wie Vorurteile entstehen	> S. 64-65				
erläutern, wie Vorurteile abgebaut werden können	> S. 66-67				
aufzeigen, warum Verständnis und Toleranz für das Zusammenleben von Menschen wichtig sind	> S. 68-69				
anhand von Beispielen darlegen, wie Fremde zu Freunden werden können	> S. 70-71				
meine ersten Eindrücke und Gefühle anderen Menschen gegenüber beschreiben und prüfen	> S. 62-63				

Arbeitsblatt:
Kompetenz-Check „Ich und die Anderen"

Mediencode: 21004-03

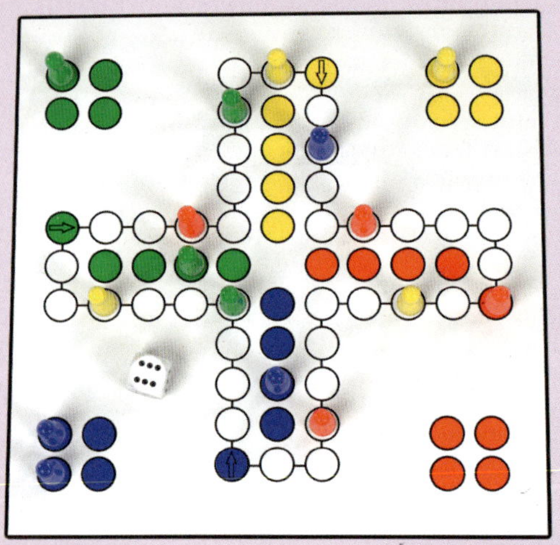

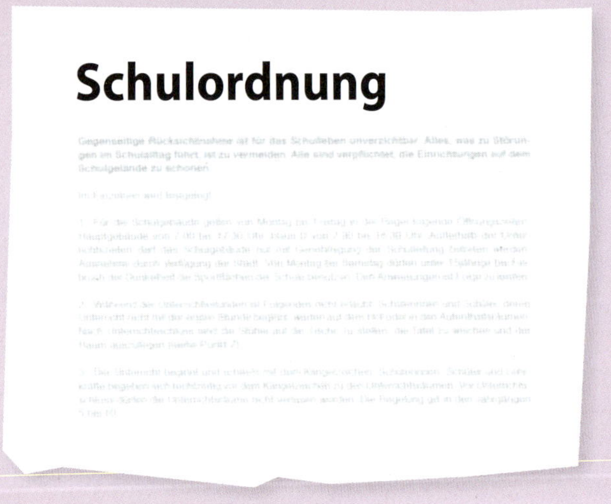

Schulordnung

Gegenseitige Rücksichtnahme ist für das Schulleben unverzichtbar. Alles, was zu Störungen im Schulalltag führt, ist zu vermeiden. Alle sind verpflichtet, die Einrichtungen auf dem Schulgelände zu schonen.

Regeln und Regelkonflikte

AUFGABEN

1 Erläutert die Bedeutung der einzelnen Abbildungen in Bezug auf das Kapitelthema.

2 Stellt dar, warum es diese Regeln gibt.

3 Sammelt weitere Regeln, die ihr für wichtig haltet.

Das tut man nicht – oder doch?

M1 Begrüßung

M2 Umgangsformen

Abschied: Was den Abschied angeht, da kann man im deutschen Sprachraum recht Unterschiedliches hören, nämlich Abschiedsworte wie „Tschüss", „Moin", „Ciao", „Baba" oder „Grüezi". In Großbritannien, wo man viel Wert auf Höflichkeit legt, ist es – auch unter guten Bekannten und Freunden – nicht üblich, sich zum Abschied die Hand zu reichen.

Anrede: In den 60ern war es unter Studentinnen und Studenten noch üblich zu siezen, es sei denn, man war unter Freunden. Dann setzte sich das Duzen mehr und mehr durch. Das ging so weit, dass sich sogar Lehrer und Schüler gegenseitig duzten. Jetzt aber findet man nur gelegentlich noch eine Lehrkraft, die sich von Schülerinnen oder Schülern duzen lässt. In Frankreich ist es in bestimmten Kreisen manchmal noch üblich, dass die Kinder ihre Eltern und Großeltern siezen. Im Englischen sagt man zu allen Menschen „you". Man unterscheidet in der Anrede also nicht zwischen Fremden, Höhergestellten und Freunden.

Essen: Dass man beim Essen nicht mit vollem Mund spricht, nicht schmatzt, rülpst, schlürft, mit offenem Mund kaut, das wisst ihr natürlich. Aber das gilt nicht überall. So sagt man, dass in China lautes Rülpsen bei Tisch als Anerkennung für Personal und Speisen gilt. (Bitte nicht nachahmen!) Bekannt ist auch, dass man in China mit Stäbchen isst. In einigen arabischen Ländern nimmt man nur mit einem Stückchen Brot das Essen von einem großen Teller auf, von dem sich alle bedienen. Selbst da, wo man mit Messer und Gabel isst, gibt es Unterschiede. In den USA ist es üblich, das Fleisch zu Beginn des Essens mit dem Messer klein zu schneiden und dann nur mit der Gabel zu essen. (Ob diese Sitte aus der Pionier-Zeit stammt, als man noch eine Hand für den Colt frei haben musste?) Die freie Hand darf übrigens nicht auf dem Tisch liegen, sie liegt auf dem Schoß!

Gesten: In Griechenland kann man sich nicht verständigen, wenn man nicht weiß, dass Kopfschütteln dort „Ja" bedeutet. Wer den Daumen herausstreckt, um als Anhalter mitgenommen zu werden, hat Pech, denn dieses Zeichen bedeutet für die Griechen „Hau ab!" In arabischen Ländern gilt es als grobe Beleidigung, den andern die Schuhsohle zu zeigen, etwa, wenn man die Beine übereinander schlägt. So etwas muss man einfach wissen, wenn man sich dort aufhält.

M3 Sich benehmen

M4 Benimmratgeber

Adolph Freiherr von Knigge hat in einem Buch beschrieben, was Menschen beim Umgang miteinander beachten sollten. Dieses Buch, auch kurz „Knigge“ genannt, machte ihn berühmt. Seitdem sind viele Benimmratgeber entstanden. Es gibt z. B. folgende Regeln:

- Kinder sollen der Mutter beim Auftragen des Essens und Abräumen des Tisches helfen.
- In öffentlichen Verkehrsmitteln sollen jüngere älteren Leuten ihren Platz anbieten.
- Wenn man jemanden kennenlernen will, stellt man sich einander vor. Ein Herr stellt sich dabei immer zuerst einer Dame vor, nicht umgekehrt.
- Wenn man zum Essen eingeladen ist, lässt man immer einen Anstandsbissen auf dem Teller.
- Frauen tragen in der Öffentlichkeit keine Hosen, sondern Röcke und Kleider.
- Männer tragen abends blaue, graue oder schwarze Kleidungsstücke, auf keinen Fall braune oder beige.
- An einer Tür lässt der Herr der Dame den Vortritt und hält ihr die Türe auf.
- Auf einer Treppe geht der Mann der Frau beim Hinuntergehen voran, und auch beim Hinaufgehen übernimmt er die Führung.
- Im Restaurant, Kino, Theater geht der Mann voran, um nach einem freien Platz ausschauen zu können.
- Beim Verlassen des Restaurants hilft der Herr der Dame in den Mantel.
- Wenn man husten muss, wendet man sich von anderen Menschen weg und hält sich die Hand vor den Mund.

Adolph Freiherr von Knigge
> S. 41

AUFGABEN

1. Stellt möglichst viele Formen der Begrüßung szenisch dar. Beschreibt, wie die unterschiedlichen Begrüßungsarten auf euch wirken. > M1
2. Fertigt eine Tabelle mit den verschiedenen Formen der Verabschiedung, der Anrede, des Essens und der Körpersprache an, die im Text beschrieben werden. > M2
3. Falls ihr aus einem anderen Land stammt oder schon einmal im Ausland wart: Berichtet von Erfahrungen mit andersartigen Umgangsformen. > M2
4. Nennt Essensregeln, die ihr kennt, und beurteilt, ob ihr sie sinnvoll findet. > M3 (H)
5. Beurteilt, welche Benimmratschläge heute noch sinnvoll sind. Begründet eure Auffassung. > M4

(W: 4–5)

Wozu Rituale dienen

M1 Was soll das bedeuten?

M2 Die Funktion von Ritualen

Unser Alltag steckt voller Rituale: von den Ritualen der Begrüßung und Verabschiedung bis hin zum Färben von Ostereiern, dem Schmücken von Weihnachtsbäumen, dem Aushöhlen von Kürbissen zu Halloween und dem Verkleiden zu Karneval. Doch was ist eigentlich ein Ritual?

Im Lexikon steht, dass das Wort aus dem Lateinischen stammt und ein Vorgehen nach einer bestimmten Ordnung bezeichnet. Rituale haben einen festgelegten Ablauf und werden in regelmäßigen Abständen wiederholt. Aber was unterscheidet einen Martinszug vom Zähneputzen, das Umherziehen der Sternsinger vom Zubinden eines Schuhes, was man ebenfalls in regelmäßigen Abstanden wiederholt?

Zum Ritual gehört, dass es eine Bedeutung hat, dass es etwas Bestimmtes zum Ausdruck bringt. So bringen die auf einer Torte angezündeten Kerzen zum Ausdruck, dass jemand Geburtstag hat, die Ringe, die sich Mann und Frau anstecken, bedeuten, dass sie sich die Ehe versprechen usw.

Rituale spiegeln außerdem eine Ordnung wieder und ermöglichen den Menschen Orientierung. So verschaffen uns Feste wie Ostern, St. Martin, Weihnachten Orientierung im Laufe des Jahres. Und Feste wie Geburtstag, Taufe, Hochzeit zeigen an, dass ein neuer Lebensabschnitt begonnen hat. Weil Rituale immer gleich ablaufen, geben sie den Menschen Sicherheit.

Und sie schaffen ein Gefühl der Zusammengehörigkeit aller, die an dem Ritual teilnehmen, und stärken so das Gemeinschaftsgefühl. Rituale sind aus dem Leben einer Gemeinschaft nicht wegzudenken.

M3 Rituale in der Schule

„Abenteuer Ethik" wollte in einer Umfrage wissen, welche Rituale Schülerinnen und Schüler an ihrer Schule praktizieren.

Katharina: Zu Beginn einer Stunde machen wir es so: Wenn die Lehrerin oder der Lehrer die Klasse betritt, stellen alle die Gespräche ein und erheben sich vom Platz. Nach der Begrüßung setzen wir uns und dann kann der Unterricht beginnen. Für den Fall, dass es im Unterricht einmal zu laut wird, haben wir ein Ruhezeichen vereinbart: Der Lehrer oder die Lehrerin hebt die Hand und schlägt eine Glocke an, die auf dem Pult steht. Dann wissen wir, dass wir etwas leiser sein müssen. Auch wenn es einem Schüler zu laut wird, darf er die Glocke anschlagen. Wenn jemand mit seiner Aufgabe nicht zurechtkommt, hält er sein Heft hoch. Dann bekommt er Hilfe von jemandem, der mit seiner Aufgabe schon fertig ist.

Oliver: Immer wenn es sehr unruhig wird, macht unser Lehrer mit uns eine Stilleübung. Die geht so: Die Vorhänge werden zugezogen, damit es nicht so hell ist. Jeder setzt sich bequem hin, schließt für ein paar Minuten die Augen und achtet nur noch auf seinen Atem. Am Ende sprechen wir über das, was wir wahrgenommen oder gefühlt haben. Gut gefällt mir auch das Geburtstagsritual: An der Wand hängt ein Kalender, in dem die Geburtstage aller Schülerinnen und Schüler eingetragen sind. Wenn jemand Geburtstag hat, dann setzen wir uns im Stuhlkreis zusammen, zünden die Geburtstagskerze an und singen ein Geburtstagslied für ihn.

Mehmet: Wir haben Namensschilder gebastelt und an die Wand gehängt. Auf der einen Seite steht unser Name, auf der anderen ist ein Foto von uns aufgeklebt. Wenn wir morgens in die Klasse kommen, drehen wir das Schild mit unserem Namen um, so dass unser Foto erscheint. So erkennt man leicht, wer schon da ist und wer fehlt. Daneben steht eine Tafel mit dem Datum, da stellt ein Kind immer das richtige Datum ein, damit man weiß, welcher Tag im Jahr es ist. Am Ende eines Unterrichtstages packen wir unsere Sachen, räumen unsere Plätze auf, stellen die Stühle hoch und verabschieden uns voneinander.

Ricarda: In unserer Schule gibt es Rituale zu verschiedenen Zeitpunkten im Jahr. In der Osterzeit steht auf unserem Pult immer eine Osterkerze. In der Zeit vor Weihnachten haben wir einen Adventskranz mit Kerzen. Bevor wir in die Weihnachtsferien gehen, liest einer eine Weihnachtsgeschichte vor und es gibt Wichtelgeschenke. In der Pausenhalle wird dann Musik gemacht und es werden Weihnachtslieder gesungen. Wenn die Abiturienten sich verabschieden, dann machen sie ein Frühstück für die Fünftklässler und überreichen ihnen eine Schulfahne, die sie dann weitergeben, wenn sie die Schullaufbahn beendet haben.

AUFGABEN

1 Beschreibt die Abbildungen. Welche Rituale werden jeweils dargestellt? > M1
2 Begründet, inwiefern ihr solche Rituale für wichtig haltet. > M1
3 Erläutert, welche Funktion Rituale für die Menschen in einer Gemeinschaft haben. > M2
4 Arbeitet in Vierergruppen: Jede(r) von euch versetzt sich in eine(n) der vier Schülerinnen und Schüler und berichtet den anderen von den Ritualen, die sie oder er in der Schule praktiziert. > M3
5 Stellt dar, welche Rituale es in eurer Klasse bzw. Schule gibt. Welche weiteren würdet ihr gerne einführen und warum? > M3

Klassenregeln

M1 Im Unterricht verboten

M2 „Und wie war's in der Schule?"

Die Jungen in der hinteren Reihe haben ständig mit Papierkugeln geworfen.

Marius und Sandra haben über einige Tische hinweg miteinander gequatscht.

Stell dir vor, Selina und Maya haben sich heute im Unterricht geschminkt.

Frau Kirch hat mit Stefan, Gültekin und Corinna geschimpft, weil sie immer in die Klasse rufen, ohne sich zu melden.

Wie immer wurden Briefchen durch die Klasse gereicht.

Elif, Mira, Marvin und Jonathan haben einen Klassenbucheintrag bekommen, weil sie nicht aufgepasst haben.

Kai war noch müde von gestern und hat auf dem Tisch geschlafen.

Eric, Dustin und Christoph haben sich in der großen Pause angerempelt und geprügelt.

M3 Eine neue Idee

Frau Meckel kommt in ihre Klasse und sagt: „Findet ihr nicht auch, dass es in letzter Zeit so unruhig war, dass der Unterricht richtig darunter gelitten hat? Deshalb habe ich mir Folgendes überlegt: Was haltet ihr denn davon, einen Kursvertrag zu schließen mit Regeln, an die sich alle halten müssen? Ich habe im Internet recherchiert und einen Klassenvertrag gefunden, der auch etwas für unseren Ethikkurs sein könnte. Lasst uns doch mal einen Blick darauf werfen."

Gesprächsregeln:
> S. 82f.

Wir Schüler/innen ...

- petzen nicht
- gehen mit anderen Schüler/innen fair um und respektieren besonders auch die/den Einzelne/n
- äußern keine verletzende Kritik
- gehen mit den von der Schule gestellten Lernmitteln (Bücher etc.) sorgsam um
- akzeptieren auch die Lehrerin oder den Lehrer als Menschen mit Fehlern und Schwächen
- erscheinen mit allen Unterrichtsmaterialien
- beachten Gesprächsregeln
- halten Rückgabefristen (Schulaufgaben, Elternbriefe) ein
- halten Verpflichtungen (z. B. Tafeldienst) ein
- beteiligen uns aktiv am Unterricht und zeigen Engagement
- achten auf Ordnung
- gestalten unsere Klassenzimmer selbst mit
- vermeiden unnötige Unruhe
- sind pünktlich
- binden Bücher ein

„Ich finde die Idee ganz gut", meldet sich Abdul zu Wort. „Mir gefällt es aber nicht, einfach nur einen vorgefertigten Vertrag einer anderen Klasse zu übernehmen."

„Da hast du recht", sagt Frau Meckel. „Ein solcher Vertrag ist nur etwas wert, wenn alle dahinterstehen und ihn unterschreiben."

„Also schreiben wir doch unseren eigenen Kursvertrag", schlägt Maya vor.

Die anderen Schülerinnen und Schüler stimmen Maya zu: „Gute Idee!" „Das machen wir."

„Gut – dann legt los", ermuntert sie Frau Meckel. „Hier sind aber noch ein paar Tipps, die ihr beachten solltet", sagt sie und zählt auf:

1. Die Regeln sollten kurz gehalten sein.
2. Es sollten nicht zu viele Regeln aufgestellt werden, damit man sie alle im Blick behalten kann.
3. Die Regeln sollten so formuliert sein, dass jede/r sie versteht.
4. Die Regeln sollten positiv formuliert sein, also nicht als Verbot, sondern als Gebot.

INFO

Regeln

Regeln sind Richtlinien für das Verhalten, die für alle Mitglieder einer Gruppe verbindlich sind. Sie beruhen auf einer Übereinkunft und dienen dazu, das Zusammenleben reibungslos zu gestalten.

AUFGABEN

1 Erläutert die drei Symbole. Was haltet ihr von den Verboten? > M1

2 Beurteilt das Verhalten der Schülerinnen und Schüler. > M2

3 Nehmt Stellung zu Frau Meckels Idee und erklärt, warum eine Selbstverpflichtung mehr wert ist als ein übernommener Vertrag. > M3

V 4 Wenn ihr noch keinen Kursvertrag habt, erstellt einen eigenen (nach dem vorgegebenen Muster) und hängt ihn im Klassenzimmer auf. > M3

Gesprächsregeln

M1 Was läuft hier falsch?

M2 Wandertag oder Museumstag?

Während der Diskussion über den Museumstag, der anstelle eines Wandertags durchgeführt werden soll, ist in der Klasse die Lautstärke der Diskutierenden immer mehr gestiegen.

Lehrerin: Ihr müsst heute entscheiden, ob ihr den Wandertag durch einen Museumstag ersetzen wollt. Wenn ihr euch dabei so laut aufführt, können wir keine Diskussion mehr durchführen.

Sabine: Also, ich habe gar keine Lust, so etwas Langweiliges zu machen.

Lehrerin: Ich muss euch jetzt ernsthaft um etwas mehr Ruhe bitten. Es gibt aber interessante Angebote im Museum, damit hast du dich noch nicht beschäftigt.

Tobias: Für uns ist es wichtiger, zusammen etwas Spannendes zu unternehmen!

Lehrerin: Brüll nicht so, Tobias. Ich zeige euch das Programm und da haben auch alle ihren Spaß. Außerdem steht es im Lehrplan.

Karin: Wo steht denn, dass wir so etwas machen sollen? Das glaube ich nicht. Die anderen Klassen machen so etwas auch nicht.

Lehrerin: Was interessieren mich die anderen Klassen. Ich möchte es jetzt gerne so haben. Einen anderen Wandertag können wir später auch noch machen.

Größerer Tumult im Hintergrund

Lehrerin: Könnt ihr bitte wieder etwas leiser sein?

Boris: Wenn Sie einfach so über uns bestimmen, dann streiken wir.

Gemurmel im Hintergrund

Lehrerin: Jetzt reicht es aber. Schluss jetzt mit dieser unsinnigen Diskussion. Jetzt ist das Gespräch schon unangenehm, findet ihr nicht?

Methodenkompetenz: Sich im Gespräch an Regeln halten

Damit Gespräche gelingen, ist es wichtig, folgende Regeln einzuhalten:

1. Wenn ich etwas sagen möchte, melde ich mich mit Handzeichen zu Wort.
2. Ich rede nur, wenn mir das Wort erteilt worden ist.
3. Ich fasse mich so kurz wie möglich, um auch anderen die Chance zu geben, etwas zu sagen.
4. Ich lasse die anderen ausreden und falle ihnen nicht ins Wort.
5. Ich höre dem/der anderen gut zu und konzentriere mich auf das, was er/sie sagt.
6. Ich nehme in meinen Gesprächsbeiträgen Bezug auf das, was andere gesagt haben.
7. Wenn ich etwas nicht verstehe, frage ich nach. So zeige ich den anderen auch, dass ich mich für das interessiere, was sie sagen.

M3 Noch einmal: Wandertag oder Museumstag?

Lehrerin: Ihr müsst heute entscheiden, ob ihr den Wandertag durch einen Museumstag ersetzen wollt. Wie ist eure Meinung dazu?

Sabine [meldet sich und bekommt das Wort erteilt]: Also, ich habe keine Lust, so etwas Langweiliges zu machen wie einen Museumsbesuch.

Tobias [geht auf Sabines Redebeitrag ein]: Ich finde, du hast Recht, Sabine. Ich würde auch lieber etwas Spannendes unternehmen.

Lehrerin: Ihr glaubt also, dass es im Museum langweilig ist; aber vielleicht gibt es ja auch Museen, die ganz interessant und spannend sind.

Marian [...]: Ja, aber wir müssten wissen, um welches Museum es sich handelt und was es dort zu sehen gibt.

Yüldür [...]: Wir könnten uns ja einmal mehrere Vorschläge anhören.

Tobias [...]: O. K., und dann sammeln wir die Gründe, die jeweils dafür und dagegen sprechen, und stimmen ab.

Lehrerin: Das ist ein guter Vorschlag. Also, hat jemand eine Idee?

Cathrin [...]: Mein Bruder hat neulich von einem spannenden Automuseum in Stuttgart erzählt!

Boris [...]: Aber nicht jeder interessiert sich für Autos. Ich beispielsweise würde viel lieber ...

AUFGABEN

1 Erläutert, was in den beiden Gesprächssituationen jeweils falsch läuft. > M1/M2

2 Stellt dar, wie die (im Kasten aufgelisteten) Gesprächsregeln in M3 eingehalten werden. Gebt dazu für Marian, Yüldür, Tobias, Cathrin und Boris jeweils an, wie sie die Regeln umsetzen, indem ihr für die eckigen Klammern entsprechende Ergänzungen (vgl. Z. 4 und 7) formuliert. > M3

3 Führt ein Klassengespräch, in dem ihr die Gesprächsregeln auf folgendes Thema anwendet: Soll aus eurer Sicht die Teilnahme an den Bundesjugendspielen verpflichtend oder freiwillig sein? Ihr dürft natürlich auch ein eigenes bzw. für euch gerade aktuelles Thema wählen.

H **4** Einige von euch nehmen nicht aktiv am Gespräch (A3) teil, sondern werden als Beobachter eingesetzt. Dazu legen sie einen Beobachtungsbogen an, auf dem sie festhalten, ob bzw. wie die Gesprächsregeln (s. Kasten) eingehalten worden sind. Wertet anschließend die Beobachtungsbögen gemeinsam aus.

Regeln früher und heute

M1 Auszug aus der Schulordnung (1917)

1. Ohne dringende Gründe darf kein Kind die Schule versäumen. Wegen Beurlaubung hat sich das Kind an seinen Lehrer (seine Lehrerin) zu wenden.
2. Erkrankt ein Kind, so müssen die Eltern oder ihre Stellvertreter den Lehrer (die Lehrerin) persönlich, schriftlich oder in sonst ganz zuverlässiger Weise an demselben Tage Anzeige davon machen. Unentschuldigte Versäumnisse werden nach den gesetzlichen Bestimmungen bestraft.
3. Verziehen Kinder aus dem Schulbezirke, so müssen sie beim Lehrer (der Lehrerin) abgemeldet werden.
4. Es ist unzulässig, dass Eltern oder sonstige Angehörige der Schüler die Lehrperson während des Unterrichts durch Anfragen, Anzeigen usw. stören. Das unbefugte Eindringen in die Schule und Störung des Schulunterrichts unterliegen der polizeilichen bzw. gerichtlichen Bestrafung.
5. Es ist Pflicht der Eltern oder ihrer Stellvertreter, dafür zu sorgen, dass ihre Kinder gewaschen, mit ordentlich gepflegtem Haar, in reinlichem, nicht zerrissenen Anzuge in der Schule erscheinen; sowie dass dieselben die nötigen Bücher, Hefte und andere Lernmittel besitzen. Unsaubere Hefte und Bücher werden nicht geduldet.
6. Jeder Schüler ist zunächst an die Leitung und Beaufsichtigung des Lehrers (der Lehrerin) seiner Klasse gewiesen und hat sich an ihn mit seinen Anliegen, Wünschen und etwaigen Beschwerden, soweit sie die Schule angehen, vertrauensvoll zu wenden. Dass er sich gegen ihn – wie gegen sämtliche Lehrpersonen der Schule –, jederzeit in und außerhalb derselben, eines ehrerbietigen Benehmens befleißige und seinen Anweisungen willig Folge leiste, auch sich überall gegen seinen Mitschüler verträglich zeige, wird mit Bestimmtheit erwartet.
7. Der Schüler soll stets zur bestimmten Zeit, jedoch frühestens eine Viertelstunde vor Beginn des Unterrichts, erscheinen und nach dem Schlusse der Schulzeit sich ohne Aufenthalt und ruhig nach Hause begeben. Unentschuldigtes Zuspätkommen wird bestraft.
8. Wer Eigentum der Schule oder seiner Mitschüler beschädigt, hat den Schaden zu ersetzen und wird noch besonders bestraft.
9. Außerhalb der Schulzeit hat jeder Schüler sich gesittet und anständig zu betragen. Nachrufen, das Scheuchen der Pferde, Werfen mit Steinen auf den Straßen und auf die Eisenbahnen, sowie das Ausnehmen von Vogeleiern, das Einfangen von Singvögeln, das Beschreiben der Häuser und Tore mit Kreide, das Beschädigen der Telegraphenanlagen, der Bäume und Anpflanzungen und jede Tierquälerei ist strenge verboten.
10. Die häuslichen Schularbeiten sind mit Fleiß, Sorgfalt und möglicher Selbständigkeit anzufertigen.

M2 Rechts oder links – was ist denn richtig?

Jeder, der einmal in England war, wird sich verwundert gefragt haben, warum die englischen Autofahrer eigentlich auf der „falschen" Straßenseite fahren. Aber eigentlich ist die Frage falsch gestellt. Genauso gut könnte man nämlich fragen, warum wir uns in Deutschland im Straßenverkehr auf der rechten Seite bewegen.

Sowohl der Rechtsverkehr wie der Linksverkehr haben uralte Wurzeln. Interessanterweise gehen beide darauf zurück, dass die meisten Menschen Rechtshänder sind.

Rechtshänder benutzen in der Regel den linken Fuß zuerst, und so besteigen wir Fahrräder oder Motorräder bevorzugt von links. Besonders praktisch war diese Weise des Aufsteigens auch in früheren Zeiten für die Ritter. Sie kämpften in der Regel mit der rechten Hand, trugen ihr Schwert daher an der linken Körperseite. Mit dem linksseitigen Schwert steigt man am besten von links auf ein Pferd, von rechts käme man nur schwer hinauf. Wenn einem Wegelagerer oder Feinde entgegenkommen, bekämpft man sie am besten von der linken Seite aus, mit dem Schwert in der rechten Hand. Daher war Linksverkehr bis ins Mittelalter der Normalfall und hat sich auch im Zeitalter der Kutschen in den meisten Ländern gehalten. Rechtsverkehr hängt dagegen damit zusammen, wie man sich am besten mit einem Boot fortbewegt. Das Paddel wurde von den Schiffern meist auf der rechten Seite des Bootes bewegt – daher auch der Name „Steuerbord". Wenn sich zwei Boote entgegenkommen, weichen sie beide nach rechts aus, damit die Paddel sich nicht ineinander verhaken. Außerdem kann man sich auch gut am rechten Ufer abstoßen. Auf allen Wasserstraßen der Welt fährt man daher rechts, und in Ländern mit viel Schifffahrt – z. B. in Frankreich und Teilen Deutschlands wurde diese Regel auf den Straßenverkehr übertragen.

Beide Verkehrsarten waren weit verbreitet – bis der französische Kaiser Napoleon im 19. Jahrhundert große Teile Europas eroberte. Damit in seinem Reich eine einheitliche Regel herrschte, setzte er überall, wo er hinkam, den Rechtsverkehr durch. Nach England kam er nicht, und dort ist es bis heute beim Linksverkehr geblieben.

Eigentlich aber ist es egal, ob man links oder rechts fährt – wichtig ist nur, dass es eine einheitliche Regel gibt, damit es nicht zu Missverständnissen und Unfällen kommt.

AUFGABEN

1 Beschreibt das historische Klassenzimmer und vergleicht es mit eurem eigenen. > M1

2 Beurteilt, welche Punkte der Schulordnung von 1917 heute nicht mehr passen und welche fehlen. > M1

3 Legt dar, wozu das Schild wohl aufgestellt wurde. Wo sind solche Schilder zu finden? > M2

4 Erklärt, warum in einigen Ländern Rechtsverkehr herrscht, in anderen Linksverkehr. > M2

H 5 Stellt euch vor, bestimmte Regeln würden außer Kraft gesetzt oder in ihr Gegenteil verkehrt. Schreibt dazu eine Geschichte. > M1/M2

Diese Regel nennt man auch „die Goldene"

M1 Die Bananenschale

M2 So einfach nun auch wieder nicht!

Was die Lehrerin sagte

„Die wichtigste Regel, wie wir uns anderen gegenüber verhalten sollten, ist ganz einfach. Sie lautet: *Behandelt andere Menschen so, wie ihr selbst behandelt werden wollt.* Sie wird auch die Goldene Regel genannt." Das hatte Frau Peters im Unterricht gesagt. Es hatte ihnen eingeleuchtet. Ähnliche Sprüche bekam man auch von den Eltern zu hören.

Irgendwas stimmt nicht

In der Pause sagte Marcy zu den anderen: „So einfach, wie die Peters das meint, ist das gar nicht mit der Goldenen Regel. Ich nenne euch ein Beispiel, auch wenn ihr das komisch findet: Ich esse unheimlich gern Kartoffelsalat mit Würstchen, Kartoffelsalat mit viel Zwiebeln, Gurkenstückchen und Apfelstückchen drin und mit viel Mayonnaise. Wenn ich zum Geburtstag einlade, dann müsste ich doch nach der Goldenen Regel meinen Freunden Kartoffelsalat mit Würstchen vorsetzen." „Mit viel Zwiebeln, Gurken- und Apfelstückchen drin", fuhr Karla fort und grinste dabei. „Stimmt", sagte Marcy, „aber ob die anderen das wollen? Irgendwas stimmt hier nicht."

„Ich finde, dass es uns die Goldene Regel einfach macht", meinte Karla, „ich höre gern Techno und bekomme auch gern Techno-CDs. Jetzt weiß ich endlich, was ich anderen schenken soll: Techno-CDs." „Und ich habe es gern, wenn man mir knallhart die Wahrheit sagt und mir nichts vormacht. Ich möchte wissen, wo ich dran bin. Ich hasse dieses Rumgerede oder diese Beschönigungen. Also muss ich meinen Mitmenschen auch schonungslos die Wahrheit sagen." Das sagte Lisa. Sie war dafür bekannt, immer genau zu wissen, was sie wollte. „Ich glaube, mir würde das nicht gefallen", meinte Lars, der manchmal einen verträumten Eindruck machte, „ich hätte es lieber, wenn man mir schonend beibringt, dass ich etwas falsch gemacht habe." „Also ich weiß nicht", sagte Marcy, „je mehr ihr erzählt, umso merkwürdiger kommt mir die Goldene Regel vor." Sie wiederholte: „Irgendetwas stimmt da nicht." Es klingelte. Die Pause war zu Ende.

Eine Antwort

Am Nachmittag ging Marcy zu ihrem Bruder Niklas, der schon in der 12 war und eine Menge wusste. Sie erzählte ihm, was sie und Karla, Lisa und Lars über die Goldene Regel gesagt hatten. „Du hast recht“, sagte Niklas, „irgendetwas stimmt da nicht. Ich muss mir das durch den Kopf gehen lassen. Ich sag's dir später.“ – „Und?“, fragte Marcy ihren Bruder, als sie sich wieder trafen, „hast du was rausbekommen?“ „Na klar“, sagte Niklas, „der Fehler liegt nicht bei der Goldenen Regel, sondern bei euch. Ihr habt sie nicht ganz richtig verstanden.“ „Aber wir sollen doch andere so behandeln, wie wir selbst behandelt werden wollen.“ „Stimmt, und wie möchtest du behandelt werden?“ „Ich esse nun mal gerne Kartoffelsalat mit ...“ „... mit Würstchen“, fuhr ihr Bruder fort, „ich weiß. Und da meinst du, du müsstest andere genau mit dem beglücken, was dir gerade gefällt. Aber du darfst die Regel nicht so wörtlich nehmen. Sag doch mal ganz allgemein, wie die anderen dich behandeln sollten, von Würstchen mal abgesehen.“ „Was meinst du mit ‚allgemein‘?“ „Ob du Kartoffelsalat mit Würstchen magst, das kann sich ändern. Aber ich glaube, in unseren Wünschen gibt es sicher etwas, das nicht wechselt und wahrscheinlich auch bei allen Menschen gleich ist.
Nochmal: wie möchtest du grundsätzlich von anderen behandelt werden?“ „Also“, – Marcy überlegte –, „also: Ich möchte nicht, dass die anderen etwas tun, was mich ärgert, sondern lieber, dass sie etwas tun, was mir Freude macht.“ Nach einer Pause: „Die anderen sollen mich ernst nehmen. Sie sollen auf mich eingehen, Rücksicht auf meine Gefühle nehmen, meine Meinung respektieren. Ich möchte ...“ Niklas unterbrach sie: „Kennst du jemanden, der das alles nicht möchte?“ „Nö, kenn' ich nicht“, sagte Marcy, „pling!! Ich glaube, ich hab's kapiert! Man darf wirklich nicht einfach davon ausgehen, was man zufällig mag oder nicht mag, Würstchen oder so.“ „Genau! Wenn du etwas tun oder lassen willst, musst du nur überlegen: Wären Hans oder Lisa oder Lars oder wer auch immer damit einverstanden? So einfach ist das.“ „Immer noch schwer genug“, meinte Marcy. „Eigentlich müsste man sich vorstellen, man wäre der oder die andere.“ Niklas nickte: „Du hast's kapiert!“

INFO

Die Goldene Regel
ist eine Verhaltensregel, die von Menschen überall auf der Welt geteilt wird. Deshalb ist sie auch so wertvoll und heißt Goldene Regel. Sie besagt, dass man andere Menschen so behandeln soll, wie man von ihnen behandelt werden möchte. Um sie zu befolgen, ist es nötig, sich in andere hineinzuversetzen und ihre Bedürfnisse wahrzunehmen.

AUFGABEN

1 Beurteilt das Verhalten des Mannes, der die Bananenschale wegwirft. > M1
2 Erläutert, was Marcy mit ihrer Aussage in Z. 40-43 meint. > M2
3 Erklärt an eigenen Beispielen, wie die Goldene Regel zu verstehen ist. > M2
4 Bezieht die Goldene Regel auf die Bildgeschichte. > M1/M2
V 5 Erstellt einen Katalog mit weiteren euch bekannten Regeln für das Zusammenleben von Menschen.

Wozu sind Gesetze da?

M1 Die Gesetzlosen

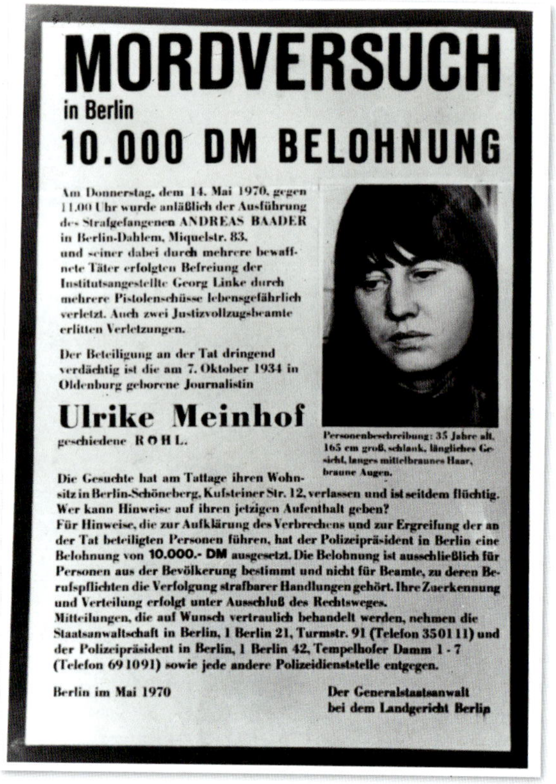

MORDVERSUCH
in Berlin
10.000 DM BELOHNUNG

Am Donnerstag, dem 14. Mai 1970, gegen 11.00 Uhr wurde anläßlich der Ausführung des Strafgefangenen ANDREAS BAADER in Berlin-Dahlem, Miquelstr. 83, und seiner dabei durch mehrere bewaffnete Täter erfolgten Befreiung der Institutsangestellte Georg Linke durch mehrere Pistolenschüsse lebensgefährlich verletzt. Auch zwei Justizvollzugsbeamte erlitten Verletzungen.

Der Beteiligung an der Tat dringend verdächtig ist die am 7. Oktober 1934 in Oldenburg geborene Journalistin

Ulrike Meinhof
geschiedene ROHL.

Personenbeschreibung: 35 Jahre alt, 165 cm groß, schlank, längliches Gesicht, langes mittelbraunes Haar, braune Augen.

Die Gesuchte hat am Tattage ihren Wohnsitz in Berlin-Schöneberg, Kufsteiner Str. 12, verlassen und ist seitdem flüchtig. Wer kann Hinweise auf ihren jetzigen Aufenthalt geben?
Für Hinweise, die zur Aufklärung des Verbrechens und zur Ergreifung der an der Tat beteiligten Personen führen, hat der Polizeipräsident in Berlin eine Belohnung von 10.000.- DM ausgesetzt. Die Belohnung ist ausschließlich für Personen aus der Bevölkerung bestimmt und nicht für Beamte, zu deren Berufspflichten die Verfolgung strafbarer Handlungen gehört. Ihre Zuerkennung und Verteilung erfolgt unter Ausschluß des Rechtsweges.
Mitteilungen, die auf Wunsch vertraulich behandelt werden, nehmen die Staatsanwaltschaft in Berlin, 1 Berlin 21, Turmstr. 91 (Telefon 35 01 11) und der Polizeipräsident in Berlin, 1 Berlin 42, Tempelhofer Damm 1 - 7 (Telefon 69 10 91) sowie jede andere Polizeidienststelle entgegen.

Berlin im Mai 1970

Der Generalstaatsanwalt
bei dem Landgericht Berlin

M2 Die Entstehung von Gesetzen

Ein Gesetz ist wie eine Spielregel. Es bestimmt, was Menschen in einem Staat tun dürfen und was nicht. Viele Gesetze sind ganz einfach. Auch Kinder kennen sie, zum Beispiel, dass man nicht stehlen darf. Andere Gesetze sind komplizierter.
Die Gesetze sind im Gesetzbuch aufgeschrieben. Wer sich nicht daran hält, bekommt Ärger mit der Polizei und den Gerichten, denn die Gesetze gelten für alle Menschen in Deutschland. Wenn sich möglichst viele Menschen an die Gesetze halten, funktioniert das Zusammenleben besonders gut.
Manchmal wird ein neues Gesetz gebraucht, oder ein Gesetz, das es schon gibt, soll geändert werden. Dann wird die Idee für dieses Gesetz aufgeschrieben, zum Beispiel von Abgeordneten des Bundestages, von der Bundesregierung oder vom Bundesrat, in dem alle 16 Bundesländer Deutschlands vertreten sind. Diese Idee, den Entwurf für ein neues Gesetz, bekommen alle Abgeordneten im Bundestag. Mit anderen Abgeordneten diskutieren sie darüber. Oft finden einige Abgeordnete den Entwurf gut, andere nicht. Manche schreiben einen eigenen Vorschlag, den sie besser finden. Die Abgeordneten treffen sich im Plenarsaal des Bundestags, um ihre Meinung zum Gesetz-Entwurf zu sagen. Dann stimmen sie ab. Wenn die Mehrheit für den Entwurf stimmt, ist er angenommen. Das Abstimmen funktioniert meistens wie in der Schule: Die Abgeordneten heben die Hand.
Das höchste aller Gesetze ist das Grundgesetz, das 1949 bei der Gründung der Bundesrepublik Deutschland festgelegt wurde. In ihm sind die Grundrechte aller Bürgerinnen und Bürger festgelegt. Im Grundgesetz steht unter anderem, dass jeder Mensch bestimmte Freiheiten hat. Dazu zählen z. B. die Freiheit, dort zu leben, wo man möchte, die Freiheit, den zu heiraten, den man liebt, und die Freiheit, seine Meinung zu äußern. Außerdem steht im Grundgesetz, dass alle Menschen gleiche Rechte haben und niemand wegen seines Geschlechtes, seines Glaubens oder seiner Hautfarbe usw. benachteiligt werden darf.

M3 Die Aufgabe von Gesetzen

Gesetze sind dazu da, Frieden und Sicherheit herzustellen, damit die Menschen keine Angst um ihr Eigentum und Leben haben müssen!

Thomas Hobbes

Gesetze sind dazu da, den Menschen zu sagen, wie sie ihr Leben einrichten sollen und wie sie Streitigkeiten vermeiden können.

John Locke

Gesetze sind dazu da, dass Menschen bestimmte Grenzen einhalten, um anderen Menschen keinen Schaden zuzufügen.

John Stuart Mill

Thomas Hobbes (1588-1679), **John Locke** (1632-1704), **John Stuart Mill** (1806-1873): englische Philosophen

AUFGABEN

1 Erzählt, welche Verbrechen die Gesuchten begangen und gegen welche Gesetze sie verstoßen haben. Recherchiert dazu evtl. weitere Informationen im Internet. > M1
2 Erläutert, was Gesetze sind und wie sie entstehen. > M2
3 Erläutert die Auffassungen der drei Philosophen, wozu Gesetze da sind. Findet Beispiele dazu. > M3
V 4 Stellt euch vor, es gäbe keine staatlichen Gesetze. Wie sähe die Welt dann aus? > M1-M3

Und wenn ich mich nicht daran halte?

M1 Der direkte Freistoß

Fußball kennt jeder. Aber kennt jeder auch die Regeln? Und die Strafen bei Verstoß gegen die Regeln? Der direkte Freistoß, bei dem unmittelbar auf das Tor geschossen werden darf, ist eine solche Strafe. Mit ihr wird nicht nur der Täter, sondern letztlich die ganze Mannschaft bestraft. Und wann entscheidet der Schiedsrichter für den direkten Freistoß? Er tut dies u. a. in folgenden Fällen: Der Spieler tritt einen Gegner oder versucht, ihn zu treten, er stellt einem Gegner das Bein oder versucht es, er springt einen Gegner an, rempelt einen Gegner, schlägt ihn oder versucht, ihn zu schlagen, der Spieler stößt einen Gegner. Eine klare Sache, oder?

Keineswegs, denn es müssen folgende Voraussetzungen gegeben sein: Der Verstoß muss nach Einschätzung des Schiedsrichters gefährlich, rücksichtslos, fahrlässig sein und mit einem unverhältnismäßigen Körpereinsatz begangen werden. Außerdem darf der Spieler einen Gegner nicht halten, ihn nicht anspucken, und er darf den Ball nicht absichtlich mit der Hand spielen. Einfach klingt das alles nicht. Jedenfalls möchte ich nicht Schiedsrichter sein!

M2 Hausarrest

Maxi „Tippkick" Maximilian gehört zu den wilden Fußballkerlen. Am ersten Schultag nach den Weihnachtsferien zerschießt er in der Schule mit einem Tennisball ein Fenster, kann das gelernte Gedicht im Deutschunterricht nicht aufsagen, kassiert dafür eine 6 und provoziert seinen Deutschlehrer dann auch noch. Dieser ruft am Abend Herrn Maximilian an und beschwert sich über Maxi. Herr Maximilian will seinen Sohn sofort sprechen.

[Ich] setzte [...] mich in den Sessel vor den Schreibtisch und sackte so tief in die Polsterung ein, dass ich mit meiner Nasenspitze fast unter die Tischplatte rutschte. Von meinem Vater, der sich auf der anderen Seite in seinen Arbeitsstuhl setzte, sah ich nur noch das Adlerhorst-Augenpaar. Und das auch nur dann, wenn sich mein Blick für eine Nanosekunde von meinen Füßen befreite. „Nun. Wie ich sehe, wirst du wie immer nichts sagen", sagte mein Vater und die Verachtung, die in seiner Stimme mitklang, traf mich mitten ins Herz. „Du glotzt nur auf deine Schuhe, habe ich Recht? Max! Jetzt schau mich gefälligst mal an!" Das war keine Bitte. Das war ein Befehl. Ich schluckte und würgte und ballte die Fäuste. Dann sah ich zu ihm hinauf, über die Schreibtischkante hinweg direkt in seine Adleraugen hinein. „Und jetzt frage ich dich: [...] Warum machst du dich vor allen zum Clown?" [...] [In diesem Moment hörte ich] selbst meinen Atem und meinen Herzschlag nicht mehr. [...] Ich schaute auf das Teppichmuster neben meinen dreckigen Schuhen. [...] Dann brach mein Vater die Stille: „Also gut. Das wird nie mehr passieren, hast du gehört? Du machst dich nie mehr zum Clown! Und solang es in der Schule noch Schwierigkeiten gibt, kannst du den Fußball und deine wilden Freunde vergessen. Du hast Hausarrest, und zwar unbefristet."

Joachim Masannek

Joachim Masannek (*1960): dt. Kinderbuchautor und Regisseur

M3 „Früher gab es in der Schule noch Ohrfeigen ..."

... sagte Onkel Josef zu seiner Nichte Nicole, die gerade ihre erste Stelle als Lehrerin angetreten hatte. „An meine letzte Ohrfeige in der Untersekunda, also in der" – er schien zu rechnen – „in der 10. Klasse kann ich mich noch gut erinnern. Ich fand das einfach entwürdigend. Ich weiß aber nicht, was ich damals angestellt hatte. Wie ist das heute? Das musst du doch wissen."

Nicole erwiderte ohne lange nachzudenken: „Nein, körperliche Züchtigung ist absolut unzulässig, man darf im Grunde noch nicht einmal eine Schülerin oder einen Schüler berühren. Aber bei Notwehr dürfen wir Lehrer natürlich schon handgreiflich werden."

„Aber Strafarbeiten gibt es noch?", wollte Onkel Josef wissen.

„Ja und nein", lautete die Antwort. „Strafen gibt es ohnehin nicht mehr, nur noch Ordnungs- und Erziehungsmaßnahmen."

„Hundertmal schreiben ‚Ich darf den Unterricht nicht stören', ist also nicht mehr üblich?"

Nicole lächelte und schüttelte den Kopf.

„Und was ist mit Nachsitzen? Das ist doch erlaubt, habe ich gehört."

„Ja, Nachsitzen gibt es tatsächlich immer noch, aber es gilt, dass die verhängte Maßnahme immer angemessen sein muss und dem Bildungs- und Erziehungsauftrag der Schule dienen soll. Zwei Stunden Nachsitzen für einmal Schwätzen im Unterricht wäre also nicht angemessen, aber eine Nacharbeit für unentschuldigtes Fehlen anzuordnen, dagegen schon. Dabei ist zu beachten, dass bei minderjährigen Schülerinnen und Schülern die Erziehungsberechtigten vorher informiert werden müssen."

James, Nicoles amerikanischer Ehemann, der bis jetzt aufmerksam zugehört hatte, erzählte: „Bei uns in den USA ist vieles konservativer als bei euch in Deutschland. Die Schüler dürfen, so viel ich weiß, in fast der Hälfte der Bundesstaaten noch körperlich gezüchtigt werden. An manchen Schulen gibt es dafür ein besonderes Instrument, das wie ein kleines Paddel aussieht. Damit gibt's was auf den Hosenboden."

„Nicht zu fassen", meinte Onkel Josef. „Ich bin der Ansicht, dass die Abschaffung der körperlichen Strafen in der Schule wirklich ein Fortschritt ist!"

AUFGABEN

1 Erklärt, wofür im Fußball ein direkter Freistoß gegeben wird. Welche anderen Strafmaßnahmen aus dem Bereich des Sports kennt ihr? > M1

2 Beurteilt, ob die Strafe des Vaters für Maxis Verhalten angemessen ist. > M2

3 Versetzt euch in die Lage des Lehrers auf dem Bild: Wie würdet ihr auf die Störungen reagieren? > M3

4 Beurteilt, welche der im Text genannten alten bzw. neuen Schulstrafen ihr gut und welche ihr schlecht findet. > M3

Strafe muss sein?!

M1 Züchtigung

M2 Dennis und Timo haben Stress

Mutter: Wie war es denn heute in der Schule?
Simone: Na ja, es ging, Dennis und Timo hatten Stress. Nur weil sie sich unterhalten haben, hat Frau Löhrmann sie zum Direktor geschickt. Und der hat ihnen gesagt, dass eine Konferenz einberufen wird und sie notfalls jeder in eine andere Klasse versetzt werden. So was Blödes. Dabei sind beide doch echt nett.
Mutter: Aber wenn sie doch tatsächlich den Unterricht gestört haben?
Simone: Aber Frau Löhrmann ist immer gleich so streng. Sie hätte doch auch sagen können: „Dennis und Timo, ihr stört, seid bitte still und passt auf!"
Mutter: Das finde ich allerdings auch. Manchmal hilft eine Ermahnung mehr als eine Strafe. Haben die beiden denn zum ersten Mal den Unterricht gestört?
Simone: Nein, sie schwätzen fast jede Stunde. Frau Löhrmann hat gesagt: „Ich weiß nicht, was ich noch tun soll, damit ihr endlich einmal aufpasst."
Mutter: Na, sieh mal, dann haben sie ihre Strafe doch verdient.
Simone: Ich weiß nicht. Ich finde das trotzdem übertrieben.

M3 Was ein Richter über Strafe denkt

Simone: Papa, du bist doch Richter, da musst du doch wissen, wozu Strafen eigentlich gut sind. Warum muss man denn, wenn jemand anderen geschadet hat, ihm auch einen Schaden zufügen?
Vater: Was du beschreibst, nennt man Vergeltung. Früher glaubte man, dass man so mit Tätern umgehen soll. Aber heute geht man davon aus, dass der Sinn von Strafe Prävention ist. Es geht darum, künftigen Straftaten vorzubeugen, sie zu verhindern. Dadurch, dass man einen Täter bestraft, will man verhindern, dass er so etwas noch einmal tut. Denn er weiß ja jetzt, welche negativen Folgen sein Tun für ihn selbst haben wird.
Simone: Und wenn andere sehen, dass er bestraft wird, werden sie davon abgehalten, so etwas auch zu tun?
Vater: Richtig, das ist die allgemein abschreckende Wirkung von Strafe. Außerdem geht es natürlich darum, den Täter zu bessern. Wenn er einsieht, dass sein Handeln falsch war, dann wird er so etwas ja in Zukunft nicht mehr tun.
Simone: Und wenn er es nicht einsieht und sich auch nicht durch Strafen abschrecken lässt?
Vater: Dann bleibt nur noch die Möglichkeit, die Gesellschaft dadurch vor seinen Taten zu schützen, dass man ihn ins Gefängnis sperrt.

Prävention (von lat. *praevenire*: zuvorkommen, verhüten): Maßnahmen zur Abwendung unerwünschter Ereignisse

M4 Billy Bösewicht und Herr Schwarz

Hier siehst du Billy Bösewicht. Er ist gerade bei einem Banküberfall geschnappt worden. Zuvor hatte Billy, quasi zum Spaß, einen der Bankangestellten in den Rücken geschossen. Natürlich verabscheuen wir Menschen wie Billy Bösewicht. Wir werfen ihnen ihre Unehrlichkeit, ihren rücksichtslosen Eigennutz und ihre Kaltblütigkeit vor. Und wir sind davon überzeugt, dass sie bestraft werden müssen. Billy wird für Jahre ins Kittchen wandern. Ich nehme an, du denkst jetzt: „Geschieht ihm ganz recht. Er hat es wahrlich verdient." Verbrecher, die rauben und morden, müssen für ihre Untaten bestraft werden. [...]
Angenommen, Herr Schwarz wird rückwärts aus einem Fenster gestoßen und landet auf dem armen Herrn Braun. Herr Schwarz hat den Sturz heil überlebt. Doch leider hat er bei seiner Landung auf Herrn Braun dessen Arm gebrochen. Ist das die Schuld von Herrn Schwarz? Sollte er dafür bestraft werden?

Stephen Law

Stephen Law (*1960): engl. Philosoph, wurde mit Philosophiebüchern für Jugendliche bekannt

M5 So etwas kommt auch in der besten Schule vor

- Alina ist jetzt schon zum fünften Mal einige Minuten zu spät zum Unterricht erschienen.
- Mario hat zum dritten Mal seine Hausaufgaben nicht gemacht.
- Cathrin hat Sonja mit groben Schimpfworten beleidigt.
- Malek hat sich mit Robin gestritten und ihn dabei zu Boden gestoßen, so dass er mit dem Kopf aufschlug und blutete.
- Uwe hat in der Mathematik-Klassenarbeit bei Ingo abgeschrieben.
- Eric hat bei einigen Fahrrädern im Fahrradkeller die Reifen zerstochen.
- Lukas hat Marcel in der Umkleidekabine das Handy gestohlen.
- Beim Handballspielen holte Christoph zu einem Torwurf aus. Dabei traf er Frank und schlug ihm die Brille aus dem Gesicht. René konnte bei seinem Abwehrversuch nicht verhindern, dass er auf die Brille trat, die nun entzwei ist.
- Björn hat den Feueralarm ausgelöst, weil er wütend war über eine Fünf in Mathematik.

AUFGABEN

1 Schildert eure Eindrücke beim Betrachten des Bildes. > M1
2 Stellt den Fall von Dennis und Timo dar. > M2
3 Nehmt jeweils Stellung zu der gezeigten bzw. geschilderten Form der Bestrafung. > M1/M2
4 Begründet (mit Bezug auf die Erläuterungen des Richters in M3), warum Billy Bösewicht eine Strafe verdient hat und Herr Schwarz nicht. > M3/M4
V 5 Diskutiert, ob in den aufgeführten Fällen eine Strafe verhängt werden soll oder nicht. Wenn ja: welche? > M5

Die innere Stimme

M1 Eine 2 in Mathe

Montagmorgen in der 5b. Es herrscht eine angespannte Stille, alle sind aufgeregt. Herr Sanders gibt nämlich gerade die Mathearbeit zurück. Richtig schwer war sie, da hagelt es sicher einige Fünfen. Nina ist besonders nervös. In der letzten Mathearbeit hatte sie eine schwache 4, sehr zum Ärger ihrer Eltern. Als Nina ihr Heft öffnet, sieht sie nur wenig rote Tinte. Und richtig: Sie hat eine 2+. Hannah, ihre Freundin, jubelt – auch eine 2. Nina aber schafft es nicht, sich zu freuen, so sehr sie sich auch anstrengt. Immer wieder gehen ihr die letzten Wochen durch den Kopf. Sie hatte einfach keine Lust zu lernen, wollte lieber Computerspiele machen und mit ihren Freundinnen chatten. Und dann die Situation während der Klassenarbeit, die heimlichen Blicke auf den Spickzettel, die Angst, erwischt zu werden. Gott sei Dank hat Herr Sanders nichts bemerkt, und nun ist sie da, die ersehnte 2. Aber irgendwie hat sie so einen bitteren Beigeschmack ... Als Hannah Ninas Note sieht, ist sie verblüfft: „Wieso freust du dich denn gar nicht?", will sie wissen.

M2 Ein Eis für Lisa

Bens kleine Schwester Lisa ist krank. Schon seit Tagen liegt sie mit einer fiebrigen Erkältung im Bett und langweilt sich. „Spielst du was mit mir?", bettelt sie immer wieder. „Meinetwegen. Aber erst muss ich noch Hausaufgaben machen", sagt Ben. „Au ja, ich warte, bis du fertig bist", freut sich Lisa. Eine Stunde später hat Ben endlich alles geschafft und will gerade zu Lisa gehen, da ruft sein Freund Timo an und lädt ihn zum Eisessen ein. „Mensch, Lisa, ich hab' ja ganz vergessen, dass ich mit Timo noch ein Referat für morgen fertig machen muss – so ein Pech! Aber ich bring dir dann eine Überraschung mit!", ruft Ben und läuft aus dem Haus. Als er nach zwei Stunden zurückkommt, hat er ein großes Eis für Lisa dabei. Die freut sich riesig und bedankt sich immer wieder bei Ben. Er fühlt sich unwohl in seiner Haut und es stellt sich ein richtig blödes Gefühl ein. „Was ist denn mit dir?", wundert sich Lisa.

M3 Mein Gewissen ist wie ...

M4 Wie ein Virenschutzprogramm

Ferdinand unterhält sich mit seinem Onkel Gottfried. Er fragt sich, wozu man eigentlich Regeln und Gebote braucht, und findet, es müsste doch reichen, wenn man auf sein Gewissen hört.

„Nun ja, im Allgemeinen hast du natürlich Recht", sagte der Onkel. „Für jeden Tag und bei den alltäglichen Sachen ist das eigene Gewissen sicherlich das Richtige. Man kann ja nicht jedes Mal, wenn man irgendetwas tun will, in die Bibliothek gehen, um nachzusehen, was die Ethik dazu sagt."

„Genau", sagte Ferdinand. „Ja", sagte der Onkel, „dafür ist das Gewissen da und daher kommt auch sein Name. Es bedeutet eigentlich ‚Mit-Wissen', weil es ja eben die eigenen Handlungen mit ansieht und alles weiß. Du kennst vielleicht diese Waschmittelwerbungen, die es früher mal gab, bei denen sich jemand, der Wäsche waschen will, plötzlich verdoppelt und der zweite sagt, was er tun soll."

„Wie? Das hab ich noch nie gesehen", sagte Ferdinand. „Was hat denn Wäschewaschen mit Gewissen zu tun?"

„Natürlich nichts. Wahrscheinlich gibt es die Werbung genau aus dem Grund nicht mehr und deshalb kennst du sie auch nicht. Aber das macht nichts. Das Gewissen ist auf jeden Fall immer da und überprüft laufend das, was man macht. So wie ein innerer Richter, der alle Handlungen beurteilt."

„Das ist ja wie mein Virenschutzprogramm", sagte Ferdinand. Und als der Onkel fragend schaute, erklärte er: „Im Computer läuft ein Virenschutzprogramm. Das ist speicherresident vorhanden und überprüft alles, was am Computer passiert, aber auch alles, was reinkommt und rausgeht, ob da nicht ein Virus darin versteckt ist, der Schaden anrichten kann. Im schlimmsten Fall crasht dir so ein Virus die ganze Festplatte. Deshalb habe ich dir doch auch so einen Virenschutz auf deinem Rechner installiert."

„Ah ja", sagte der Onkel, der zwar einen Computer hatte, sich aber um so etwas nicht kümmerte. Und tatsächlich hatte Ferdinand in den letzten Jahren dem Onkel schon ein paar Mal mit dem Computer geholfen. „Ich glaube, ich werde alt", hatte der Onkel nur gesagt, aber irgendwie hatte es ihm gefallen, dass Ferdinand ihm half. Und Ferdinand freute sich sehr, dass er einmal etwas besser wusste als der Onkel. Außerdem war Onkel Gottfried sein Lieblingsonkel.

„Das scheint wirklich so etwas Ähnliches zu sein", sagte der Onkel und schaute ein bisschen irritiert auf seinen Computer. „Mein Computer hat ein Gewissen und mein Neffe hat es installiert", murmelte er halblaut vor sich hin, bevor er sich wieder an Ferdinand wandte: „Und woran erkennt das Virenprogramm die Viren? Woher weiß es, was gut und was schlecht ist?" *Rainer Erlinger*

speicherresident: (von lat. *residere:* sich setzen, niederlassen, wohnen): dauerhaft im (Haupt-)Speicher verbleibend

Ethik: Lehre vom richtigen und guten Handeln

Rainer Erlinger (*1965): dt. Arzt, Jurist und Autor

AUFGABEN

W 1 Erläutert, warum Nina sich nicht über ihre gute Note freuen kann. > M1
2 Erläutert, warum Ben sich in seiner Haut nicht wohl fühlt. > M2
3 Erklärt, welche Aspekte des Gewissens durch die Bilder dargestellt werden. > M3
4 Stellt dar, wie Ferdinand und sein Onkel das Gewissen erklären. > M4
V 5 Du landest auf einem fremden Planeten. Erkläre den Bewohnern in eigenen Worten, wie das Gewissen funktioniert. > M1-M4

Was wir wissen – was wir können

Wissen kompakt

Regeln

Umgangsformen/ Rituale
z. B. Händeschütteln bei der Begrüßung
…

Klassenregeln
z. B. Gesprächsregeln
…

Gesetzliche Regeln
z. B. Verkehrsregeln
…

Spielregeln
z. B. Mensch ärgere dich nicht
…

Moralische Regeln
z. B. Goldene Regel
…

- dienen dem Zusammenleben
- beruhen auf Übereinkunft
- können geändert werden

Wenn sie nicht beachtet werden …
- entstehen Konflikte
- drohen Strafen
- hat man ein schlechtes Gewissen

KOMPETENZ-CHECK

Überprüfe dich selbst: Wenn du dich bei einem Punkt noch unsicher fühlst, lies und bearbeite (ggf. mit Partner/in) die passende Schulbuchseite noch einmal.

Ich kann ...		Meine Einschätzung – –	–	+	++
erläutern, wozu Umgangsformen und Rituale gut sind	> S. 76-79				
erklären, was Regeln sind und wozu sie dienen	> S. 80-81				
an Beispielen darstellen, dass Regeln auf Übereinkunft beruhen und veränderbar sind	> S. 84-85				
erklären, was es heißt, nach der Goldenen Regel zu handeln	> S. 86-87				
erklären, warum Gesetze / gesetzliche Regeln wichtig sind	> S. 88-89				
Folgen von Regelverstößen an Beispielen erläutern	> S. 90-91				
beurteilen, wann Strafen sinnvoll sind und wann nicht	> S. 92-93				
an einem Beispiel zeigen, was das Gewissen ist	> S. 94-95				
mich an Gesprächsregeln halten	> S. 82-83				

Arbeitsblatt:
Kompetenz-Check „Regeln und Regelkonflikte"

Mediencode: 21004-04

Die Kerze
der Lüge
brennt nur
bis Mitternacht.

Lügen
haben
kurze Beine.

Eine Lüge
zieht zehn andere
nach sich.

Es ist nichts
so fein gesponnen,
es kommt doch
ans Licht der Sonnen.

Wer einmal lügt,
dem glaubt man nicht,
und wenn er auch
die Wahrheit spricht.

Eine Lüge ist
schon dreimal um
den Erdball gereist,
bevor die Wahrheit
sich die Schuhe
anzieht.

Die größte Bestrafung
für den Lügner ist,
dass er keinem
anderen Menschen
mehr glauben kann.

Lügen
zerschmelzen
wie Schnee.

Wahrhaftigkeit und Lüge

Kinder
und Narren
sagen immer
die Wahrheit.

AUFGABEN

1 Erläutert die einzelnen Sprichwörter mithilfe von Beispielen und nehmt Stellung zu ihrer jeweiligen Aussage.

2 Für die Mädchen und Jungen unter euch, die zweisprachig aufwachsen: Gibt es in der anderen Sprache, die ihr sprecht, ähnliche Redensarten? Stellt sie gegebenenfalls im Kurs vor und erklärt sie.

Wirklich wahr?

M1 Echt tierisch!

M2 Wer 3 x lügt

1. Die Geschichte von den Fahnen auf Sylt

Es wehen da im Sommer auf Sylt zum Schmuck der Gegend sechs Fahnen, im Abstand von einigen zwanzig Metern. Sie müssten – fast klingt diese Feststellung banal – alle in eine Richtung wehen. Doch eine dieser Fahnen weht in eine andere. Von sich aus. Ohne menschliche Manipulation. Einfach so. Echtes […] Außenseiterverhalten bei einem „toten Gegenstand"! … *wenn unsere Geschichte nicht gelogen ist.*

banal (frz.): alltäglich

Manipulation: Kunstgriff, Beeinflussung

2. Die Geschichte von den Fundbürohunden

In der Praxis sieht das so aus: Ein Beamter führt den Hund an den im Büro wartenden Verlierer heran, lässt ihn Witterung aufnehmen und geht mit ihm ins Lager an die in Frage kommenden verlorenen Gegenstände, zum Beispiel Uhren, Brieftaschen oder Ringe, zurück. […] Nach dem Protokoll der Beamten hat jeder Verlierer bisher unbeanstandet seinen Gegenstand zurückerhalten. … *wenn unsere Geschichte nicht gelogen ist.*

3. Teststrecke für Briefträger

Nicht jeder ist für den Beruf des Briefträgers geeignet. Die meisten Anwärter scheitern schon allein an den körperlichen Anforderungen, die gestellt werden. Die Post hatte in der letzten Zeit viele Ausfälle […]. [Daher] muss nun jeder Postjungbote einen […] Parcours von höchstem Schwierigkeitsgrad [durchlaufen, um seine Ausdauer unter Beweis zu stellen. Auf dem Parcours befindet sich] eine 16-prozentige Steigung, ein Schwebebalken über tiefem Wasser, ein 100 m langer Weg mit Schotter, Morast und Schlaglöchern, mehrere dressierte Wachhunde. […] [Die] Teststrecke muss in einer vorgeschriebenen Zeit zurückgelegt […] [und] die Briefe müssen sauber und unversehrt ans Ziel gebracht werden. … *wenn unsere Geschichte nicht gelogen ist.* *Edwin Friesch (Hg.)*

M3 Wenn einer nicht die Wahrheit spricht …

Wenn einer nicht die Wahrheit sagt, hat er wohl gelogen.

Oder
- Ist er vielleicht dumm?
- Hat er nicht genau hingesehen?
- Hat er die Wirklichkeit nicht erfasst?
- Lebt er in einer Traumwelt, von der er spricht?
- Bildet er sich einfach etwas ein?
- Ist er vielleicht verrückt und nimmt Dinge wahr, die gar nicht vorhanden sind?
- Will er uns schmeicheln?
- Will er uns vor der schrecklichen Wahrheit bewahren?
- Will er nur ein wenig angeben?
- Ist ihm im Alter vielleicht ein Teil seines Gedächtnisses verloren gegangen?
- Kann er vielleicht nicht logisch denken?

Sind Menschen, die nicht die Wahrheit sagen, Lügner, Dummköpfe, Traumtänzer, Verwirrte, Angeber, besorgte Freunde, phantasievolle Unterhalter – oder Menschen wie du und ich?

INFO

Wahrhaftigkeit

Als wahrhaftig bezeichnet man jemanden, der die Wahrheit sagt. Eine Aussage ist dann wahr, wenn sie mit der Wirklichkeit übereinstimmt.

AUFGABEN

1 Beschreibt, was ihr auf den Bildern seht, und erläutert, woran man erkennen kann, dass sie nicht der Wirklichkeit entsprechen. > M1

2 Nur eine der drei Geschichten ist wahr. Führt eine Meinungsumfrage im Kurs dazu durch, welche es ist. (Die Auflösung findet ihr auf S. 213.) Was kann man aus eurem Abstimmungsergebnis folgern? > M2

3 Beantwortet die abschließende Frage des Textes: „Sind Menschen, die nicht die Wahrheit sagen, Menschen wie du und ich?", indem ihr Beispiele findet. > M3

Haben Lügen lange Nasen?

M1 Pinocchios Abenteuer

(nachträglich kolorierte) Zeichnung von Enrico Mazzanti, zur Erstausgabe von *Pinocchio* (1883)

Der Spielzeugmacher Gepetto hat eine Holzpuppe hergestellt, die er Pinocchio nennt. Zu seinem Erstaunen verhält sich Pinocchio wie ein richtiger kleiner Junge. Gepetto schickt den Holzjungen zur Schule zu den anderen Kindern. Doch Pinocchio schwänzt den Unterricht und gerät in die Fänge des Puppenspielers Feuerfresser, der ihn zunächst verbrennen will. Schließlich hat er aber Mitleid mit Pinocchio, lässt ihn gehen und schenkt ihm zum Abschied einige Goldstücke für seinen kranken Vater. Freudig macht sich Pinocchio auf den Heimweg. Unterwegs trifft er den Fuchs und den Kater und erzählt ihnen leichtsinnigerweise von seinem Reichtum. Die beiden locken ihn in einen Hinterhalt und wollen ihn – in Kohlensäcken verkleidet – zwingen, die Goldstücke herauszugeben. Pinocchio gelingt es jedoch, sie in seinem Mund zu verstecken. Da sie keine Beute machen, hängen Fuchs und Kater ihn an einem Baum auf. In letzter Minute wird Pinocchio von einer Fee gerettet. Sie fragt ihn, was passiert ist.

„So, und nun komm einmal her zu mir und erzähle mir, wie es kam, dass du den Räubern in die Hände gefallen bist!“

„Das kam so: Der Puppenspieler Feuerfresser gab mir ein paar Goldstücke und sagte zu mir: ‚Nimm und bring sie deinem Vater!‘ Aber ich traf unterwegs eine Füchsin und einen Kater, sehr anständige Leute, die fragten mich: ‚Willst du, dass aus den Goldstücken da tausend oder auch zweitausend werden? Komm mit uns, wir bringen dich zum Feld der Wunder.‘ Und ich sagte: ‚Gehen wir los!‘ Und sie sagten: ‚Bleiben wir doch im Gasthaus *Zum Roten Krebs*, und nach Mitternacht gehen wir dann weiter!‘ Und als ich dann wach wurde, waren sie nicht mehr da, weil sie schon fortgegangen waren. Dann bin ich nachts losgelaufen und es war so schrecklich dunkel. Ihr glaubt gar nicht, wie dunkel es war! Darum bin ich auch unterwegs zwei Räubern begegnet. Die hatten sich in Kohlensäcke gesteckt und sie sagten zu mir: ‚Heraus mit dem Geld!‘ Und ich sagte: ‚Ich hab keins!‘ Weil ich doch die vier Goldstücke im Mund versteckt hatte.

Und der eine Räuber wollte mir die Hand in den Mund stecken, und ich habe ihm die Hand abgebissen und dann habe ich sie ausgespuckt. Aber dann war es gar keine Hand, sondern eine Katzenpfote. Und ich lief und lief, und die Räuber sind immer hinter mir hergelaufen, bis sie mich eingeholt hatten, und dann haben sie mich hier im Wald an einem Baum aufgehängt und haben gesagt: ‚Morgen kommen wir wieder, und dann bist du tot und hast den Mund ganz weit auf, und wir können dir dann die Goldstücke fortnehmen, die du unter der Zunge hast!‘“

„Und wo hast du jetzt die vier Goldstücke hingetan?“, fragte die Fee.

„Ich habe sie verloren“, antwortete Pinocchio; aber das war gelogen, denn er trug sie in der Tasche. Kaum war die Lüge über seine Lippen gekommen, da wurde Pinocchios Nase, die ohnehin schon lang genug war, noch um mindestens zwei Finger länger.

„Und wo hast du sie verloren?“ „Hier in der Nähe, im Wald.“

Bei dieser zweiten Lüge wurde seine Nase noch länger. „Wenn du sie hier im Wald verloren hast“, sagte die Fee, „dann werden wir sie suchen und wiederfinden, denn alles, was man hier im Wald verliert, findet sich wieder ein.“ „Ach, jetzt erinnere ich mich wieder genau“, erwiderte Pinocchio, schwitzend vor Verlegenheit, „die vier Goldstücke habe ich ja gar nicht verloren! Ich habe sie ja verschluckt, ohne es zu merken, als ich Eure Medizin eingenommen habe.“

Bei dieser dritten Lüge wurde die Nase so unerhört lang, dass der arme Pinocchio sich nach keiner Seite mehr drehen und wenden konnte. Wandte er sich hierhin, dann stieß er mit der Nase ans Bett und an die Fensterscheiben; wandte er sich dorthin, stieß er an die Wände oder an die Tür; wenn er den Kopf ein wenig hob, lief er Gefahr, der Fee ein Auge auszustechen.

Und die Fee schaute ihn an und lachte.

„Warum lacht Ihr?“, fragte Pinocchio ganz bestürzt und sehr in Sorge um seine Nase, die zusehends länger wurde. „Ich lache über das Lügenmärchen, das du mir aufgetischt hast.“

„Woher wisst Ihr denn, dass ich gelogen habe?“

„Lügen, mein liebes Kind, kann man immer gleich erkennen. Es gibt nämlich zwei Arten von Lügen: Die einen haben kurze Beine und die anderen eine lange Nase. Deine Lüge gehört nun eben zu denen, die eine lange Nase haben.“

Pinocchio schämte sich so sehr, dass er nicht wusste, wo er sich verstecken sollte. Er versuchte, aus dem Zimmer zu entkommen; aber es gelang ihm nicht. Seine Nase war so lang geworden, dass sie nicht mehr durch die Tür ging.

Wie ihr euch wohl denken könnt, ließ die Fee Pinocchio erst einmal eine gute halbe Stunde lang heulen und schreien und um seine Nase jammern, die nicht mehr durch die Tür ging. Sie tat das, weil sie ihm eine ernste Lehre erteilen wollte. Er sollte in sich gehen und die hässliche Angewohnheit zu lügen ablegen, die hässlichste Angewohnheit, die ein Kind haben kann. Aber als sie sah, dass er wie umgewandelt war und dass ihm vor großer Verzweiflung die Augen fast aus dem Kopfe fielen, fühlte sie Mitleid mit ihm und klatschte in die Hände.

Auf dieses Zeichen kamen Tausende großer Vögel durch das Fenster hereingeflogen. Das waren Spechte, die setzten sich nun alle auf Pinocchios Nase und fingen an, so viel und so ausdauernd daran herumzuhämmern und zu picken, dass in wenigen Minuten diese ungeheure, unförmige Nase ihre natürliche Größe wieder hatte.

Carlo Collodi

Zeichnung von Thorsten Tenberken zu einer Kinderbuchausgabe von 2001

Carlo Collodi (1826-1890): italienischer Schriftsteller und Journalist

AUFGABEN

1 Erzählt die Geschichte von Pinocchio mit eigenen Worten nach. > M1
2 Stellt dar, was an Pinocchios Erzählung unwahr ist und warum er die Fee anlügt. > M1
3 Erläutert, welche Folgen Pinocchios Lügen für ihn haben. > M1

Mit zweierlei Maß

M1 Die Klassenarbeit

Ein Kind kommt von der Schule nach Hause.

Die Eltern fragen nach der Rechenarbeit. Hat der Lehrer sie heute zurückgegeben? Sie haben mit dem Kind gelernt, nun möchten sie wissen, ob es eine gute Arbeit geschrieben hat.

Der Lehrer hat die Arbeit noch nicht zurückgegeben. Das sagt das Kind.

Hat es nicht gestern erzählt, heute sollten sie die Arbeit zurückbekommen?

Sie haben die Verbesserungen gleich in der Schule gemacht. Der Lehrer hat die Hefte wieder in den Schrank gelegt.

Er hat die Arbeit also doch zurückgegeben! Warum lügt das Kind? Hat es eine schlechte Note? Es hat eine Drei, sagt das Kind.

Eine Drei, das ist ordentlich. Deshalb brauchte das Kind doch nicht zu lügen?

Das Kind gibt keine Antwort.

Die Mutter sieht in der Schultasche nach. Sie findet das Heft mit der Rechenarbeit. Aber das Kind hat behauptet, der Lehrer hätte die Hefte in den Schrank gelegt. Wieder hat es gelogen.

Das Kind will schnell sagen, dies sei nicht das richtige Heft. Es will der Mutter das Heft wegnehmen. Aber sie hat es schon aufgeschlagen.

„Mangelhaft" steht unter der Arbeit. Eine Fünf hat das Kind.

Heute finden die Eltern das nicht schlimm. Jeder kann einmal eine schlechte Arbeit schreiben. Dass aber ihr Kind zu feige ist, die Wahrheit zu sagen, dass es zweimal gelogen hat, das finden sie schlimm, traurig, schrecklich.

Das Kind hatte Angst. Es wusste nicht, dass heute eine Fünf nicht so schlimm ist wie sonst. Das letzte Mal hat es wegen der Fünf im Diktat [...] [Ärger] bekommen. Will es sich herausreden? Damit macht es alles noch schlimmer. Die Eltern nennen das Kind böse und schlecht. Zur Strafe darf es heute nicht draußen spielen. Es muss die Aufgaben aus der Rechenarbeit abschreiben und so oft rechnen, bis alles richtig ist.

Das Kind sagt nichts mehr. Es rechnet.

M2 Der Gebrauchtwagen

Die Eltern unterhalten sich.

Heute soll ihr altes Auto verkauft werden. Eine Frau will kommen und es ansehen. Vielleicht nimmt sie es gleich mit.

Vor einem halben Jahr hatte der Vater einen Unfall mit diesem Auto. Es wurde repariert und frisch gespritzt. Man sieht nichts mehr von dem Schaden.

Die Frau braucht nicht zu wissen, dass sie einen Unfallwagen bekommt. Sonst nimmt sie ihn womöglich nicht. Wahrscheinlich fragt sie gar nicht danach. Und wenn sie das doch tut, werden sie sagen, sie solle den Wagen betrachten. Sieht der wie ein Unfallwagen aus? Dass mit dem Rahmen etwas nicht stimmt, kann sie nicht sehen. Er ist nur ganz leicht verzogen.

Sollte das später herauskommen, können sie sagen, sie hätten das nicht gewusst. Wenn der Mann aus der Werkstatt den Rahmen nicht nachgemessen hätte, wüssten sie tatsächlich nichts davon.

Die Frau kommt früher, als sie gedacht haben. Sie hat den Wagen schon gesehen, das Garagentor stand offen. Er gefällt ihr gut. Sie freut sich. Dies wird ihr erstes Auto sein.

Die Eltern bieten ihr etwas zu trinken an, und der Vater erzählt der Frau, was für einen großartigen Wagen sie von ihm bekommt. Er verkauft ihn nur, weil er einen größeren braucht.

Den Kaufvertrag hat er schon vorbereitet. Wollen sie den jetzt beide unterschreiben?

Vom Unfall ist nicht die Rede.

Ehe die Frau den Vertrag unterschreibt, sähe sie sich den Wagen gern noch einmal genauer an.

Der Vater will ihn auf die Straße fahren. Die Frau kann hier warten.

Er geht hinaus, und auch die Mutter geht für einen Augenblick aus dem Zimmer. Sie will Zigaretten holen. Das Kind bleibt mit der Frau allein.

Der Frau fällt jetzt ein, dass sie noch etwas fragen wollte. Ist der Wagen unfallfrei? Weiß das Kind etwas darüber?

Das Kind erschrickt. Es sagt: „Ich weiß nicht."

Die Frau ist beruhigt. Wenn das Kind nichts davon weiß, hatte der Wagen bestimmt keinen Unfall. So etwas vergisst doch keiner.

Die Mutter kommt zurück.

Die Frau geht ans Fenster und sieht zu, wie der Vater das Auto hinausfährt. Sie möchte nun lieber gleich hinuntergehen und keine Zigarette mehr rauchen. Den Vertrag nimmt sie mit, den kann sie auch auf der Straße unterschreiben.

Sie verabschiedet sich von der Mutter und dem Kind und geht.

Die Mutter will wissen, worüber die Frau vorhin mit dem Kind gesprochen hat.

Die Frau hat gefragt, ob das Auto keinen Unfall hatte. Und das Kind hat ihr alles erzählt? Ist die Frau deshalb so schnell weggegangen?

Das Kind hat gesagt, es wüsste nichts.

Nun lobt die Mutter das Kind. Das war die beste Antwort.

Der Vater kommt wieder. Er ist vergnügt. Sie sind die alte Kiste los, hier ist der Vertrag, unterschrieben.

Und hier ist das Geld.

Die Mutter erzählt ihm, wie gescheit das Kind war. Eigentlich hätte es eine Belohnung verdient. Wenn die Rechenaufgaben fertig sind, darf es draußen spielen. Das meint auch der Vater. Er hat nichts dagegen, wenn das Kind sofort nach draußen geht. Es kann heute Abend weiterrechnen.

Das Kind hat doch wieder gelogen? Es hat der Frau nicht die Wahrheit gesagt. Es weiß, dass der Wagen einen Unfall hatte. Und die Eltern haben auch nicht die Wahrheit gesagt.

Das ist etwas anderes, das versteht das Kind noch nicht.

M1/M2: Ursula Wölfel

Ursula Wölfel (1922-2014): deutsche Kinderbuchautorin

AUFGABEN

1 Erläutert, warum das Kind seine Eltern belügt. Kennt ihr ähnliche Situationen? Wie steht ihr dazu? > M1

2 Beschreibt das Verhalten der Eltern und des Kindes beim Verkauf ihres Autos. > M2

3 Stellt dar, wie die Eltern jeweils auf das Lügen ihres Kindes reagieren, und nehmt Stellung dazu. > M1/M2

Lüge(n) oder nicht – gar nicht so einfach!

M1 Was eine Lüge ist

In einem Workshop zum Philosophieren mit Kindern sprechen ein Philosoph und eine Kulturwissenschaftlerin mit Schülerinnen und Schülern über das Thema Lügen.

Nehmen wir an, du hast dich mit einer Freundin zum Schlittschuhlaufen verabredet. Du sagst ihr, wir treffen uns nachher um sechzehn Uhr. Aber auf dem Weg dahin fällt dir ein, dass du an dem Tag Klavierunterricht hast. Du machst also kehrt und triffst dich nicht mit ihr. Würdest du sagen, dass du, als du dich verabredet hast, gelogen hast?

„Hm, irgendwie schon", antwortet ein Junge. Dann aber wird er stutzig und fügt hinzu: „Also … na ja … ich hatte das mit dem Klavier halt vergessen, und deshalb dachte ich, dass wir uns treffen würden. Das ist doch nicht das Gleiche, als wenn ich weiß, dass es nicht geht, und ich sage es trotzdem, oder?"

Nehmen wir noch einmal an, eure Lehrerin sagt euch eines Tages, dass ihr morgen einen Ausflug in den Zoo machen werdet. Am nächsten Tag kommt ihr mit eurem Rucksack in die Schule, dann fahrt ihr aber nicht in den Zoo, sondern schreibt eine Matheprobe. Ist das eine Lüge?

„Ja, und zwar eine ziemlich fiese", empört sich ein rothaariger Junge mit Sommersprossen. „Aber vielleicht wusste sie es vorher selber nicht", sagt seine Nachbarin und stößt ihn mit dem Ellenbogen an. „Dann ist es nicht so richtig gelogen."

Halten wir fest: Wenn etwas eine Lüge ist, dann muss derjenige, der lügt, wissen, dass er etwas Falsches sagt. Eure Lehrerin hätte also nur dann wirklich gelogen, wenn sie von Anfang an geplant hatte, die Matheprobe zu schreiben, richtig? Die Kinder nicken.

Lasst uns das zusammenfassen: Damit eine Äußerung eine Lüge ist, muss sie erstens falsch sein, und derjenige, der diese Äußerung tut, muss auch wissen, dass sie falsch ist. […] Drittens, er muss auch die Absicht haben, zu täuschen.

Julian Nida-Rümelin / Nathalie Weidenfeld

Julian Nida-Rümelin (*1954): dt. Philosoph, lehrt an der Universität München

Nathalie Weidenfeld (*1970): frz.-dt. Kulturwissenschaftlerin und Autorin

M2 Ist eine Lüge wirklich so schlimm?

Pia hat ein Problem: Sie hat mit ihrer besten Freundin Anne ausgemacht, in drei Wochen mit ihr in den Urlaub nach Frankreich zu fahren. Es war für beide Mädchen nicht leicht gewesen, die Erlaubnis ihrer Eltern zu bekommen, und vor allem Anne freut sich sehr auf den Urlaub, weil sie noch nie im Ausland gewesen ist. Doch inzwischen hat Pia sich in Marc verliebt, den süßesten Jungen der Welt, wie sie sagt. Er wird in sechseinhalb Wochen für ein Jahr als Austauschschüler nach Amerika gehen. Und bis dahin möchte Pia jede Minute nur mit ihm zusammen sein. Deshalb überlegt sie, Anne zu sagen, dass ihr Geld nicht reicht und sie deshalb nicht in Urlaub fahren können. Darüber spricht sie mit ihrer Mutter. Auch ihr Bruder Ferdinand ist dabei.

Die Mutter [war] entrüstet. „Du willst deine beste Freundin nicht nur versetzen, sondern auch noch mir nichts, dir nichts einfach so anlügen? […] Ich hab euch doch immer eingeschärft, dass Lügen etwas Schlimmes ist."

„Ja, weil man damit anderen schadet." Pia hatte sich das offensichtlich genau überlegt. „Aber hier schadet die Lüge doch niemandem. Im Gegenteil, wenn Anne erfährt, dass ich wegen Marc nicht

fahren will, ist sie vielleicht gekränkt. So aber nicht." „Das hast du dir fein zurechtgelegt", sagte die Mutter. „Und was ist mit dem Achten Gebot: ‚Du sollst nicht lügen'? Genau das tust du doch."
Ferdinand überlegte. Gut, Lügen ist etwas Schlechtes und eine Sünde, das hatte man ja schon oft genug gehört, aber eins war ihm immer noch unklar: „Warum eigentlich?" […]
„[…] Es gibt […] einen ganz praktischen Grund, warum das Lügen schlecht ist: Es zerstört das Vertrauen." [Das war die Antwort der Mutter.] „Wie das?", wollte Pia wissen. „[…] Stell dir vor, Anne bemerkt, dass du sie belogen hast. Was passiert, wenn du ihr das nächste Mal etwas erzählst? Sie wird sich überlegen, ob es diesmal stimmt, oder ob du sie wieder belügst. In eurer Freundschaft wird es kein Vertrauen mehr geben können." Pia war ganz zerknirscht. […] Sie würde Anne wohl die Wahrheit sagen müssen. […]
Ferdinand überlegte. Die Mutter hatte schon Recht, aber ganz hatte sie ihn nicht überzeugt. […] Er wollte sicherheitshalber [auch noch] Onkel Gottfried fragen. […] Ferdinand […] berichtete, was die Mutter gesagt hatte. „Und was passt dir daran nun nicht?", fragte der Onkel. […] „Ja. Wenn es nur ums Vertrauen geht, dürfte ich doch immer dann lügen, wenn ich mir sicher sein kann, dass es niemals herauskommt. Weil dann ja auch kein Vertrauen zerstört werden kann." […]
„Donnerwetter!", sagte der Onkel und schaute Ferdinand an. „[…] Du meinst, wenn sie [Anne] nie erfährt, dass Pia sie belogen hat, dann kann sie ja auch nicht das Vertrauen in Pia verlieren."
„Ja genau", sagte Ferdinand.
„Das ist natürlich richtig", sagte der Onkel, „aber da ist schon einmal ein Haken an der Sache: Wenn man jetzt den speziellen Fall von Pia und Anne ansieht, kann man nie ganz sicher wissen, ob Anne nicht doch erfährt, dass Pia sie belogen hat. Dann hängen das Vertrauen und damit der Weiterbestand der Freundschaft von einem Zufall ab. Das kann niemand wollen. Und auch wenn man ganz sicher sein könnte, dass sie es nie erfährt: Warum vertraut Anne eigentlich darauf, dass Pia ihr die Wahrheit sagt?" „Na, weil sie davon ausgehen kann, dass ihre Freundin sie nicht belügt", antwortete Ferdinand. „Genau", fuhr der Onkel fort, „und das kann sie, weil es eben die allgemeine Regel gibt, dass man nicht lügen darf. Wenn jeder lügen dürfte, so viel er will und wann er will und daran gar nichts Schlechtes wäre, könnte auch niemand auf die Idee kommen, dem anderen zu vertrauen."

Rainer Erlinger

Rainer Erlinger
> S. 95

INFO

Lüge

Eine Lüge ist eine falsche Aussage, die bewusst eingesetzt wird, um andere Menschen zu täuschen.

AUFGABEN

1 Erklärt anhand der Beispiele im Text und des Bildes, was genau eine Lüge ausmacht und von anderen Aussagen unterscheidet. > M1
2 Stellt dar, warum es nach Auffassung der Mutter und des Onkels nicht richtig ist, dass Pia ihre Freundin Anne anlügt, und nehmt Stellung dazu. > M2

Am besten doch die Wahrheit sagen ...

M1 Pia spricht mit Anne

Pia und Anne: > S. 106f., M2

Anne: Wieso wolltest du mich denn sprechen?

Pia: Ich habe ein Problem: Du bist meine beste Freundin und ich habe wirklich Lust, mit dir zusammen in drei Wochen, wenn die Sommerferien anfangen, nach Frankreich in den Urlaub zu fahren. Schließlich haben wir so lange um die Erlaubnis gekämpft! Aber du weißt ja, dass ich mittlerweile mit Marc zusammen bin, und der fährt in sechs Wochen als Austauschschüler nach Kanada. Er wäre dann schon weg, wenn wir aus dem Urlaub zurückkommen, und ich könnte ihn also nur noch drei Wochen sehen. Das ist total blöd und jetzt weiß ich nicht, was ich tun soll. Einerseits habe ich dir versprochen, mit dir in den Urlaub zu fahren, aber andererseits möchte ich jede Sekunde, die er noch da ist, mit ihm verbringen. Wie siehst du die Sache? Kannst du mein Problem verstehen?

Anne: Gut, dass du es endlich aussprichst! Ich hab' ja sowieso schon gemerkt, dass du dich seit einiger Zeit lieber mit Marc triffst als mit mir, und mich gefragt, was aus unserem Urlaub wird. Irgendeine Ausrede hätte ich dir eh nicht geglaubt, da wär' ich wirklich total sauer gewesen. Also, ich bin schon enttäuscht, ich hab' mich so gefreut. Ich war noch nie im Ausland und wir zwei zusammen in Frankreich, das stelle ich mir echt cool vor. Aber schon klar, dass du deine Zeit mit Marc verbringen willst. Das würde mir nicht anders gehen.

Pia: Puh, ich bin richtig froh, dass du mich verstehst.

Anne: Und was schlägst du jetzt vor?

Pia: OK, ich hab' mir da was für uns überlegt: Wir haben bisher doch noch nichts für den Urlaub bezahlt, so dass wir ihn problemlos verschieben können. Wärst du damit einverstanden, wenn wir erst in den Herbstferien unseren Urlaub in Frankreich machen? Marc ist dann ja in Kanada ... Ist zwar etwas kürzer, aber auch viel billiger als im Sommer – und vielleicht können wir nächstes Jahr dann noch eine zweite Reise zusammen machen!

Anne: Klingt gar nicht so schlecht. Ich frag mal meine Eltern, ob sie damit einverstanden sind. Also es ist schon besser, dass wir das jetzt geklärt haben ...

M2 Die geschenkte Krawatte

Onkel Gottfried und Ferdinand: > S. 107

Tante Klärchen (eine entfernte Verwandte) und Ferdinands Patenonkel Gottfried sind zu Besuch. Gerade waren sie zusammen einkaufen.

Als Ferdinand aus seinem Zimmer kam und Onkel Gottfried sah, traute er seinen Augen nicht. Der Onkel trug eine Krawatte mit dem unsinnigsten Motiv, das Ferdinand je gesehen hatte: Ein Kaktus mit Gesicht, der einen Kopfhörer trägt, rund herum Notenzeichen und der Kaktus schien sich mit der Musik zu bewegen.

„Gell, da schaust du", rief Tante Klärchen, die Ferdinands Blick bemerkt hatte. „Ich fand sie im Geschäft auch so witzig, dass ich sie sofort für den lieben Gottfried gekauft habe. Der ist doch sonst auch immer so lustig und mag komische Kleidung." Das stimmte zwar, aber nicht so, wie Tante Klärchen das aufgefasst hatte. [...] So etwas wie diese Krawatte würde er nie freiwillig tragen. Das sah man seinem Gesicht auch sofort an.

„Und ich hatte Recht", fuhr Tante Klärchen in die-

Methodenkompetenz: Aufrichtig sein, ohne jemanden zu verletzen

Willst du einer Person die Wahrheit sagen, ohne sie zu verletzen, gehe in folgenden Schritten vor:

1. Schildere das Problem, mit dem du dich seit einiger Zeit beschäftigst, und beschreibe deine damit verbundenen Gefühle.
2. Stelle die sich aus dem Problem oder der Konfliktsituation ergebenden verschiedenen Handlungsmöglichkeiten dar.
3. Frage nach der Sicht deiner Gesprächspartnerin oder deines Gesprächspartners und bitte ihn oder sie, sich in deine Lage zu versetzen.
4. Versuche, eine Lösung im beiderseitigen Einverständnis für das Problem zu finden.

sem Moment fort. „Sie hat dem Jungen so gut gefallen, dass er sie sofort umgelegt hat. Stimmt's nicht, Junge?"

„Ah, ja, doch", sagte Onkel Gottfried und schaute ziemlich verlegen. [...]

„Ach Kinder, ich bin so müde", trompetete Tante Klärchen [...]. Sie verschwand in ihrem Zimmer [...].

Onkel Gottfried ließ sich auf einen Stuhl am Küchentisch fallen und legte als Erstes die Krawatte ab.

„Was ist?", fragte Ferdinands Mutter scheinheilig, „gefällt sie dir nicht?"

„Du bist gut", sagte der Onkel, „hast du sie dir einmal angesehen? Ich wusste nicht einmal, dass so etwas hergestellt wird. Geschweige denn, dass es einen Menschen gibt, der es kauft. [...]"

„Aber zu Tante Klärchen hast du gesagt, dass sie dir gefällt", sagte Ferdinand.

„Nun ja, was sollte ich denn tun?"

„Na, zum Beispiel die Wahrheit sagen", meinte Ferdinand. [...]

„Man darf jemanden, der einem was schenkt, nicht vor den Kopf stoßen" antwortete die Mutter. „Das ist ungehörig."

„Aber zu sagen, es gefällt einem, ist eine Lüge", entgegnete Ferdinand, „und du sagst doch immer, man darf nicht lügen."

Ferdinands Mutter sagte nichts mehr. [...]

„Na ja...", der Onkel zögerte, „ich schaffe es einfach nicht, ihr die Wahrheit zu sagen. Obwohl es wirklich sinnvoll wäre. [...]" *Rainer Erlinger*

ungehörig: etwas, das sich nicht gehört

Rainer Erlinger: > S. 95

M3 Onkel Gottfried spricht mit Tante Klärchen

Angenommen, man könnte die Zeit zurückdrehen: Onkel Gottfried bekommt die Krawatte von Tante Klärchen gerade geschenkt. Aber dieses Mal ist er aufrichtig und versucht ihr rücksichtsvoll klarzumachen, dass ihm die Krawatte nicht gefällt ...

AUFGABEN

1 Vollzieht nach, wie es Pia gelingt, aufrichtig zu sein, ohne Anne zu verletzen. > M1/Kasten

2 Führt das Gespräch von Onkel Gottfried und Tante Klärchen (in Anlehnung an M1) als Rollenspiel mit mehreren Paaren durch und besprecht, welche Lösungen besonders gelungen sind. > M2/M3

Ausnahmen erlaubt?

M1 Der erste April

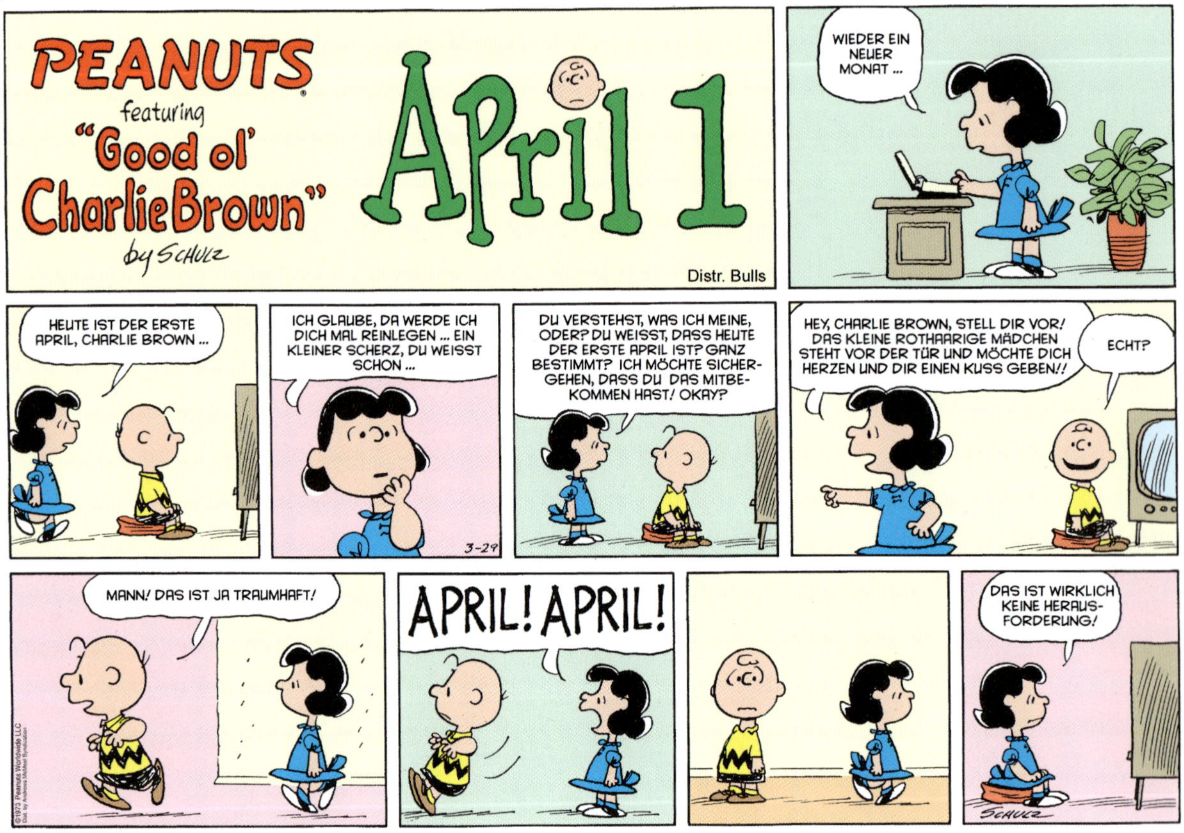

Charles M. Schulz

Charles M. Schulz
> S. 19

M2 Zu spät

Corinna schlief gern lange. An diesem Morgen hatte ihre Mutter sie rechtzeitig geweckt, bevor sie zur Arbeit fuhr. „Ich steh' gleich auf", hatte Corinna gemurmelt und sich wieder umgedreht. Nur zehn Minuten, hatte sie gedacht. Aber sie war wieder eingeschlafen. Als sie wach wurde, überfiel sie Panik. Sie sprang aus dem Bett, machte sich blitzschnell schulfertig und ohne zu frühstücken holte sie ihr Fahrrad aus der Garage und raste los. Sie würde mindestens zwanzig Minuten zu spät kommen. Diesmal konnte sie nicht schon wieder sagen: „Entschuldigung, ich habe verschlafen." Der Schell würde sicher einen unfreundlichen Kommentar loslassen. Das konnte sie nicht ertragen. Was tun? Nachdem sie ihr Rad abgestellt hatte, fasste sie mit beiden Händen an die schwarz verschmierte Fahrradkette und verrieb den klebrigen Ölschmutz. Ihre Hände sahen nach harter Arbeit aus. Als Corinna in die Klasse kam, sagte sie mit einer Leidensmiene: „Entschuldigung für meine Verspätung. Aber die Kette ist abgesprungen." Und sie zeigte ihre verschmutzten Hände. „Ja, das ist wirklich ärgerlich", sagte Schell. „Ist mir auch schon passiert." Corinna setzte sich erleichtert neben ihre Freundin Becki, die leise fragte: „Stimmt das mit der Kette?" „Aber ja", gab Corinna grinsend zurück.

M3 „Mir geht's ganz okay"

Zum Beispiel kann es sein, dass es eurer Freundin schlecht geht, und ihr wisst das auch. Wenn ihr sie jetzt fragt, wie es ihr geht, und sie sagt, mir geht's ganz okay, dann wisst ihr zwar, dass das nicht wahr ist, aber ihr versteht, dass sie nicht sagen will, wie es ihr in Wirklichkeit geht, und ihr respektiert das. Hättest du [...] das Gefühl, belogen worden zu sein? „Nein, eigentlich nicht", sagt ein kleines Mädchen [...]. „Aber warum nicht?" „Weil sie ja weiß, dass ich gar nicht unbedingt will, dass sie mir sagt, wie es ihr wirklich geht", antwortet sie.

Julian Nida-Rümelin / Nathalie Weidenfeld

Julian Nida-Rümelin / Nathalie Weidenfeld

> S. 106

M4 Kleine Lügen

Wie ist das mit den „kleinen Lügen"? Wie ist das, wenn Sie sagen: „Keine Zeit" – aber eigentlich meinen Sie: Ich brauche die Zeit für mich? Diese kleinen Lügen benutzen wir manchmal aus Höflichkeit oder weil wir nicht wissen, wie man etwas „richtig" sagen kann. Diese kleinen Lügen wollen nicht schaden – eher im Gegenteil. Wir sparen uns lange Erklärungen oder Peinlichkeiten, wenn wir die Wahrheit ein wenig „gestalten". Manchmal benutzen wir diese Kunst sogar, um nett zu sein. Ich finde, diese kleinen Lügen nicht wirklich schlimm.

Klaus Hampe

Klaus Hampe: dt. Autor und Mitarbeiter bei der Radiokirche Hannover

M5 Der Asylbewerber

„Da haben so ein paar betrunkene Rechtsradikale einen Asylbewerber verfolgt. [...] Das hat dann einer gemerkt, der zufällig gerade da war, und zu dem Asylbewerber gemeint, er soll sich schnell verstecken. Wie dann die Skinheads ankamen, haben die angefangen, ihn zu suchen und hätten ihn fast gefunden. Da hat er denen gesagt, dass der Asylbewerber in eine Richtung weitergelaufen ist. Die Typen sind grölend weiter, und dem Asylbewerber ist nichts passiert [...]." „Meiner Meinung nach darf man hier nicht nur lügen, man muss es sogar", sagte der Onkel. „überleg doch einmal, was passiert wäre, wenn der Mann nicht gelogen hätte."

nach Rainer Erlinger

Rainer Erlinger

> S. 95

M6 Nicht um jeden Preis

Natürlich [muss] man [nicht] in jedem erdenklichen Fall die Wahrheit sagen [...]. Es gibt Situationen, in denen das verhängnisvoll wäre. Ein Arzt muss unter Umständen einen Patienten, um ihm nicht allen Lebenswillen zu nehmen, über den Ernst seiner Erkrankung täuschen. Man darf in Krisenzeiten das Versteck seiner Freunde nicht verraten und muss daher in der gegebenen Situation sein Wissen ableugnen. Man darf ein Geheimnis, das einem anvertraut worden ist, nicht preisgeben und muss deshalb unter Umständen Ausflüchte suchen.

Wilhelm Weischedel

Wilhelm Weischedel (1905-1975): dt. Philosoph, ehemaliger Professor an der Freien Universität Berlin

AUFGABEN

1 Stellt dar, wie Lucy Charlie Brown hereinlegt, und beurteilt ihr Verhalten. > M1

2 Beschreibt Corinnas Verhalten und vergleicht ihre Lüge mit der Lucys (M1). > M2

3 Arbeitsteilige Gruppenarbeit: Stellt dar, wie Nida-Rümelin und Weidenfeld, Hampe, Erlinger und Weischedel Lügen in bestimmten Situationen bewerten, und nehmt Stellung dazu. > M3-M6

Lügen, bis sich die Balken biegen

M1 Die traurigen Seegurken

Opa isst gern saure Gurken. „Ich hab euch, glaub ich", kaut er vergnügt, „noch nicht von dem schrecklichen Geheule der traurigen Seegurken erzählt. Nun ja, das kam so. Ich sollte damals eine Ladung Einmachgläser zur Insel Corny Chong bringen. Das ist eine Insel, die mitten im Sauren Ozean liegt, ich weiß nicht, ob ihr davon schon mal gehört habt. Diese Insel ist in der ganzen Welt berühmt für das süß eingelegte Gemüse. Da befinden sich auch die berühmten Perlenriffe, wo die einheimischen Perlentaucher nach Perlzwiebelchen tauchen. Die schmecken übrigens auch sehr gut."

Wie die sauren Gurken. Die isst Opa mit großem Vergnügen, wie es aussieht. „Auf den Riffen von Corny Chong wuchsen übrigens auch Seegurken. Doch als die Einheimischen die auch ernten und verkaufen wollten, passierte das Malheur ..." Opa spricht etwas undeutlich, weil er mit vollem Maul erzählt. „Als die Einwohner nämlich versuchten, die Gurken süß einzulegen, fingen die Gurken ganz fürchterlich an zu heulen. Schlimmer als jede Heulboje. Der ganze Schiffsverkehr drohte zusammenzubrechen, denn nun konnte man die Heulbojen nicht mehr richtig hören und von den traurigen Seegurken unterscheiden. Das ist aber äußerst wichtig für die Seefahrt. Ein guter Kapitän muss sogar verschiedene Heulbojentöne unterscheiden können: die normale Heulboje, die beleidigte Boje und die gefürchtete Baby-Boje. Doch nun konnte man nichts mehr unterscheiden. Das größte Geheule in der christlichen Seefahrt erhob sich über dem weiten Meer. Doch da hatte ich die rettende Idee: Mir ist nämlich aufgefallen, dass die Einwohner der Insel immer lustig waren – auch wenn die Arbeit noch so schwer war. Das kam wahrscheinlich von dem sauren Ozeanwasser. Davon wurden die lustig, denn sauer macht lustig. Das weiß jeder Grottenolm. Da machte ich den Vorschlag, die Seegurken einfach sauer einzulegen, in saures Wasser. Und tatsächlich.

Das Geheule hörte ruckartig auf. Und die sauer eingelegten Seegurken wurden obendrein ein großer Verkaufsschlager. Die schmecken auch zu gut. Ich wurde sogar zum Gurkenkönig von Corny Chong gekrönt, ehrenhalber."

Opa nimmt sich gleich noch eine Gurke. Hm. Die Bärchen gucken eher etwas sauer aus ihren Pelzen.

Bernhard Lassahn

Bernhard Lassahn (*1951): dt. Liedermacher und Schriftsteller

M2 Als ich mich selbst aus dem Sumpf befreite

Wer je bei einem Ausflug in einem Sumpf zu versinken droht, der sollte sich an diese Geschichte erinnern, die ich wirklich erlebt habe. Bei einem Ausflug gerieten mein Pferd und ich eines Tages in sumpfiges Terrain. Aber wir mussten da durch, es gab keinen anderen Weg zu unserem Ziel. Durchlaufen konnten wir den Sumpf natürlich nicht, also mussten wir das Hindernis überspringen.

Den ersten Anlauf hatte ich allerdings zu kurz berechnet. Im Flug machten wir kehrt und landeten sicher auf der Stelle, von der aus wir abgesprungen waren. Wir setzten zum zweiten

Terrain (frz.): Gelände

Sprung an – doch dieses Mal konnten wir nicht in der Luft wenden und landeten unsanft auf dem morastigen Untergrund.
Mein Pferd und ich wären hoffnungslos versunken, wenn ich es nicht geschafft hätte, mich an meinem eigenen Haarschopf aus dem Sumpf zu ziehen. Dass ich dadurch auch mein treues Pferd gerettet habe, versteht sich ja von selbst. Es kann eben doch von Vorteil sein, wenn man einen gut trainierten Körper hat. *Baron von Münchhausen*

(Hieronymus Carl Friedrich) Baron von Münchhausen (1720-1797): dt. Adeliger

M3 Das Lügengedicht

Dunkel war's, der Mond schien helle,
Schnee lag auf der grünen Flur,
als ein Auto blitzeschnelle
langsam um die Ecke fuhr.
Drinnen saßen stehend Leute,
schweigend ins Gespräch vertieft,
als ein totgeschossner Hase
auf der Sandbank Schlittschuh lief.

Auf einer roten Bank,
die blau angestrichen war,
saß ein blondgelockter Jüngling
mit kohlrabenschwarzem Haar.
Neben ihm 'ne alte Schrulle,
die gerade sechzehn war.
Diese aß 'ne Butterstulle,
die mit Schmalz bestrichen war. […]

Eine Kuh, die saß im Schwalbennest
mit sieben jungen Ziegen,
die feierten ihr Jubelfest
und fingen an zu fliegen.
Der Esel zog Pantoffeln an,
ist übers Haus geflogen,
und wenn das nicht die Wahrheit ist,
so ist es doch gelogen. *Edmund Jacoby*

Edmund Jacoby (*1948): dt. Verleger und Autor

M4 Aber was ist im Theater?

Wenn ein Schauspieler sagt: Ich bin der Froschkönig! Lügt er dann? Der kleine Junge mit den Locken meldet sich: „Also, wenn der Schauspieler mit Vornamen ‚Frosch' und mit Nachnamen ‚König' heißt, dann nicht!" Das war gut! Und angenommen, er heißt nicht so? „Also, es ist ja so eine Art Spiel, und deshalb lügt er auch nicht", sagt das Mädchen mit den großen blauen Augen. Was heißt das, es ist nur ein Spiel? „Na ja, jeder weiß ja, dass er nicht der Froschkönig ist, deswegen ist das keine Lüge", sagt das asiatisch aussehende Mädchen.
Genau. […] Der Schauspieler auf der Bühne lügt nicht, weil er ja weiß, dass die Zuschauer nicht glauben, dass das, was er sagt, wahr ist.

Julian Nida-Rümelin / Nathalie Weidenfeld

Julian Nida-Rümelin / Nathalie Weidenfeld > S. 106

AUFGABEN

1 Zeigt, an welchen Stellen Käpt'n Blaubär in der vorliegenden Geschichte nicht die Wahrheit sagt. Warum erzählt er Lügen? > M1

W
2 Erläutert, warum Münchhausen die Geschichte erzählt. Begründet, warum man als Leserin oder Leser auf die Lüge nicht hereinfällt. > M2
3 Erläutert, mit welcher Absicht das Gedicht geschrieben wurde. Begründet, warum man als Leserin oder Leser nicht darauf hereinfällt. > M3

4 Erläutert, wie sich eine Theateraufführung von einer Lüge unterscheidet. > M4

Nicht gelogen, also wahr?

M1 Stille Post

Alle Teilnehmerinnen und Teilnehmer am Spiel ordnen sich in einer Reihe oder einem Kreis an. Eine Person überlegt sich eine Nachricht und flüstert diese seinem rechten Nachbarn bzw. seiner Nachbarin ins Ohr. Diese/r flüstert den gehörten Satz wiederum dem oder der rechts von ihm Sitzenden ins Ohr. Dies wird solange wiederholt, bis die Nachricht die letzte Person erreicht. Diese sagt dann, was sie verstanden hat.

M2 Weitersagen

M3 Was Kim alles so sagt ...

Kim sagte: „Den Per finde ich irgendwie doof. Er ist manchmal ein fürchterlicher Angeber. Andererseits kann er auch richtig nett sein. Wenn man ihn braucht, dann ist er für einen da. Er ist hilfsbereit, und man kann sich auf ihn verlassen." Das hatte Kim zu Hanna, Marcel, Becki und Maike gesagt.
Einige Zeit später sagte Hanna zu Per: „Du, die Kim hat gesagt, sie fände dich irgendwie doof." „Na und?" Per zuckte die Schulter.
Marcel sagte bei anderer Gelegenheit zu Per: „Die Kim meint, du wärst ein fürchterlicher Angeber." „Das ist ihr Problem." Per schien dennoch betroffen.
Becki sagte zu Per: „Die Kim meint, du wärst richtig nett." „Na so was", meinte der Angesprochene.
Maike sagte zu Per: „Stell dir vor, Kim hat gesagt, du wärst hilfsbereit und man könnte sich immer auf dich verlassen. Da kannst du mal sehen, was für einen guten Eindruck du auf sie gemacht hast." Per wirkte ein wenig verlegen, zugleich hellte sich seine Miene auf.

M4 Wie man sich irren kann

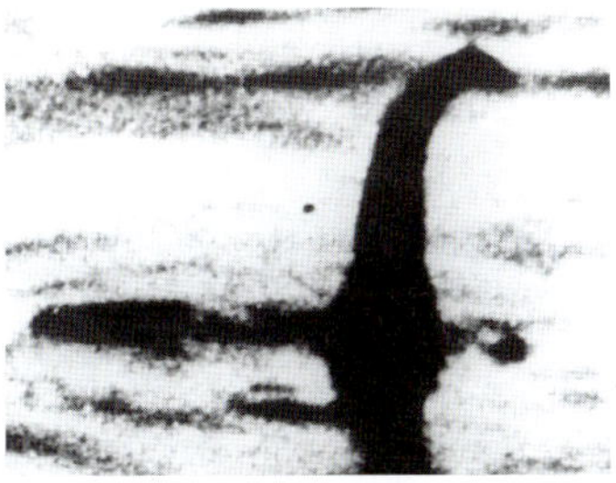

Esma: „Das Foto zeigt das Ungeheuer von Loch Ness."

Kolumbus: „Ich habe den Seeweg nach Indien entdeckt.

Nick: „Der Koala ist doch wohl ein Bär."

Loch Ness: großer See in Schottland

Kolumbus (1451-1506): italienisch-spanischer Seefahrer und Entdecker

M5 Der Unterschied von Lüge und Irrtum

Lieber Phil, herzlichen Dank für deinen Brief. Du möchtest von mir wissen, was ein Irrtum genau ist, weil ich mich im Philosophiestudium lange mit dem Thema auseinandergesetzt habe. Mal sehen, ob ich dir helfen kann: Ein Irrtum kann eine falsche Annahme sein oder eine falsche Behauptung oder eine falsche Meinung. Dadurch unterscheidet sich ein Irrtum von einer Lüge. Wie ist das genau zu verstehen? Wenn du lügst, dann machst du das mit Absicht, weil du jemanden täuschen willst. Ein Irrtum entsteht aber unabsichtlich aus falschen Informationen oder Schlüssen und jemand kann von seinem Irrtum „wahrhaftig" überzeugt sein. Vielleicht sollte ich dir diesen Unterschied an zwei Beispielen deutlich machen.

Du lügst, wenn du deiner Freundin oder deinem Freund erzählst, du hättest auch nicht für die Englisch-Arbeit gelernt, obwohl du dich gewissenhaft darauf vorbereitet hast. Du sagst absichtlich etwas Falsches, nur um nicht als Streber hingestellt zu werden.

Du irrst dich, wenn du glaubst, Spaghetti würden aus Italien stammen. Tatsächlich kennt man die Nudel dort erst seit ungefähr 800 Jahren. Ursprünglich stammen Spaghetti wohl aus China. Asienreisende wie Marco Polo haben sie von dort nach Italien gebracht.

Ich hoffe, ich habe dir bei der Beantwortung deiner Frage helfen können. Sollte dir noch irgendetwas unklar sein, darfst du mir natürlich wieder schreiben. Liebe Grüße, Sophia

AUFGABEN

1 Spielt das Spiel Stille Post mehrmals. Stellt anschließend dar, was auf dem Weg von der ersten bis zur letzten Person passiert, und beurteilt, ob die Aussage der letzten Person gelogen ist. > M1

2 Erklärt anhand des Bildes, wie ein Gerücht zustande kommt. > M2

3 Erläutert, woran es liegt, dass Hanna, Marcel, Becki und Maike unterschiedlicher Auffassung darüber sind, was Kim über Per gesagt hat. > M3

V 4 Findet weitere Beispiele dafür, dass „die Wahrheit sagen" etwas anderes ist als „die ganze Wahrheit sagen". > M3

5 Beurteilt, ob es sich bei diesen Aussagen um Irrtümer handelt. > M4

6 Erklärt, wie Irrtümer zustande kommen und wodurch sie sich von Lügen unterscheiden. > M5

Nicht alles glauben

M1 Über den Wolken

Tolle Aufnahme: Pilot kann sogar während des Flugs ein Selfie von sich machen!

Noch in der Erprobungsphase, aber bald möglich: Außenreiseplatz für Passagiere bei British Airways

M2 Pilotganso

Instagram: > S. 149

Soziale Netzwerke: > S. 149

Sein Arbeitsplatz liegt höher als so jedes Büro: über den Wolken. „Pilotganso", so nennt sich der waghalsige Flugkapitän auf seinem Instagram-Account, scheint gut rumzukommen, wie seine Bilder dokumentieren. Denn er macht nicht Fotos vor berühmten Sehenswürdigkeiten seiner Reiseziele am Boden, sondern noch in der Luft […]. Das Besondere seiner Luftaufnahmen: Er macht die Fotos nicht durch das Cockpitfenster, sondern öffnet dazu die Seitenscheiben, schiebt den Selfie-Stick nach draußen und drückt auf den Auslöser. Daumen hoch – fertig ist das perfekte Bild mit ihm im Vordergrund […]. *www.stern.de*

Christina erzählt mir, dass sie die Selfies von Pilotganso auf Instagram angeschaut hat und diese toll fand. Der Pilot sei z. B. zu sehen, wie er sich weit aus dem Seitenfenster seines Flugzeuges hinauslehnt, seine Krawatte weht im Wind und tief unter ihm erkennt man Rio de Janeiro. So ein Selfie habe wirklich niemand! Aber in den Sozialen Netzwerken gab es auch Diskussionen über seine Fotos, berichtet sie. Dem Piloten werden dort Fragen gestellt wie „Haben Sie keine Angst?" oder „Warum begeben Sie sich in so große Gefahr?". Andere wiederum kommentieren die Bilder: „Sie riskieren runterzufallen und die Passagiere in Gefahr zu bringen." Und nicht alle würden ihm glauben, dass die Fotos wirklich echt sind.
„Wenn man sich dann nämlich", so Christina weiter, „zum einen die Schatten einmal genauer ansieht und zum anderen die Spiegelungen in seiner Sonnenbrille vergrößert, findet man heraus, dass die Bilder nicht über den Wolken, sondern beim Parken auf dem Flughafenfeld entstanden sind. Interessant, nicht? Ach ja, er hat außerdem mittlerweile zugegeben, dass die Fotos in Wahrheit nur Bearbeitungen sind." *nach www.stern.de*

M3 Falsche Meldungen

Jeden Tag strömen unzählige neue Meldungen über das Internet zu uns. Das ganze Netz ist voller Neuheiten und merkwürdiger Meldungen. Da fällt es schwer, den Überblick zu behalten. Durch die Schnelllebigkeit und die Flut an Informationen schleichen sich immer wieder Falschmeldungen dazwischen. [...]

Für den Begriff Fake News gibt es eine schnelle Erklärung: Er setzt sich aus den beiden Begriffen „Fake", das gefälscht bedeutet, und „News", also Nachrichten, zusammen.

Fake News sind dementsprechend gefälschte oder falsche Nachrichten. Solche Falschmeldungen sollen meistens mit reißerischen Aussagen und unwahren Behauptungen Lügen verbreiten. Das Schwierige: Da sie aufgemacht sind wie echte Artikel oder Meldungen, denken viele, es handle sich bei Fake News um wirkliche Neuigkeiten.

Aber wie entstehen Fake News und warum gibt es sie eigentlich? Jemand der Falschmeldungen in Umlauf bringt, will die User beeinflussen: der Leser soll die Artikel und Beiträge liken und sharen. Manche Falschmeldungen werden auch zur politischen Hetze eingesetzt, indem sie falsche Behauptungen aufstellen. [...]

Es ist gibt viele Nachrichten, die verunsichern, schockieren, überraschen oder verärgern. Häufig bestärken sie aber auch die Meinung, die man bereits hat. Besonders hier solltet ihr vorsichtig sein und euch die Meldungen einmal genauer ansehen. Es könnten Falschmeldungen darunter sein.

Galileo, www. prosieben.de

liken:
von engl. *to like* = mögen

sharen:
von engl. *to share* = teilen

M4 Eine skeptische Haltung

René Descartes

Einen Menschen, der nicht alles glaubt, was gesagt oder geschrieben wird, nennt man Skeptiker. Er zweifelt erst einmal, ob das richtig ist, was er gehört oder gelesen hat. Er denkt selbst nach und stellt, wenn dies möglich ist, Nachforschungen und Überprüfungen an.

Ich würde allen Menschen raten, skeptisch zu sein und nicht alles zu glauben, was andere behaupten.

René Descartes (1596-1650): frz. Philosoph, Mathematiker und Naturwissenschaftler

AUFGABEN

1 Tauscht euch darüber aus, wie glaubwürdig die beiden Meldungen/Fotos sind. > M1 *(Lösung s. S. 213)*

2 Seht euch die beschriebenen Bilder von Pilotganso nach Möglichkeit im Internet an. Stellt die unterschiedlichen Reaktionen auf die Selfies des Piloten dar und erläutert, wie klar wurde, dass sie nicht echt sind. > M2

H 3 Erklärt an Beispielen, was man unter Fake News versteht und mit welchem Ziel sie veröffentlicht werden. > M3

4 Stellt dar, woran man Fake-Bilder und Fake News erkennen kann. > M1-M3

5 Erklärt, wozu es gut sein könnte, skeptisch zu sein, und findet Beispiele dafür. > M4

Was wir wissen – was wir können

Wissen kompakt

Wahrhaftigkeit:
die Wahrheit sagen
(Wahrheit: Übereinstimmung der Aussage mit der Wirklichkeit)

Aussagen, die auf Irrtum, Sinnestäuschung usw. beruhen:
keine bewussten Falschaussagen

Theater, Lügengeschichten, usw.:
Absicht, zu unterhalten, nicht, andere zu täuschen

unterscheidet sich von

Lüge:
bewusst etwas Falsches sagen, mit der Absicht, andere zu täuschen

Folgen einer Lüge:
- Lügner/in macht sich selbst unglaubwürdig
- Vertrauen wird zerstört

(Deshalb moralisch nicht erlaubt.)

Sonderfall Notlüge:
- bei Konflikten zwischen Wahrhaftigkeit und anderen Werten (eigene wichtige Interessen, Schutz anderer, Höflichkeit)

(Aus Sicht einiger Denker in Ausnahmefällen erlaubt bzw. sogar geboten.)

Skepsis:
nicht alles glauben und Aussagen prüfen
(Mittel, um nicht auf Lügen hereinzufallen und die Wahrheit herauszufinden)

KOMPETENZ-CHECK

Überprüfe dich selbst: Wenn du dich bei einem Punkt noch unsicher fühlst, lies und bearbeite (ggf. mit Partner/in) die passende Schulbuchseite noch einmal.

Ich kann …		Meine Einschätzung – –	–	+	++
an Beispielen deutlich machen, was unter Wahrheit zu verstehen ist	> S. 100-101				
Beispiele für Wahrhaftigkeit und Lügen geben	> S. 102-105				
Gründe benennen, warum Menschen lügen, und erklären, was für Folgen das haben kann	> S. 102-105				
bestimmen, was eine Lüge ist	> S. 106-107				
erläutern, warum man immer die Wahrheit sagen sollte	> S. 106-109				
am Beispiel der Notlüge erklären, wie es zu Konfliktsituationen zwischen Wahrhaftigkeit und Lüge kommen kann	> S. 110-111				
aufzeigen, wie sich die Lüge von anderen Begriffen abgrenzen lässt (z. B. von einer Täuschung im Theater oder von einem Irrtum)	> S. 112-115				
erläutern, wieso eine skeptische Haltung hilfreich ist, um nicht auf Lügen hereinzufallen und die Wahrheit zu erfassen	> S. 116-117				
Möglichkeiten aufzeigen, wie man in Konfliktsituationen aufrichtig sein kann, ohne jemanden zu verletzen	> S. 108-109				

Arbeitsblatt:
Kompetenz-Check „Wahrhaftigkeit und Lüge“

Mediencode: 21004-05

Freunde
den Gedanken nachgehen
Ausschlafen
meine Katze
Familie
Bewegung
Zappen

Glückliches und gutes Leben

AUFGABEN

1 Tauscht euch darüber aus, inwieweit das, was in den Blütenblättern genannt wird, glücklich machen kann.

2 Zeichne auf einem DIN-A4-Blatt deine eigene Glücksblume und trage darin ein, was dich glücklich macht.

3 Hängt eure Glücksblumen im Klassenraum auf und stellt sie euch gegenseitig vor.

plus **Buddy Book „Kleiner Leitfaden zum Glück"**

In den kommenden Wochen wirst du ein Buddy Book für ein glückliches und gutes Leben erstellen. Darin sollst du Ergebnisse zu einigen Fragen festhalten, die auf den folgenden Doppelseiten behandelt werden.

> Besorgt weiße DIN-A3-Blätter für den gesamten Kurs.

> Bastele ein Buddy Book nach der Anleitung auf S. 219.

> Gestalte die Vorderseite deines Buddy Books mit dem Titel „Kleiner Leitfaden zum Glück".

Wunschlos glücklich?

M1 Glücksbringer

M2 Was mich glücklich macht

Glück bedeutet für mich, andere Menschen glücklich zu machen. Wenn ich z. B. meine Uroma im Seniorenheim besuche, freut sie sich immer so riesig, dass ich gar nicht mehr nach Hause gehen möchte.

Titus, 11 Jahre

Wenn ein Berg so steil ist, dass ich mit meinem Rolli nicht hochkomme, bin ich auf andere angewiesen. Für mich ist es ein großes Glück, wenn mir jemand hilft, ohne dass ich fragen muss.

Hannah, 12 Jahre

Mich macht es glücklich, mit meinem Pferd Joey auszureiten. Wir sind dann eine richtige Einheit und genießen zusammen die schöne Natur.

Merve, 13 Jahre

Ich bin glücklich, wenn meine Mannschaft und ich beim Handball toll zusammenspielen und unser Bestes geben. Am schönsten ist es natürlich, wenn wir gewinnen, aber Spaß haben wir auf alle Fälle.

Can, 12 Jahre

M3 Das Märchen vom Glück

Siebzig war er gut und gern, der alte Mann, der mir in der Kneipe gegenübersaß. Seine Augen blitzten wie eine blankgefegte Eisbahn. „Oh, sind die Menschen dumm“, sagte er. „Das Glück ist schließlich keine Dauerwurst, von der man sich täglich seine Scheibe herunterschneiden kann.“

„Stimmt“, meinte ich, „obwohl gerade Sie aussehen, als hinge bei Ihnen zu Hause der Schinken des Glücks im Rauchfang.“

„Ich bin eine Ausnahme“, sagte er. „Ich bin nämlich der Mann, der einen Wunsch frei hat.“ Er blickt mir prüfend ins Gesicht und dann erzählt er seine Geschichte.

„Das ist lange her“, begann er. „Sehr lange. Vierzig Jahre. Ich war noch jung und litt am Leben. Da setzte sich, als ich eines Mittags verbittert auf einer grünen Parkbank hockte, ein alter Mann neben mich und sagte beiläufig: ‚Also gut. Wir haben es uns überlegt. Du hast drei Wünsche frei. Wünsch dir, was du willst, das ist deine Sache. Aber werde endlich glücklich. Deine Unzufriedenheit geht uns auf die Nerven.' Er sah aus wie der Weihnachtsmann in Zivil.

Ich weiß nicht, ob sie sich in meine Lage versetzen können. Ich saß auf einer Bank und haderte mit Gott und der Welt. Und neben mir saß nun dieser alte Quatschkopf! Ich wurde wütend. Und als er sein weißwattiertes Großvatermündchen von neuem aufmachen wollte, stieß ich zornzitternd hervor: ‚Damit Sie alter Esel mich nicht länger duzen, nehme ich mir die Freiheit, meinen ersten und innigsten Wunsch auszusprechen: Scheren Sie sich zum Teufel!' Und weg war er! Wie fortgeweht. In der gleichen Sekunde. In nichts aufgelöst. Mir wurde ganz übel vor lauter Schreck. Die Sache mit den Wünschen schien zu stimmen. Und wenn der erste Wunsch sich erfüllt hatte, dann war der gute, liebe, brave Großpapa, wer er nun auch sein mochte, beim Teufel! Dann war er in der Hölle! Was sollte ich machen? Der alte Mann musste wieder her, ob's nun eine Hölle gab oder nicht. Ich musste meinen zweiten Wunsch dransetzen, den zweiten von dreien, o ich Ochse! Ich schloss die Augen und flüsterte ängstlich: ‚Ich wünsche mir, dass der alte Mann wieder neben mir sitzt.' In der nämlichen Sekunde war er wieder da. Er blickte mich vorwurfsvoll an und sagte gekränkt: ‚Hören Sie, junger Mann, fein war das nicht von Ihnen!' Ich stotterte eine Entschuldigung. Da lächelte er freundlich. ‚Nun haben Sie nur noch einen Wunsch frei, den dritten. Mit ihm gehen Sie hoffentlich ein bisschen vorsichtiger um. Versprechen Sie mir das?' Ich nickte und schluckte. ‚Ja', antwortete ich dann, ‚aber nur, wenn Sie mich wieder duzen.' Da musste er lachen. ‚Gut, mein Junge', sagte er und gab mir die Hand. ‚Leb wohl. Sei nicht allzu unglücklich und gib auf deinen letzten Wunsch acht. ‚Ich verspreche es Ihnen', erwiderte ich feierlich."

„Und? Seitdem sind Sie glücklich?"

„Glücklich?" Mein Nachbar stand auf, sah mich mit seinen blitzblanken Augen an und sagte: „Den letzten Wunsch habe ich vierzig Jahre lang nicht angerührt. Manchmal war ich nahe dran. Aber nein. Wünsche sind nur gut, solange man sie noch vor sich hat. Leben sie wohl!"

Ich sah vom Fenster aus, wie er über die Straße ging. Und er hatte ganz vergessen, mir zu sagen, ob wenigstens er glücklich sei. Oder hatte er mir absichtlich nicht geantwortet? Das ist natürlich auch möglich. *nach Erich Kästner (gekürzt)*

Erich Kästner
> S. 37

AUFGABEN

1 Beschreibt die Glücksbringer und überlegt bzw. recherchiert, wieso gerade ihnen glücksbringende Kräfte zugeschrieben werden. > M1

V 2 Tauscht euch darüber aus, welche Glücksbringer ihr zu welchen Gelegenheiten verwendet (sofern ihr welche habt). > M1

3 Stellt dar, was für die vier Kinder Glück bedeutet. Sprecht über Gemeinsamkeiten und Unterschiede zwischen den Aussagen. > M2

4 Erläutert, warum der alte Mann den dritten Wunsch nicht eingelöst hat und wie es ihm mit dieser Entscheidung ergangen ist. > M3

V 5 Nehmt Stellung zu der Aussage: „Wünsche sind nur gut, solange man sie noch vor sich hat." > M3

Macht Glück glücklich?

M1 Goofy im Glück?

Walt Disney (1901-1966): US-amerik. Trickfilmzeichner und Filmproduzent

M2 Gustav Gans zieht das große Los

M3 Glück ist nicht gleich Glück

„Da habe ich aber großes Glück gehabt!", sagt man, und auch: „Darüber war ich sehr glücklich." In beiden Sätzen ist vom Glück die Rede, aber in beiden Fällen bedeutet es etwas anderes. Das Glück, das man hat, kann z. B. ein Lottogewinn sein. Dass gerade die Zahlen gezogen werden, die ich getippt habe, ist ein glücklicher Zufall, zu dem ich nichts beigetragen habe. Glücklich sein meint dagegen ein Gefühl, eine innere Freude, die man verspürt.

Natürlich kann beides zusammenhängen. Wer wäre nicht glücklich, wenn er im Lotto gewinnt? Aber glücklich sein und Glück haben müssen nicht Hand in Hand gehen. Stellen wir uns Viktoria vor, die gerade im Judoturnier gewonnen hat. Sie ist glücklich, als sie auf das Siegertreppchen steigt. Aber dieses Glücksgefühl beruht nicht auf einem glücklichen Zufall. Sie hat es vielmehr ihrer eigenen Leistung zu verdanken, hat es sich durch fleißiges Training verdient. Ihre Freundin Jessika hatte leider Pech. Schon nach ihrem ersten Kampf musste sie das Judoturnier abbrechen, weil sie sich einen Schlüsselbeinbruch zugezogen hat. Dabei hatte sie großes Glück, dass nichts Schlimmeres passiert ist. Aber glücklich war sie trotzdem nicht, denn die Verletzung bedeutete für sie wochenlanges Trainingsverbot und Einschränkungen im Alltag.

Man sieht: *Glück haben* und *glücklich sein* sind ganz verschiedene Dinge.

M4 Das alles ist „Glück"

Da hattest du aber Glück im Unglück.

Glück auf!

Du Glückspilz!

Glückliche Reise!

Happy Christmas!

Probier das mal auf gut Glück!

Ich bin wunschlos glücklich.

INFO

„Glück haben" – „glücklich sein"

Glück ist in der deutschen Sprache ein doppeldeutiger Begriff. Darunter versteht man einerseits das Glück, das man hat (engl. *luck*), z. B. das Losglück. Damit ist aber auch das Glücklichsein gemeint, das Glücksgefühl (engl. *happiness*).

AUFGABEN

1 Sprecht darüber, ob die Voraussage „Dies ist ihr Glückstag" für Goofy in Erfüllung gegangen ist. > M1

2 Beurteilt, ob Gustav Gans glücklich ist. Berücksichtigt dabei besonders seine letzte Aussage. > M2

3 Erläutert den Unterschied zwischen „Glück haben" und „glücklich sein" anhand von Beispielen. > M3

4 Begründet, in welchen dieser Redewendungen „Glück" eher für „glücklich sein" bzw. „Glück haben" steht. > M4

plus Erkläre den Unterschied zwischen *Glück haben* und *glücklich sein* in deinem Buddy Book jeweils an einem Beispiel aus deinem Leben.

Glücksgefühle …

M1 Was uns der Körper sagt

Wenn du glücklich bist,

pulsiert das Blut etwas schneller in deinen Adern. Bei den meisten Menschen trennen drei bis fünf Herzschläge pro Minute das Glück vom Normalzustand. Die Körpertemperatur steigt um etwa ein Zehntel Grad, weil sich die Durchblutung verbessert.

nach Jörg Moll

M2 Macht Schokolade glücklich?

Wusstet ihr, dass Schokolade glücklich machen kann? Die Süßigkeit gilt als Seelentröster an schlechten Tagen. Tatsächlich enthält Kakao einige Inhaltsstoffe, die uns glücklich machen können. Allerdings sind diese Muntermacher sehr gering dosiert, also müsste man sehr viel Schokolade essen, damit diese Wirkung eintritt. Der Grund für die Glücksgefühle beim Schoko-Essen ist ein anderer. Schokolade bekommen wir schon als kleines Kind zur Belohnung oder zu besonderen Anlässen wie Weihnachten oder Ostern. Das merkt sich unser Gehirn: Wenn wir Schokolade essen, verbinden wir damit schöne Erinnerungen. Echte Schokoliebhaber sind sogar schon glücklich, wenn sie nur Bilder von Schokolade sehen. Wirklich gesund ist Schokolade leider nicht, glücklich machen kann sie aber trotzdem

Sendung logo!, www.zdf.de

M3 Sport – nur eine überflüssige Anstrengung?

Proband (von lat. *probare* = prüfen): Versuchs- oder Testperson

Der Mensch unternimmt erhebliche Anstrengungen, um sein Wohlbefinden zu steigern, auch so überflüssige Tätigkeiten wie Joggen, Schwimmen oder Radfahren. Dabei ist der menschliche Körper für extreme Belastungen gar nicht gemacht. Er gerät ins Schwitzen, die Muskeln beginnen zu brennen und die Gelenke zu schmerzen. Berliner Sportmediziner erforschen diesen Zustand. Ist der Puls deutlich erhöht und die Belastung stark genug, nehmen sie den Probanden Blut ab.

Schon nach wenigen Minuten maximaler Muskelanspannung wird der Mensch frisch, wach, tatendurstig, lebenshungrig. Grund dafür sind die Hormone: Der Muskel produziert, sobald er angespannt wird, das Powerhormon Testosteron, das für inneren Antrieb sorgt [...].
Laufen im Sauerstoffüberschuss [ohne allzu erhöhte Pulsfrequenz] setzt Endorphine frei, körpereigenes Rauschgift. Sie werden im Gehirn produziert und strömen verheißungsvoll durch das gesamte Nervensystem. Als Neurotransmitter hüpfen sie von Nervenzelle zu Nervenzelle, agieren als Botenstoffe für Euphorie. Die Natur hat uns mit diesem Stoff ausgestattet, damit wir Schmerzen nicht hilflos ausgeliefert sind. Bei der Geburt hat der Endorphinpegel der Mutter ein Maximum, lässt sie die Schmerzen aushalten und vergessen. Sonst würde keine Frau mehr ein Kind bekommen. Auch Läufer kennen diese Hormonausschüttung. Sie nennen es „Runner's high". Endorphine versetzen den ganzen Körper in einen kribbelnden Rauschzustand, ähnlich dem Gefühl, das man hat, wenn man frisch verliebt ist. Wer das einmal erlebt hat, möchte es immer wieder spüren. Unser Kästchen voll [...] [selbstproduziertem Rauschgift] bleibt oft ein Leben lang zu – es sei denn, wir laufen. [...] [Du musst deinen] Körper nur etwas länger als 30 Minuten mit Sauerstoff ölen, dann geht das Kästchen auf. Und das ist Glück.

Ulrich Strunz

Euphorie: Hochgefühl

Ulrich Strunz (*1943): dt. Arzt und Buchautor, ehemaliger Triathlet

M4 Das Glück auf Besuch

Glücklich werde ich sein, wenn mir etwas gelingt, wenn ich etwas erfahre, was mich tief berührt. Ich kann mich für die Liebe entscheiden. Ich kann mich bemühen, meine Arbeit gut zu tun, damit sie mir gelingt. Ich kann mich der Musik aussetzen, einen Spaziergang durch eine wunderschöne Landschaft machen. Wenn ich ganz in dem bin, was ich gerade tue, im Musikhören, im Wandern, im Schauen, im Schmecken, dann kommt das Glück zu mir.
Ich kann nicht zum Glück kommen, um es zu erhaschen. Das Glück wird mich besuchen, wenn ich mich auf das Leben einlasse, wenn ich offen bin für das Überraschende, das das Leben für mich bereithält.

Anselm Grün

Anselm Grün (*1945): dt. Benediktinerpater und Buchautor

AUFGABEN

1 Beschreibt die beiden Figuren und begründet, warum man ihnen die Begriffe Glück bzw. Unglück zuordnen kann. > M1
2 Stell dir einen Moment lang möglichst intensiv eine Situation vor, in der du sehr glücklich warst. Vergleiche deine Empfindungen mit dem, was in dem Text neben der Abbildung beschrieben ist, und erkläre, wie sich Glück körperlich äußern kann. > M1
3 Erläutert, inwiefern der Verzehr von Schokolade zum Glück beitragen kann. > M2
4 Stellt dar, warum Sport Glücksgefühle auslöst. > M3
5 Erklärt, wie Menschen nach Anselm Grün glücklich werden können. Nehmt Stellung zu seiner Auffassung. > M4

plus Fertige für dein Buddy Book ein Schaubild an, das zeigt, wodurch Glücksgefühle ausgelöst werden können.

Was dem Glück im Wege stehen kann

M1 Das Schlaraffenland

Pieter Bruegel d. Ä., Das Schlaraffenland, 1567

M2 Der Fischer und seine Frau

Ein Fischer lebte mit seiner Frau in einer armseligen Hütte. Eines Tages angelte er im Meer einen großen Butt. Der Fischer freute sich schon auf den Fang, da sprach der Butt ihn an und sagte, er sei ein verzauberter Prinz. Er flehte um sein Leben und der gutmütige Fischer ließ ihn wieder frei.

Als er das zu Hause seiner Frau Ilsebill erzählte, fragte sie ihn: „Warum hast du dir denn zum Dank nichts vom Fisch gewünscht? Es ist nicht schön, in einer kleinen Hütte zu wohnen. Ich hätte gern ein richtiges Haus. Geh hin und sag das dem Butt."

Der Fischer wollte nicht so recht, aber dann tat er doch, was seine Frau ihm aufgetragen hatte. Er ging ans Meer und rief:

„Manntje, Manntje, Timpe Te,
Buttje, Buttje in der See,
myne Fru de Ilsebill
will nich so, as ik wol will."

Tatsächlich tauchte der Butt wieder auf. Er hörte sich den Wunsch an und erfüllte ihn. Als der Fischer nach Hause kam, stand da ein richtig schönes Haus. Seine Frau und er freuten sich darüber sehr. Doch schon bald war Ilsebill damit nicht mehr zufrieden. Erneut verlangte sie von ihrem Mann, den Butt zu rufen und einen noch größeren Wunsch vorzutragen. Nun wollte sie ein prächtiges Schloss haben. Auch diesen Wunsch erfüllte der Zauberfisch. Aber auch damit war die Frau nach einiger Zeit nicht mehr zufrieden. Als Nächstes wollte sie König werden. Widerwillig rief der Mann den Butt. Der sagte dem Fischer: „Geh nur hin, sie ist es schon."

Ilsebill war jedoch unersättlich. Sie wollte auch Kaiser werden und dann sogar Papst. Der Mann ging wieder ans Meer und rief den Butt, und der erfüllte die Wünsche. Aber je unverschämter Ilsebills Wünsche wurden, desto schlechter wurde das Wetter. Die See wurde erst grün, dann dunkelblau, dann schwarz, und immer heftiger brauste der Sturm.

Als Ilsebill Papst war, sagte sie: „Warum kann ich nicht auch die Sonne und den Mond aufgehen lassen und wie der liebe Gott sein?" Doch nun war Schluss. Zur Strafe für ihre Maßlosigkeit versetzte sie der Butt zurück in die armselige Hütte.

nach Brüder Grimm

Brüder Grimm:
> S. 25

M3 König Midas

König Midas hatte dem Gott Dionysos einst einen Dienst erwiesen. Darauf sagte Dionysos zu Midas:

„Bitte dir eine Gnade aus, ich will sie dir gewähren." Der König antwortete nach kurzem Besinnen: „Ich möchte, dass durch meine Berührung alles in Gold verwandelt wird." Der Gott sah die verderblichen Folgen des Wunsches voraus, erfüllte ihn aber. Froh zog Midas von dannen. Kaum war er aus den Augen des Gottes, so wollte er die Kraft des göttlichen Versprechens erproben. Er brach von einem Eichenbusch einen Zweig ab: Der Zweig und die Blätter wurden zu Gold. Er hob einen Stein vom Boden: Es war ein Goldklumpen. [...] Er pflückte einen Apfel: Er war Gold. Da zweifelte er nicht mehr an der Gabe, die ihm der Gott verliehen [hatte]. Beglückt eilte er nach Hause und befahl, ein festliches Mahl zu rüsten. Aufs Beste gelaunt, nahm er an der reich besetzten Tafel Platz. Doch wehe! Kaum führte der Hungrige das frische Brot zum Munde, so biss er auf Gold, kaum berührte er den duftenden Braten, schon war dieser gleißendes Metall. Mischte er den roten Wein mit klarem Wasser, um den brennenden Durst mit kühlem Trunk zu stillen, so rann geschmolzenes Gold durch seine Kehle. Da endlich erkannte er die verderblichen Folgen seines unbedachten Wunsches. Er war der reichste Mensch, doch auch der ärmste zugleich.

Sage aus dem antiken Griechenland

M4 Macht Geld glücklich?

Viele Kinder und erst recht viele Erwachsene glauben, dass Dinge zu besitzen glücklich macht. In erster Linie wollen sie alle Geld. Mit Geld kann man genau das kaufen, was man gerne hätte. Und je mehr Geld, desto glücklicher? Stimmt das wirklich? Was stimmt: Sehr arme Menschen sind eher unglücklich. [...] Wem es an Essen, Kleidung, an einem Dach über dem Kopf fehlt, dem fällt es schwer, sich an anderen Dingen zu freuen, glücklich zu sein. [...] Aber bei Leuten, die sowieso schon die Grundlage des Lebens bezahlt bekommen, da gilt es, dass mehr Geld nicht mehr Glück bedeutet. Man sagt ja auch immer: „Geld allein macht nicht glücklich". [...] Stellt euch vor, in der Klasse bekommt ihr alle fünf Euro mehr Taschengeld. Wie lange würde euch das glücklich machen? Bis ihr erfahrt, dass alle anderen Klassen zehn Euro mehr Taschengeld bekommen. Das heißt, eigentlich habt ihr mehr als vorher, aber trotzdem ist man sauer, weil die anderen auch mehr haben. Das heißt, es ist nicht die Frage, wie viel Geld ich insgesamt habe, sondern immer nur, mit wem ich mich vergleiche. Und das kennt ihr auch, wenn man zum Beispiel [...] [ein Smartphone] bekommt. Ja, da freut man sich erstmal, aber dann hat irgendjemand anders [...] [eins, das noch cooler aussieht oder die bessere Kamera hat.] *Eckart von Hirschhausen*

Eckart von Hirschhausen (*1967): dt. Arzt, Schriftsteller und Moderator

AUFGABEN

1 Beschreibt, wie das Leben der Menschen im Schlaraffenland dargestellt wird. Tauscht euch darüber aus, ob ihr mit einem solchen Leben glücklich wärt. > M1

W 2 Erläutert, welche Lehre über Glück bzw. Unglück das Märchen enthält. > M2

3 Erklärt, warum König Midas mit dem vielen Gold nicht glücklich ist. > M3

4 Erläutert, wie von Hirschhausen den Zusammenhang von Besitz und Glück sieht. > M4

plus Erkläre in deinem Buddy Book anhand eines eigenen Beispiels, warum Geld allein nicht glücklich macht.

Erfolgreich und berühmt = glücklich?

M1 Michael Jackson – King of Pop

Michael Jackson (29.8.1958-25.6.2009) träumte davon, das Gesicht und die Hautfarbe zu haben, die er wollte. Er hatte als ein süßer schwarzer Junge angefangen, er war ein Wunderknabe, der zum König wurde, zum Gott. Sein Aufstieg war wie ein Vulkanausbruch, er katapultierte ihn in ungeheurer Geschwindigkeit über die normalen Menschen hinaus, zum größten Star des 20. Jahrhunderts. Nur wenig später, im Dezember 1969, war Michael Jackson der erste massenmediale Kinder-Popstar. Eine Sensation. Jackson war 20 Jahre alt, als er *Off the Wall* produzierte. Das Album wurde allein in den USA sieben Millionen Mal verkauft – und machte ihn zum Superstar. Jackson wurde zum King of Pop und setzte auch wirtschaftlich Maßstäbe, sein Manager handelte den höchsten Gewinn der Popgeschichte aus. Alles was Jackson anfasste, strahlte. Alle sieben Singles aus seinem Album *Thriller* kamen in die amerikanischen Top Ten, das Musikvideo zum Song *Thriller* verkaufte sich über eine Million Mal. Michael Jackson war ganz oben. *Thriller* blieb zwei Jahre lang in den Charts und gilt heute als das erfolgreichste Studioalbum aller Zeiten, wie viele Platten wirklich verkauft wurden, weiß niemand, es wird behauptet 65 Millionen. „Mein ganzes Leben spielt sich auf der Bühne ab. Andere Menschen erlebe ich nur, wenn sie mir applaudieren oder hinter mir herrennen." Kurz vor seinem Tod Anfang 2009 kündigte Jackson eine Reihe von 50 Konzerten in London an. Die ersten zehn Konzerte waren innerhalb weniger Stunden ausverkauft.

Die Kehrseiten des Erfolgs

Michael Jackson bewohnte einen eigenen Planeten, es war einsam dort. Es war sein Unglück, das ihn antrieb. Er wurde von klein auf für die Bühne dressiert. Es gibt eine Anekdote aus dem Familienleben der Familie Jackson, sie berichtet davon, wie der Vater seinen kleinen Sohn auf eine angestellte Herdplatte stellte, er wollte, dass er schneller tanzt. Vor den Augen der Welt verwandelte sich Jackson durch viele Schönheitsoperationen allmählich von einem schwarzen Popstar in ein Fabelwesen von einem anderen Stern. Die roboterhaften Puppen, eine der Attraktionen in seinem Vergnügungspark, seien ihm lieber als „echte Menschen", sagte Jackson, denn sie zerrten nicht an seinen Sachen und fragten ihn nicht nach Autogrammen. Jacksons bester Freund in jenen Jahren war ein Schimpanse. Jackson verschleuderte sein Geld dreimal schneller, als er es verdiente.

nach: Der Spiegel 27 vom 29.06.2009
(aus didaktischen Gründen bearbeitet und gekürzt)

M2 Jake Lloyd

In den 1990er Jahre galt Jake Lloyd als aufstrebender Kinderstar in Hollywood. In *Star Wars: Episode I – Die dunkle Bedrohung* spielt er den jungen Anakin Skywalker. Während Fans und Kritiker den damals Zehnjährigen feierten, wurde sein Privatleben zur Hölle.

Erstmals hat der mittlerweile 22-Jährige jetzt über die schwerste Zeit seines Lebens gesprochen. „Die anderen Kinder waren wirklich gemein zu mir", sagte Lloyd in einem Interview […]. „Jedes Mal wenn sie mich sahen, haben sie den Sound eines Laserschwerts nachgemacht."

Der Neid seiner Mitschüler und die Aufmerksamkeit der Öffentlichkeit belasteten den Kinderstar schwer: „Mein ganzes Schulleben war eine einzige Hölle – und ich hatte bis zu 60 Interviewtermine am Tag."

Seine Kindheit zwischen Mobbing und Ruhm war so traumatisierend, dass Jake seine Schauspielkarriere schließlich an den Nagel hängte – alle Andenken an seine Zeit als *Star Wars*-Star hat er mittlerweile zerstört. „Ich habe es zu hassen gelernt, wenn Kameras auf mich gerichtet sind", so Lloyd.

www.vip.de

M3 Macaulay Culkin

Bestimmt kennt ihr den Schauspieler Macaulay Culkin! Auch wenn seine Filme aus den 1990er-Jahren stammen, laufen sie doch immer wieder im Fernsehen und fast jede/r von uns hat schon einmal die Komödie *Kevin allein zu Haus* oder den romantischen Film *My Girl – Meine erste Liebe* gesehen. Süß und sympathisch wirkt der blonde Junge da und der Kinderstar war damals sehr beliebt und bekannt. Doch das änderte sich, als er älter wurde. Filmangebote blieben aus und auch privat hatte er nicht viel Glück. Als er 14 war, ließen seine Eltern sich scheiden – eine schmerzliche Erfahrung, über die er dann in seiner 2006 erschienenen Autobiografie „Junior" berichtete. Danach hörte man nicht mehr viel von ihm, alle kurzen Meldungen über den einstigen Kinderstar waren eher traurig. Sie berichteten von Alkohol, Drogen, einer Bewährungsstrafe oder seiner Scheidung.

AUFGABEN

1. Fasst zusammen, wie Michael Jackson erfolgreich und berühmt wurde. > M1
2. Beschreibt (auch anhand der Bilder), wie die Kehrseiten von Jacksons Erfolg aussahen. > M1
3. Untersucht, zu welchen Problemen der Kinoerfolg der *Star Wars*-Filme für Jake Lloyd geführt hat. > M2
4. Stellt dar, was Macaulay Culkin erlebt hat. > M3
5. Tauscht euch darüber aus, ob ihr selbst gerne Kinderstars wärt. Begründet eure Auffassungen. > M2/M3

(W: 3, 4)

Glücksrezepte?

M1 Ein Weg zum Glück

Hans hatte sieben Jahre bei seinem Meister gearbeitet, da sagte er zu ihm: „Nun möchte ich wieder nach Hause zu meiner Mutter!" Und weil er immer fleißig und ehrlich gewesen war, gab ihm der Meister als Lohn einen großen Klumpen Gold. Hans wickelte ihn in ein Tuch, band es zu, steckte einen Stock hindurch und legte ihn über die Schulter. Er verabschiedete sich und machte sich fröhlich auf den Weg. Aber bald wurde ihm der Goldballen zur Last:

Hans ließ sich freudig auf den Tausch ein und setzte sich auf das Pferd. Nach einiger Zeit wollte er schneller reiten und rief: „Hopp, hopp!" Das Pferd begann zu laufen und Hans flog im hohen Bogen in den Straßengraben. Da kam ein Bauer mit seiner Kuh die Straße entlang und half ihm hoch. Hans schimpfte über das Pferd und sagte: „So eine Kuh ist doch ein ruhiges Tier. Auch Milch gibt sie. Sie ist besser als das Pferd." Der Bauer antwortete: „Wir wollen tauschen. Ich gebe dir meine Kuh und du gibst mir dein Pferd." Hans freute sich, dass er das böse Pferd los war, und zog mit seiner Kuh davon.

Brüder Grimm:
> S. 25

Nach einiger Zeit bekam er Durst. Er band die Kuh an einen Baum und wollte sie melken, aber sie gab keinen Tropfen Milch. Weil Hans so ungeschickt war, schlug sie aus und traf ihn mit dem Huf. Nun schimpfte er über die dumme Kuh.

Da kam ihm ein Fleischer mit einer Schubkarre entgegen, auf der ein Schwein saß. Weil er Hunger hatte und Schweinefleisch ihm gut schmeckte, tauschte er die Kuh gegen das Schwein.

Danach traf er einen Mann mit einer Gans unter dem Arm, der ihm erzählte: „Im Dorf hat jemand ein Schwein gestohlen." Da bekam Hans Angst und wollte das Schwein nicht mehr haben. Er tauschte es gegen die Gans und ging fröhlich weiter.

Als Nächstes begegnete er einem Scherenschleifer, und weil er Gefallen am Scherenschleifen fand, tauschte er die Gans gegen einen Schleifstein.

Schließlich kam er an einen Brunnen. Vorsichtig legte er den schweren Stein auf den Rand, um Wasser zu schöpfen. Dabei stieß er an den Stein und dieser fiel in den Brunnen. Nun hatte Hans gar nichts mehr. „Was bin ich doch für ein Glückskind! Nun muss ich den schweren Stein nicht mehr tragen", rief er, ging fröhlich weiter und war bald daheim bei seiner Mutter.

nach: Märchen der Brüder Grimm

M2 Jeder ist seines Glückes Schmied

David verstand sich mit seinem Opa Léon glänzend. Sie bastelten im Schuppen Nachmittage lang zusammen, seinen Kummer konnte David mit ihm besprechen. Selbst als er einmal eine Klasse wiederholen musste, hielt der Opa zu ihm und machte ihm Mut. Doch als er auch die sechste Klasse nicht bestand, war alles anders.

Ich kam zu den Großeltern wie immer und Opa Léon antwortete mir nicht einmal, als ich ihn grüßte. Wir aßen schweigend, und nach dem Kaffee blieb er einfach sitzen. „Opa Léon?" – „Was?" – „Gehen wir in den Schuppen?" – „Nein." – „Warum nicht?" – „Weil mir deine Mutter die schlechte Nachricht mitgeteilt hat …" – „…" – „Ich verstehe dich nicht. Du hasst die Schule, aber du tust alles, um so lange wie möglich dort zu bleiben …" Ich antwortete nicht. „Aber du bist nicht so dumm, wie man es dir einredet. Oder doch?" Sein Ton war streng. „Ja." – „Mensch, das macht mich noch wahnsinnig! Natürlich ist es viel einfacher zu sagen, man ist eine Null. Und dann kann man die Hände in den Schoß legen! Natürlich! Das ist Schicksal! Es ist so einfach zu glauben, dass man dazu verdammt ist. Also! Was hast du jetzt vor? Du wirst die siebte wiederholen und dann die achte, und mit ein wenig Glück hast du dein Abitur mit 30 Jahren!" Ich zupfte an einer Kissendecke herum und wagte nicht hochzugucken. „Nein wirklich. Ich verstehe dich nicht. Auf jeden Fall zähle nicht mehr auf den alten Léon. Ich mag Leute, die ihr Leben in die Hand nehmen. Ich mag keine Feiglinge, die sich beklagen und wegen mangelnder Disziplin von der Schule fliegen. Das hat wirklich keinen Sinn. Gefeuert werden und dann sofort sitzen bleiben. Bravo! Feine Sache. Herzlichen Glückwunsch! Wenn ich daran denke, dass ich dich immer verteidigt habe … Immer. Ich habe deinen Eltern gesagt, sie sollen Vertrauen haben, ich habe Entschuldigungen für dich gefunden, ich habe dich ermutigt! Ich will dir was sagen, mein Freund: Es ist viel leichter unglücklich zu sein als glücklich, und ich, hörst du, ich mag die Leute nicht, die den Weg des geringsten Widerstands gehen, ich mag keine Jammerlappen! Verdammt, sei glücklich. Tu etwas, streng dich an, um glücklich zu sein!"

Anna Gavalda

Anna Gavalda (*1970): frz. Schriftstellerin und Journalistin

M3 Der Glückstank

Glück ist wie ein Treibstoff, den man zum Leben braucht. Wie jeder Treibstoff muss auch das Glück immer wieder nachgetankt werden. Dazu gehen die einen zu Freundinnen und Freunden, andere zum Sportplatz und in den Verein, wieder andere zu ihrem Musikinstrument oder mit dem Fahrrad auf Tour. So „aufgetankt", können sie den „Motor Alltagsleben" am Laufen halten. Er verbraucht den Glückstreibstoff, zum Beispiel wenn es Ärger zu Hause oder in der Schule gibt, Enttäuschungen die Laune verderben oder Stress aufkommt.

AUFGABEN

1. Erläutert, warum der Goldklumpen Hans nicht glücklich macht und warum er das, was er besitzt, immer wieder gegen Anderes tauscht. Formuliert sein Glücksrezept in einem Satz. > M1
2. Stellt zusammen, welche Tipps Opa Léon zum Glücklichsein gibt, und besprecht sie. > M2
3. Erklärt anhand von Beispielen, wie man Glück auftanken kann. > M3

Glücklich werden – Tipps von Philosophen

M1 Diogenes – Ein Leben in der Tonne

Diogenes von Sinope (ca. 400-325 v. Chr.): gr. Philosoph

Hallo, ich bin Diogenes von Sinope und verachte die Lebensweise der Athener Bürger. Ich bin der Auffassung, dass man nur durch ein einfaches Leben in Bedürfnislosigkeit glücklich werden kann. Deshalb lebe ich vor den Toren der Stadt, schlafe in einer Tonne, die einmal ein Ölfass war und verzichtete auf allen Besitz. Was ich bis vor einiger Zeit zum Leben brauchte, war eine Essensschale und ein Trinkbecher. Aber als ich dann den Jungen sah, der mit bloßer Hand Wasser auffing, habe ich meinen Becher auch noch weggeworfen. Die Athener finden, dass ich ein Leben wie ein Hund führe. Deshalb haben sie mir den Beinamen Kynikos (von gr. *kynos* = Hund) gegeben. Meine Lehre habe ich nicht aufgeschrieben und werde es auch nicht tun, lieber bringe ich sie durch Handlungen zum Ausdruck, die die Leute aufschrecken und verstören sollen. Als einmal König Alexander der Große zu mir kam und mir sagte, ich hätte einen Wunsch frei, habe ich ihm entgegnet: „Geh mir aus der Sonne!"

M2 Aristoteles – Der mittlere Weg führt zum Glück

Aristoteles > S. 44

Schülerin: Aristoteles, eine Ihrer wichtigsten Schriften handelt vom Glück. Wie sind Sie auf dieses Thema gekommen?

Aristoteles: Ich habe beobachtet, dass Menschen alles, was sie tun, letztlich tun, um glücklich zu werden. Glück ist das höchste Gut, um das es ihnen in ihrem Handeln geht.

Schülerin: Und was ist das – Glück?

Aristoteles: Ich sage dir erst einmal, was es nicht ist: nämlich Spaß. Wenn unser Ziel nur darin bestünde, unsere Bedürfnisse zu befriedigen und Spaß zu haben, wären wir nicht viel mehr als Schweine, denen es nur darum geht, zu fressen und zu saufen und sich genussvoll im Schlamm zu wälzen. Das menschliche Glück muss also etwas mit dem zu tun haben, was für Menschen kennzeichnend ist: mit dem Denken, dem Verstand.

Schülerin: Und was bedeutet das nun für mein Handeln?

Aristoteles: Lass dich nicht einfach von dem leiten, wozu du gerade Lust oder Unlust hast. Überlege bei allem, was du tust, ob es richtig ist, deinen Gefühlen zu folgen. Nehmen wir z. B. das Gefühl der Angst. Aus lauter Angst vor jeder kleinen Gefahr wegzurennen, wäre feige. Manchmal muss man all seinen Mut zusammennehmen, z. B. wenn es darum geht, einem anderen in einer Notsituation zu helfen. Es ist jedoch wichtig zu erkennen, wann eine Gefahr so groß ist, dass man selber zu Schaden kommt. Beispielsweise wäre es leichtsinnig und übermütig, in ein Haus zu rennen, das lichterloh brennt, um noch ein paar Dinge daraus zu retten. Und so ist es auch in vielen anderen Situationen: Mut ist immer die Mitte zwischen Feigheit und Übermut. Das Richtige liegt zwischen den Extremen. Und ein gutes und glückliches Leben kann man nur führen, wenn man sich von den Extremen fernhält und den mittleren Weg wählt.

M3 Seneca – Post aus dem antiken Rom

Meine liebe Leserin, mein lieber Leser,

eines ist dir sicher klar: Alle Menschen wollen ein glückliches Leben führen – also auch du! Wie soll das aber klappen?
Nun, ganz einfach ist es nicht. Erst einmal solltest du dir unbedingt klar machen, dass du allein für dein Glück verantwortlich bist. Auf deine Einstellung, auf die richtige Haltung kommt es an. Du musst dir klar machen, dass man manche Ereignisse einfach nicht beeinflussen kann, und die sollten dich nicht aufregen. Ein Beispiel: Ob du gesund bleibst, kannst du natürlich zu einem guten Teil mitbestimmen, indem du in vernünftigem Maß Sport treibst, genug Obst und Gemüse isst, nicht zu viele Süßigkeiten naschst usw. Und trotzdem kann es dir passieren, dass du krank wirst. Deshalb ist es wichtig, eine gelassene Haltung den Dingen gegenüber zu entwickeln, die einfach geschehen können, ohne dass du etwas falsch gemacht hast. Nur wenn du ganz ruhig bist und du keine Angst vor dem hast, was dir ohne dein Verschulden passieren kann, kannst du ein glückliches, unbeschwertes Leben führen.
Noch ein anderes Beispiel: Ob du an einem Nachmittag Spaß mit deinen Freunden hast, liegt nicht allein in deiner Hand. Vielleicht haben deine Freunde eine schlechte Klassenarbeit zurückbekommen oder sind einfach nur müde und daher schlecht drauf. Auch hier ist wieder deine Einstellung gefragt: Mach deine Freude und dein Glück niemals von anderen abhängig! Schöner ist es natürlich, wenn alles so läuft, wie du es dir wünschst. Wenn das aber nicht möglich ist, lass dir deine Laune nicht verderben, bleib gelassen und ruhig. Nur wenn du wirklich unabhängig von äußeren Ereignissen bist, kannst du dauerhaft und zuverlässig glücklich sein. Das sagt uns die Vernunft, und das wünsche ich dir von ganzem Herzen!

Dein Seneca

Seneca (ca. 1-65 n. Chr.): römischer Philosoph und Politiker

AUFGABEN

1. Erläutert, auf welche Weise Diogenes nach Glück strebt. Was will er mit seiner Reaktion auf Alexanders Angebot zum Ausdruck bringen? > M1
2. Stellt dar, wie man Aristoteles zufolge glücklich werden kann. > M2
3. Erläutert, welche Einstellung nach Seneca zum Glück führt. > M3
4. (H) Vergleicht die Auffassungen der drei Philosophen und beurteilt sie. > M1-M3

plus: Formuliere die philosophische Vorstellung vom Weg zum Glück, die dich besonders überzeugt, in eigenen Worten und übernimm sie in dein Buddy Book.

Glück und Sinn

M1 Hectors Reise oder die Suche nach dem Glück

Der französische Psychiater Hector war unzufrieden, weil er seine Patienten nicht glücklich machen konnte. Deshalb begab er sich auf eine Reise durch die Welt, um dem Geheimnis des Glücks auf die Spur zu kommen. In einem armen afrikanischen Staat traf er seinen alten Freund Jean-Michel wieder, der dort als Arzt in einem Krankenhaus tätig war.

Sie gelangten zu einem Gebäude, das man direkt an eine kleine Kirche angebaut hatte. Über dem Eingang stand geschrieben „Polyklinik", und draußen auf einer Bank im Schatten saßen jede Menge schwarze Frauen und warteten mit ihren Babys. Sie schauten auf Hector und lächelten, als er mit Jean-Michel hineinging, und Jean-Michel erklärte ihm, dass sie gewiss glaubten, Hector sei ein neuer Arzt. [...] Drinnen gab es junge schwarze Damen in weißen Kitteln. Sie untersuchten die Babys, und ein junger Mann war auch dabei. Sie freuten sich sehr, als Jean-Michel und Hector hereinkamen. Jean-Michel erklärte, dass es Krankenschwestern und ein Krankenpfleger waren, aber dass sie viele Arbeiten machten, die in Hectors Land nur ein Arzt erledigen durfte, und dass er selbst nur vorbeikam, um nach den Kindern zu sehen, deren Krankheiten ein bisschen kompliziert waren. Hinterher hatte Jean-Michel nämlich noch drei andere Polikliniken abzufahren.

Hector ließ ihn in Ruhe arbeiten, und draußen traf er Marcel, [...] [einen Angestellten, den er fragte,] weshalb die Leute hier zufriedener wirkten als in der Stadt.

„Auf dem Lande kann man mit einem Gemüsegarten und ein paar Hühnern immer durchkommen. Und dann bleiben die Leute in den Familien, sie helfen sich gegenseitig. In der Stadt schaffen es die Leute nicht, sich aus dem Schlamassel zu ziehen, wenn sie kein Geld haben. Also gehen die Familien kaputt, es gibt eine Menge Alkohol und Drogen, und dann sehen die Leute ja auch, was sie sich kaufen könnten, wenn sie das nötige Geld hätten. Hier draußen gibt es viel weniger Versuchungen." [...]

[Später traf sich Hector in seinem Hotel wieder mit Jean-Michel.]

Hector fragte Jean-Michel, ob er glücklich sei. Darüber musste Jean-Michel lachen. „Ich stelle mir diese Frage gar nicht, aber ich glaube, dass ich es bin. Ich mache eine Arbeit, die ich liebe, ich weiß, dass ich sie gut mache, und außerdem fühle ich mich hier wirklich nützlich. Und dann sind die Leute freundlich zu mir, du hast ja gesehen, wir bilden ein richtiges Team. [...] Hier hat jeder meiner Tage einen Sinn." [...] „Und dann fühle ich", sagte Jean-Michel, „dass man mich so liebt, wie ich eben bin." [...] Hector [sagte]: „Stimmt. Ich glaube, so glücklich wie jetzt habe ich dich noch nie erlebt."

François Lelord

François Lelord (*1953): frz. Psychiater und Schriftsteller

M2 Helfen macht glücklich!

Helfen macht glücklich! Warum? Weil wir meistens eine direkte Rückmeldung auf unser Handeln bekommen. Das kann ein Lächeln, eine Geste oder ein Wort sein. Wenn man jemandem hilft und dieser sich dafür bedankt, dann ist das die höchste Bewertung unserer ehrenamtlichen Tätigkeit. […]

Hilfsbereitschaft ist eine Tugend. Für mich ist sie ein Grundpfeiler meines Lebens.

Wenn ich anderen nicht helfen kann, bin ich unglücklich. Ich fühle mich nicht gebraucht und eigennützig. Helfe ich meinen Mitmenschen aber, dann macht mich das stolz. Es macht Spaß, sich auch mal um andere zu kümmern. Sich für andere einzusetzen. […]

Mir geht es so mit meinem Chor: Wenn ich sehe, wie die kleinen Mädels in meinem Jugendchor sich weiterentwickeln und ich ihnen nützliche Tipps geben kann, durch die sie ihre Gesangstechnik verbessern und an Bühnenerfahrung gewinnen können, dann geht mein Herz auf. Ich bin stolz auf sie und das macht mich überglücklich.

Wer also freiwillig arbeitet, sucht nicht nur nach Selbstbestimmung, sondern auch gewissermaßen nach Sinnhaftigkeit. […] Es geht darum, Ziele zu erreichen, die man sich selbst setzt. […] Klar, man könnte die freie Zeit auch einsam und auf der heimischen Couch verbringen.

Aber die ehrenamtliche Tätigkeit gibt einem etwas, das einem das Nachmittagsprogramm im Fernsehen nicht geben kann: Man bekommt eine sinnvolle Aufgabe, von der man weiß, dass sie wichtig ist. Das Gefühl, etwas Sinnvolles zu tun und seine Zeit nicht zu „verschwenden", kann einem ungemeinen Halt geben.

Eva Selenko

Eva Selenko: britische Arbeitspsychologin

M3 Sinn erfahren

Was häufig gemeint ist, wenn nach „Glück" gefragt wird, ist eigentlich „Sinn". Was aber ist Sinn? Davon, dass etwas „Sinn macht", ist immer dann die Rede, wenn Zusammenhänge erkennbar werden, wenn also einzelne Dinge, Menschen, Begebenheiten, Erfahrungen nicht isoliert für sich stehen, sondern in irgendeiner Weise aufeinander bezogen sind. So lässt sich sagen: Sinn, das ist Zusammenhang, Sinnlosigkeit demzufolge Zusammenhanglosigkeit. […] Jede Beziehung, die Menschen zueinander pflegen und die einen starken Zusammenhang zwischen ihnen stiftet, erfüllt sie offenkundig mit Sinn.

Wilhelm Schmid

Wilhelm Schmid (*1953): dt. Philosoph

AUFGABEN

1 Haltet ihr Jean-Michel, der in einer sehr armen Gegend Afrikas auf dem Lande lebt, für einen glücklichen Menschen? Begründet eure Antworten. > M1

2 Erläutert, warum Helfen nach Eva Selenko glücklich macht. > M2

V 3 Erklärt, was nach Ansicht von Wilhelm Schmid dazu beiträgt, glücklich zu werden. > M3

plus Schreibe eine Erklärung für dein Buddy Book, ob es dich glücklich macht, anderen zu helfen.

Geteiltes Glück

M1 Drei Kilo Glück

Um sich etwas Gutes zu tun, hat sich Aurelia die neueste CD ihrer Lieblingssängerin gekauft. Als sie in einem Schaufenster einen hübschen Schlüsselanhänger entdeckt, kauft sie ihn für ihre Freundin Claudia, die Schlüsselanhänger sammelt. Und auf einmal stellt Aurelia zu ihrer Überraschung fest, dass sie sich darüber, Claudia eine Freude zu machen, fast genau so sehr freut wie über ihre eigene CD.

Das Glück hat einen sehr praktischen Nebeneffekt: Wenn man es weitergibt, vergrößert es sich! Das ist eine Besonderheit: Wer etwas verschenkt, hat normalerweise danach weniger!

Brigitte Labbé (*1960): frühere Marketing-Fachfrau, Buchautorin

Glück lässt sich natürlich weder wiegen noch messen. Aber stellen wir uns doch einmal vor, dass Felix mit drei Kilo Glück in der Tasche herummarschiert. Er trifft seinen besten Freund Jens und erzählt ihm von den drei Kilo Glück. „Jens, stell dir vor: Ich habe drei Kilo Glück in der Tasche!" Jens freut sich. „Toll, das ist aber schön für dich!" Da Jens sich für Felix freut, hat er plötzlich auch ein Kilogramm Glück in der Tasche. Felix bemerkt dies und – hopp! – aus seinen ursprünglich drei Kilo sind plötzlich vier Kilo geworden. Es kann sich nur um Zauberei handeln. Aber nein, es ist keine Magie: Glück erzeugt weiteres Glück.

Brigitte Labbé

M2 Wenn jeder an sich denkt

„Hubert – das ist mein Onkel – sagt immer: ‚Jeder ist sich selbst der Nächste.' Stimmt doch, oder?" Charly lachte, als er das sagte. Er hatte sich gerade das größte Stück Pizza genommen. Die Stücke der anderen waren kaum halb so groß.

„Das ist doch purer Egoismus, richtig rücksichtslos und ungerecht", sagte Corinna. Sie war empört. „Zugegeben: wir denken meistens zuerst an uns, aber richtig ist das nicht."

Pit hatte sich auch über Charly geärgert, redete dem jedoch meistens nach dem Mund. Er sagte: „Und Heinrich – das ist *mein* Onkel –, der hat auch einen guten Spruch, nämlich: ‚Wenn jeder an sich denkt, ist an alle gedacht.'"

Auch Corinna lachte, sie sagte: „Stimmt, der Spruch ist gut, weil er logisch ist. Wenn jeder an sich denkt, ist wirklich an alle gedacht. Trotzdem gefällt er mir nicht wirklich." Sie bekam Unterstützung von Trixi, die Charly vorwurfsvoll anschaute. Sie sagte: „An sich denken heißt doch: sich um sich selbst kümmern. Wenn – ich betone *wenn* – wenn sich jeder um sich kümmert, dann gibt es für jeden jemanden, der sich um ihn kümmert, nämlich ihn selbst. Das klingt kompliziert, ist aber einfach."

Die anderen nickten, während Trixi einen Schluck Cola trank. „Aber", fuhr sie fort, „der Satz ist nicht mal halb so gut, wie ihr glaubt."

„Wieso nicht?", fragte Charley. Er fühlte sich angesprochen. „Es genügt doch, wenn jeder an sich selbst denkt."

„Genau das ist es, weshalb der Satz so doof ist." Trixi wollte gerade zu einer Erklärung ausholen, da unterbrach Corinna sie. „Ich weiß, was du meinst. Es kann sich nämlich nicht jeder um sich selbst kümmern."

„Wieso nicht?", wollte Pit wissen.

„Eigentlich kann sich das jeder denken", sagte Corinna und schaute die anderen der Reihe nach an. Marvin, der sich bis jetzt zurückgehalten hatte, schluckte das letzte Stückchen Pizza herunter und sagte: „Glaubst du denn, kleine Kinder und auch größere Kinder könnten sich um sich selbst kümmern? Oder Alte, die wackelig geworden sind und halb taub oder nicht mehr gut sehen können? Glaubst du denn, Kranke könnten sich um sich selbst kümmern? Warst du noch nie krank, hat dir niemand geholfen? Jeder braucht mal Hilfe von anderen, das könnt ihr euch an den zehn Fingern ausrechnen. Wir würden doch alle nicht einmal leben, wenn sich niemand um uns gekümmert hätte."

Er hatte sich in Rage geredet, anscheinend hatte er noch Hunger. Die Mädchen hatten zustimmend genickt, Pit machte ein schuldbewusstes Gesicht, Charly guckte trotzig. Marvin war mit seiner Rede noch nicht fertig. „Natürlich müssen wir nicht nur an andere denken", sagte er, „aber ein bisschen Rücksicht, ein bisschen Hilfsbereitschaft, auch Teilenkönnen, das tut allen gut, das macht das Leben leichter." Er wandte sich an Charly. „Sag bloß, das stimmt nicht."

Charly dachte angestrengt nach, bevor er den Mund aufmachte: „Mein Onkel Hubert würde jetzt sagen: ‚Richtige Männer denken da anders. Man muss sich durchsetzen können. Ellbogen sind wichtig. Nur Loser nehmen Rücksicht. Ich bin ein Gewinner-Typ.' So würde Hubert reden. Aber", er merkte die Ablehnung der anderen, „ich bin nicht Hubert. Manchmal finde ich ihn cool mit seinen Sprüchen. Wenn ich aber ausnahmsweise mal nachdenke", er lächelte verlegen und schob dabei den Unterkiefer vor, „dann merke ich doch, dass er einfach ein Angeber ist. Was er sagt, ist eigentlich ätzend. Ja, ihr habt mich überzeugt, und weil ich so gefräßig war, gebe ich eine Familienpizza aus, belegt mit allem, was ihr wollt."

Corinna sagte: „Nun übertreib' mal nicht. Eine gute Pizza Margherita tut's auch." Die anderen stimmten zu.

Als sich Charly etwas schwerfällig erhob, sah man nur zufriedene Gesichter. *Helmut Engels*

Rage (frz.): Wut

Helmut Engels
> S. 64

M3 Mitgefühl

Willst du andere glücklich machen,
so zeige Mitgefühl.
Dann wirst du auch selbst glücklich sein.
Dalai Lama

Dalai Lama:
> S. 69

AUFGABEN

1. Erläutert anhand der im Text genannten Beispiele, wie sich Glück vermehren lässt. Führt auch eigene Beispiele an. > M1
2. Stellt dar, wie Corinna, Trixi und Marvin den Satz „Wenn alle an sich denken, ist an alle gedacht" beurteilen, und begründet eure eigene Meinung zu dieser Aussage. > M2
3. Erläutert die Aussage des Dalai Lama mithilfe von Beispielen und nehmt Stellung dazu. > M3

Was zu einem guten Leben gehört

M1 Auf Hilfe angewiesen

M2 Verantwortliches Handeln im Alltag

Mila hat zwei Geschwister. Ihre Mutter muss nachmittags manchmal einige Dinge erledigen, bei denen sie ihre kleineren Kinder, Max (3) und Lea (5), nicht mitnehmen kann. Dann bittet sie Mila, auf die beiden aufzupassen. Meistens liest Mila ihnen etwas vor oder spielt mit ihnen und achtet darauf, dass sie nichts anstellen. Wenn sie Hunger oder Durst haben, gibt sie ihnen etwas zu essen oder zu trinken. Wenn ihre Mutter zurückkommt, lobt sie Mila immer und sagt: „Du bist wirklich eine große Hilfe. Das finde ich richtig toll!"

Simon und Hannes gehen zusammen in die Klasse 5d. Vor einigen Wochen kam Mustafa, ein Junge aus Afghanistan, als neuer Schüler in ihre Klasse. Er ist sehr nett, aber spricht kaum Deutsch und macht nur selten seine Hausaufgaben, weil er nicht weiß, was er tun muss. Da haben Simon und Hannes beschlossen, abwechselnd nachmittags zu ihm zu gehen und ihm zu helfen. Seitdem macht Mustafa in der Schule richtig gute Fortschritte.

INFO

Gutes Leben und Verantwortung

Alle Menschen haben einen Anspruch darauf, glücklich zu sein. Deshalb ist es wichtig, dass jeder in seinem Handeln Verantwortung übernimmt und z. B. darauf achtet, gerecht zu sein und mit anderen zu teilen, sodass alle gut leben können.

M3 Wie junge Menschen in 72 Stunden die Welt verbessern

Die Aktion „72-Stunden – Uns schickt der Himmel" des Bundes der Deutschen Katholischen Jugend (BDKJ) wurde am 21. November 2019 mit dem Bambi Zukunftspreis ausgezeichnet.

Rund 80.000 junge Menschen in ganz Deutschland machen die Welt ein bisschen besser. Vom 23. bis 26. Mai setzen rund 3.300 Aktionsgruppen soziale Projekte im Rahmen der 72-Stunden-Aktion um und beweisen wieder einmal, dass Jugendliche die Zukunft der Gesellschaft aktiv mitgestalten. [...] Von Harrisslee direkt an der dänischen Grenze bis Garmisch-Partenkirchen setzen sich junge Engagierte aus katholischen Jugendverbänden und vielen weiteren Gruppen für Mitmenschen, für die Umwelt, für Solidarität und Gerechtigkeit, für Bildung sowie für ihr unmittelbares Zuhause ein. [...]

Die Projekte sind breit gefächert und reichen von Tauchgängen im Tegernsee mit dem Ziel, den Grund von Müll zu befreien, über die Organisation von Kinderfesten mit Themenschwerpunkten bis hin zum Bau von Insektenhotels. Marius H. (16) aus der KjG Lindlar ist hochmotiviert: „Wir merken, wie in unserer Region immer mehr Bäume abgeholzt werden und es immer weniger Grünflächen gibt. Mit unserer Aktion wollen wir ein Zeichen setzen, sich wieder mehr um die Umwelt zu kümmern."

Auch Max P. (29) von der HöVi-Jugend in Köln freut sich auf die 72 Stunden Engagement: „Wir machen mit Jugendlichen etwas für Jugendliche: gemeinsam bauen wir aus Paletten Möbel, die in Jugendeinrichtungen in unseren Vierteln Orte schaffen, an denen sich junge Menschen gerne treffen. Und wenn wir schon dabei sind, bauen wir noch ein paar Möbel für die Kinderstadt HöVi-Land unserer Gemeinden."

Mareike Thieben

KjG: Katholische junge Gemeinde

HöVi: der Kölner Stadtteil Höhenberg/Vingst

M4 Aktion „Pro Humanität"

Schülerinnen und Schüler der Realschule Rees übergaben der Vorsitzenden der Aktion Pro Humanität, Dr. Elke Kleuren-Schryvers, im Juli 2017 4500 Euro, die sie im Laufe des Schuljahres durch vielfältige Aktionen gesammelt hatten. Sie hatten Sponsoren-Schwimmen, T-Shirt- und Schulmaterialien-Aktionen, einen Frühstücks-Service und ein Schulfest organisiert, um den Bau von Brunnen im Niger und die medizinische Versorgung von Kindern in Westafrika zu unterstützen. Dank des Beitrags der Schüler und weiterer großzügiger Spenden konnte die Aktion Pro Humanität zuletzt einen mobilen Operationstrakt nach Gohomey in Benin schicken. Das Entwicklungsland gehört zu den ärmsten Regionen der Welt. Weil es dort keine Stromversorgung gibt, wurde der Operationstrakt mit einem eigenen Stromaggregat ausgestattet.

AUFGABEN

1 Stellt dar, aus welchen Gründen die abgebildeten Personen hilfsbedürftig sind und wie ihnen geholfen wird. > M1

2 Beschreibt, wofür die Kinder und Jugendlichen Verantwortung übernehmen. Findet weitere Beispiele für verantwortliches Handeln. > M2

3 Erläutert, wofür die Jugendlichen Verantwortung übernehmen und warum sie es tun. > M3/M4

plus Frage in deinem Stadtteil oder deiner Gemeinde nach, wie du dich engagieren kannst. Formuliere für dein Buddy Book eine Idee für ein Hilfsprojekt.

Für eine gerechte Zukunft

M1 Wilbur aus Ecuador

Wilbur Carreño, 10 Jahre alt, ist 1,20 m groß und wiegt 25 kg. Er ist klein für sein Alter, aber genau deshalb gut für seine Arbeit geeignet. Jeden Nachmittag ist er damit beschäftigt, auf Bananenbäume zu klettern, die viermal so groß sind wie er. Wilbur ist Experte im Festbinden der schweren Zweige, um zu verhindern, dass sich die Bananenbäume unter dem Gewicht der Früchte biegen. „Mit acht Jahren habe ich angefangen zu arbeiten“, erzählt er. [...] In Ecuador, wo Wilbur lebt, arbeitet jedes vierte Kind. Die Kinder sind auf den Bananenplantagen chemischen Gefahren ausgesetzt, müssen Lasten schleppen, die doppelt so schwer sind wie sie selbst, und mit großen und scharfen Messern hantieren.

www.aktiv-gegen-kinderarbeit.de

M2 Die „faire“ Banane

Was ist denn schon fair? Und was hat fair sein mit einer Banane zu tun? Zugegeben – es klingt zwar komisch, aber jeder von uns kann fair sein, auch wenn wir nur eine Banane kaufen. Vielleicht ist dir im Supermarkt, schon einmal ein Logo oder Zeichen aufgefallen, auf dem das Wort „fair“ zu lesen war. Immer dann haben diese Produkte, also die Banane, die Schokolade, der Kaffee oder Tee eine besonders faire Geschichte. Eine Geschichte, in der es darum geht, unter welchen Bedingungen sie in diesem Regal gelandet sind. Ein Beispiel dafür ist die Geschichte von der „fairen“ Banane: Angebaut werden Bananen vor allem in Mittel- und Südamerika, aber auch in armen Ländern von Afrika. Selbst wenn die Menschen dort ganz viele Bananen ernten, bekommen sie nur wenig Geld dafür. Das ist ungerecht. Damit das besser läuft, haben sich Menschen aus der ganzen Welt zusammengetan, um sich für einen „Fairen Handel“ einzusetzen. Für die „faire“ Banane bedeutet das: Die Arbeiter und Arbeiterinnen auf den Bananenplantagen sollen gut behandelt werden und genug Geld bekommen für ihre Arbeit. Und zwar so viel Geld, dass sie davon auch Werkzeuge und Medikamente kaufen können und Schulen und Brunnen bauen können. Deshalb ist die „faire“ Banane im Supermarkt auch teurer als die normale Banane. Bisher gibt es den „fairen“ Handel nur für ein paar Lebensmittel. Dazu gehört auch Kakao für unsere Schokolade und Zucker, aus dem die Bonbons hergestellt werden.

Aber egal ob Banane, Kaffee oder Schokolade, es geht immer um das Gleiche: Was ist fair? Und fair ist, wenn all die [...] [Frauen und Männer], die hart auf den Plantagen arbeiten müssen, auch so viel Geld dafür bekommen, dass sie davon leben [...] [und ihre Kinder zur Schule gehen können. Kinderarbeit muss abgeschafft werden.].

www.kindernetz.de

M3 Die Welt als Dorf mit 100 Menschen

Niemand kann sich die Situation auf der Erde mit ihren derzeit ca. 8 Milliarden Menschen gut vostellen.

Leichter wird es, wenn man sich die Erde als ein Dorf mit 100 Einwohnern vorstellt. Von den 100 Menschen in diesem bunten und vielfältigenDorf sind 51 Frauen und 49 Männer. 59 von ihnen kommen aus Asien, 17 aus Afrika, 8 aus Lateinamerika, 5 aus Nordamerika, 1 aus Australien und Ozeanien und 12 aus Europa. Im Dorf gibt es ein Nobelviertel, in dem 19 Einwohner leben, die […] [die Hälfte] des gesamten Einkommens im Dorf erhalten, während sich die anderen 81 Einwohner die […] [andere Hälfte] aufteilen müssen. Da ist es kein Wunder, dass 48 Personen mit weniger als 5,5 Dollar am Tag auskommen müssen. Folglich sind die 48 ärmsten Einwohner unterernährt, während 36 […] an Übergewicht leiden. Die Menschen im Luxusviertel, die immer höhere Zäune um ihre Villen bauen, verbrauchen dabei knapp 2/3 der Energie. Im Armenviertel bleiben 28 Menschen ohne Abwasserentsorgung, 25 haben nicht mal sauberes Trinkwasser. Während die Lebenserwartung im Nobelviertel 78 Jahre beträgt, sterben die restlichen Einwohner im Dorf im Schnitt bereits mit 68 Jahren. Zwar ist in letzter Zeit im Dorf viel von neuer Kommunikationstechnik die Rede, doch besitzen [23 Einwohner kein Handy] […].

Peter Henkenborg
(Zahlen aktualisiert)

M4 Zukunftswettbewerb

Der Wettbewerb hat die Zukunft der Menschheit zum Thema. Es geht darum, sich in Form von Texten, Postern, Bildern, Filmen usw. mit verschiedenen Vorstellungen von einer lebenswerten Zukunft auseinanderzusetzen.

Gesucht werden Ideen zu der Frage: Was können wir – oder was kann ich – im eigenen Umfeld (z. B. in meiner Schule oder der Gemeinde bzw. Stadt) dazu beitragen, damit das Leben der Menschen in unserer Welt gut (oder besser) gelingt?

AUFGABEN

1. Stellt Vermutungen darüber an, warum Wilbur auf der Bananenplantage arbeiten muss. Nehmt Stellung zu seiner Situation. > M1
2. Erläutert, inwiefern fairer Handel dazu beitragen kann, dass es Kindern wie Wilbur und ihren Eltern besser geht. > M1/M2
3. (H) Arbeitsteilige Gruppenarbeit: Stellt die Verhältnisse im Dorf in Schaubildern dar und präsentiert sie euch gegenseitig. > M3
4. Erklärt, was mit dem Bild der Welt als Dorf zum Ausdruck gebracht werden soll, und nehmt Stellung dazu. > M3
5. (H) Führt den Wettbewerb in eurem Kurs / in eurer Jahrgangsstufe durch. > M3

Was wir wissen – was wir können

Wissen kompakt

Was zum Glück beiträgt
- loslassen, was belastet
- sein Glück in die Hand nehmen
- zufrieden sein mit dem, was man hat
- die Mitte zwischen Extremen finden
- sich nicht von äußeren Ereignissen abhängig machen
- einen Sinn im Leben finden
- …

Glücklich und gut leben
- Glück haben
- glücklich sein

Was das Glück behindern kann
- Gier
- sich mit anderen vergleichen
- Unzufriedenheit
- Neid
- …

Sich für das Glück anderer einsetzen
- nicht egoistisch sein
- Mitgefühl zeigen
- Verantwortung für andere übernehmen
- Notleidenden helfen
- sich für Gerechtigkeit stark machen
- …

KOMPETENZ-CHECK

Überprüfe dich selbst: Wenn du dich bei einem Punkt noch unsicher fühlst, lies und bearbeite (ggf. mit Partner/in) die passende Schulbuchseite noch einmal.

Ich kann ...		Meine Einschätzung – –	–	+	++
meine eigenen Glücksvorstellungen darstellen	> S. 120-123				
den Unterschied von „Glück haben“ und „glücklich sein“ erklären	> S. 124-125				
darstellen, wodurch Glücksgefühle hervorgerufen werden können	> S. 126-127				
erklären, was dem Glücklichwerden im Wege stehen kann	> S. 128-129				
beurteilen, ob Erfolg immer glücklich macht	> S. 130-131				
unterschiedliche Wege zum Glück darstellen und bewerten	> S. 132-133				
philosophische Glücksvorstellungen miteinander vergleichen und diskutieren	> S. 134-135				
erläutern, wie es zum eigenen Glück beiträgt, wenn man sich auch um das Glück der anderen bemüht	> S. 136-139				
an Beispielen verdeutlichen, dass es zu einem guten Leben auch gehört, Verantwortung für andere Menschen zu übernehmen	> S. 140-141				
Vorstellungen eines glücklichen und guten Zusammenlebens für die Zukunft aller Menschen entfalten und beurteilen	> S. 142-143				

Arbeitsblatt:
Kompetenz-Check „Glückliches und gutes Leben“

Mediencode: 21004-06

plus In den letzten Wochen hattet ihr die Aufgabe, ein Buddy Book mit dem Titel „Kleiner Leitfaden zum Glück“ zu erstellen. Kontrolliert, ob ihr alle Punkte berücksichtigt habt:

- Unterscheidung zwischen „Glück haben“ und „glücklich sein“
- Schaubild zu Glücksgefühlen
- Zusammenhang zwischen Geld und Glück
- Philosophische Vorstellung vom Weg zum Glück
- Erklärung, ob es glücklich macht, anderen zu helfen
- Idee zum Engagement in deinem Stadtteil

Gestaltet eure Buddy Books farbig und schmückt sie aus. Stellt sie euch anschließend gegenseitig vor und vergleicht sie miteinander.

Selbstdarstellung in den Medien

„Das Handy ist [...] der am häufigsten genannte Weihnachtswunsch deutscher Kinder."

Ergebnis einer Umfrage unter Kindern im Alter von 6-13 Jahren im Oktober 2018

AUFGABEN

1 Tauscht euch über das Ergebnis der Umfrage aus: Warum ist der Wunsch, ein Smartphone zu besitzen, bei Sechs- bis Dreizehnjährigen besonders groß?

2 Erläutert (auch anhand der Fotos), was den Reiz eines Smartphones im Vergleich zu anderen Medien (wie z. B. Büchern, Computern, Fotoapparaten etc.) ausmacht.

3 Gebt mögliche Gründe an, warum die Jugendlichen auf dem unteren Foto ein Selfie von sich machen (und es im Internet posten).

Medienalltag

M1 Ein ganz normaler Tag

Fabian (13) wird – wie er findet – unsanft durch den Wecker seines Smartphones aus dem Schlaf gerissen. Noch im Halbschlaf schaut er nach, wer ihm alles Nachrichten geschrieben hat, bevor er auch noch Instagram und Snapchat kontrolliert. „Erst einmal unter die Dusche!", denkt er und schaltet seine neueste Playlist auf Spotify an. Natürlich läuft sofort sein derzeitiges Lieblingslied. „Super Song", schießt es ihm durch den Kopf und er singt das Lied laut mit. Endlich wird er wach.

Als er nach unten kommt, sitzen seine Eltern und seine Schwester Lisa schon am Frühstückstisch. „Guten Morgen alle zusammen", sagt Fabian fröhlich. Sein Vater liest Zeitung und nickt ihm nur stumm zu, während seine Schwester ihm lediglich ein „Psst" zuraunt, weil sie bei der Show, die sie auf ihrem Tablet schaut, nicht gestört werden will. Seine Mutter winkt ihm fröhlich zu, während sie das Radio leiser stellt.

Fabians Unterricht beginnt mit einer Mathestunde. Frau Pfennig lässt wieder einmal einige Schülerinnen und Schüler Aufgaben aus dem Schulbuch an der Tafel rechnen. Auch Fabian muss nach vorne kommen. Zum Glück kann er die ihm gestellte Aufgabe schnell und richtig lösen.

In der dritten Stunde hat er Biologie. Frau Schwarze zeigt der Klasse einen kurzen Film auf YouTube über das Leben der Hamster, denn sie sprechen im Unterricht gerade über Nagetiere.

Im Kunstunterricht wirft Herr Siebert ein Bild von einer weinenden Frau, das er auf seinem Computer gespeichert hat, über einen Beamer an die weiße Wand des Kunstraumes. So kann die ganze Klasse das Bild in Übergröße sehen und auch Details erkennen, über die sie dann sprechen wollen.

Auf dem Heimweg im Bus denkt Fabian „Erst einmal entspannen" und holt sein Smartphone aus der Hosentasche. Bevor er sich über Kopfhörer die aktuellen Songs der Charts, die ihm seine Schwester Lisa vorgestern erst aufgespielt hat, anhört, macht er schnell noch ein Selfie von sich.

Zuhause angekommen hat seine Mutter sein Lieblingsessen, Schnitzel mit Kartoffeln und Spinat, zubereitet. Da summt sein Handy. Fabian hat eine Nachricht erhalten. Leon will sich mit ihm für den Nachmittag verabreden. „Aber vorher werden die Schularbeiten erledigt", sagt seine Mutter.

Fabian macht sich auf den Weg zu Leon. Sie spielen zusammen FIFA sowie Autorennspiele auf Leons Play-Station.

Nach dem gemeinsamen Abendessen sitzt die Familie noch zusammen vor dem Fernseher und sieht sich einen Film auf Netflix an.

Zeit, ins Bett zu gehen. Bevor Fabian das Licht ausmacht und sein Smartphone zur Seite legt, checkt er aber noch einmal alle sozialen Netzwerke, auf denen er unterwegs ist.

M2 Snapchat, Instagram und Co.

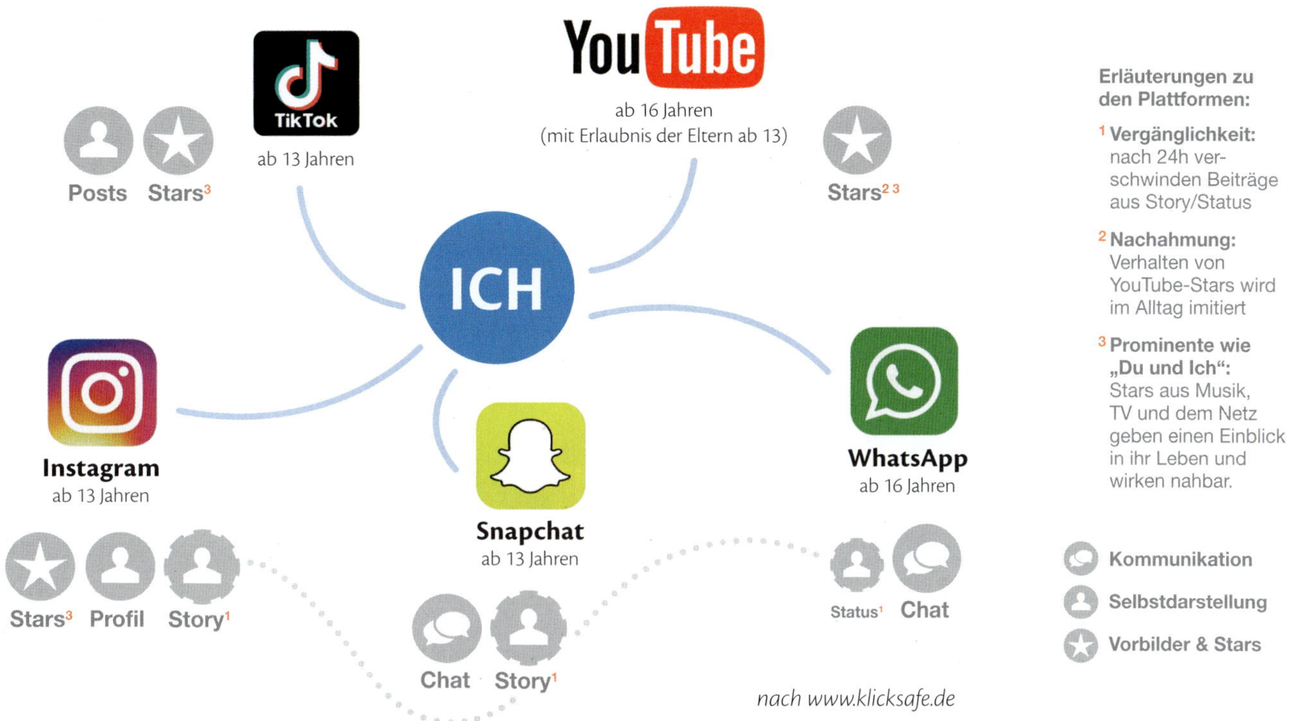

nach www.klicksafe.de

INFO

Soziale Medien (Social Media)

Unter *Social Media* versteht man Internet-Medien, über die man mit anderen in Kontakt treten und sich austauschen kann. Dazu gehören neben Blogs, Diskussionsforen oder Wikipedia auch soziale Netzwerke wie Facebook, WhatsApp, Snapchat etc. sowie Videoportale wie YouTube. Auf all diesen Plattformen kann man eigene Inhalte veröffentlichen, aber auch Beiträge anderer bewerten und kommentieren.

AUFGABEN

1. Beschreibt, welche Medien Fabian und seine Familie im Laufe eines Tages benutzen und wozu. > M1
2. Bestimmt, bei welchen dieser Medien es sich um traditionelle, bei welchen um neue handelt. Wodurch unterscheiden sie sich? > M1
3. Stellt dar, welche Nutzungsmöglichkeiten für die aufgeführten sozialen Netzwerke die Übersicht nennt, und nehmt Stellung dazu, für wie sinnvoll oder notwendig ihr diese haltet. > M2
4. (H) Führt in einer höheren Klasse eine Umfrage zur Nutzung sozialer Medien durch. Erstellt dazu vorab einen Fragebogen. > M1/M2

Ich und mein Selfie

M1 Ein Bild von mir

Johannes Gumpp (1626-nach 1646): österr. Maler

Johannes Gumpp: Selbstportrait (1646)

Vivian Maier (1926-2009): US-amerik. Freizeitfotografin, arbeitete als Haushälterin und Kinderfrau

Vivian Maier: Selbstportrait (ca. 1953)

Mädchen beim Erstellen eines Selfies (2018)

M2 Selfies posten

posten: einen Beitrag in den Sozialen Medien / im Netz veröffentlichen

Wenn ich [...] [Selfies] poste, dann schreiben Leute immer so süße Kommentare – das fühlt sich gut an!

Frouke, 12

All diese seltsamen Blicke und Gesichter, die Mädchen posten – das ist nicht meine Welt.

Kris, 12

Ich mag Selfies, weil du der Regisseur deines eigenen Films bist. Man kann alle möglichen Winkel und Arten von Beleuchtung ausprobieren oder den Gesichtsausdruck sofort anpassen.

Tim, 13

[Selfies] können eine große Anzahl von Gesichtsausdrücken zeigen und erinnern mich an die gute Zeit, die ich hatte, als das Bild aufgenommen wurde.

Bernd, 13

Ich kann mich auf Selfies schön finden, aber die Veröffentlichung in Social Media verunsichert mich auch manchmal, weil ich zeigen muss, wie toll mein Leben ist. [...] Ich versuche zu ignorieren, was Leute über mich denken, das macht mich glücklicher. Ich will nur ich selbst sein.

Lola, 13

M3 Aus einem Interview für die Schülerzeitung

Lea: Herr Kern, warum haben Sie das Thema Selfies wissenschaftlich untersucht? Was ist daran interessant für Sie?

Kern: Ich bin Psychologe und beschäftige mich u. a. mit den Gründen, die Menschen dazu bringen, bestimmte Dinge zu tun. Warum so viele Kinder und Jugendliche, aber auch Erwachsene, immer wieder Selfies von sich posten und welche Art der Darstellung sie dabei wählen, ist eine spannende Frage. – Postest du manchmal Selfies von dir?

Lea: Ja, natürlich, ganz viele sogar!

Kern: Und das ist aus psychologischer Sicht auch völlig normal, weil jeder Mensch nach Anerkennung strebt. Bestimmt freust du dich auch über nette Kommentare zu deinen Selfies oder ein paar Likes?

Lea: Ja, das ist wirklich so. Ich wünsche mir die Likes der anderen so sehr, dass ich mir richtig viel Mühe bei der Auswahl eines geeigneten Fotos gebe. Oft mache ich ganz viele Fotos von mir und suche dann das beste aus. Manchmal bearbeite ich das Foto auch erst, bevor ich es poste.

Kern: Was du da gerade beschreibst, bezeichnen Wissenschaftler als den Wunsch nach Selbstoptimierung. Man möchte das Beste aus sich herausholen bzw. sich anderen gegenüber möglichst perfekt darstellen. Die anderen sollen dich toll finden – das kommt dir sicher bekannt vor, oder?

Lea: Klar kenne ich das, und meistens klappt das auch. Nur einmal ist es mir passiert, dass ein Selfie von mir nach einer ganzen Stunde nicht einmal geliket wurde. Ich war mit meinen Eltern im Naturkundemuseum gewesen und hatte mich mit einem riesigen Dino abgelichtet. Ich fand's cool, die anderen aber wohl nicht. Das war so peinlich, dass ich das Foto ganz schnell gelöscht und durch ein Selfie vor einem riesigen Eisbecher ersetzt habe. Das fanden dann viele toll …

Kern: Das kann ich mir vorstellen, Lea. Aber eigentlich ist es schade, dass du dich schlecht gefühlt hast, nur weil andere dein schönes Erlebnis im Museum nicht nachvollziehen konnten. Vielleicht muss man ja auch gar nicht immer jedes Erlebnis teilen und darauf warten und sich sorgen, wie die anderen es finden?

Lea: Ja, das stimmt schon … Aber ganz auf Selfies zu verzichten, fände ich schwierig, das kann ich mir nicht vorstellen.

Kern: Das verstehe ich, schließlich ist es ja auch schön, wenn du spannende Ereignisse deines Lebens sofort mit anderen teilen kannst. Problematisch wird es nur dann, wenn dein ganzer Tagesablauf davon bestimmt ist zu entscheiden, welche Fotos du posten möchtest, und wenn du deine Stimmung von der Beurteilung anderer abhängig machst. Das ist auf Dauer nämlich ungeheuer anstrengend.

Psychologie (gr.: „Lehre von der Seele"): Wissenschaft, die menschliches Erleben und Verhalten erforscht

AUFGABEN

1 Beschreibt die Bilder. Erläutert, welche Mittel die Personen jeweils zu ihrer Selbstdarstellung benutzen und wie sie sich präsentieren. Welche Botschaften könnten sie mit ihren Darstellungen vermitteln wollen? > M1

2 Stellt die unterschiedlichen Auffassungen der Jugendlichen zum Posten von Selfies dar und tauscht euch über ihre Einschätzungen aus. > M2

3 Erläutert, wie Lea und der Psychologe Kern das Posten von Selfies einschätzen, und nehmt Stellung dazu. > M3

V 4 Formuliert mithilfe der Aussagen des Psychologen einen Kommentar oder einen Tipp für die Jugendlichen aus M2. > M3

„Ich lad mal schnell ein Foto hoch …"

M1 „Hätte ich das bloß nie gepostet!"

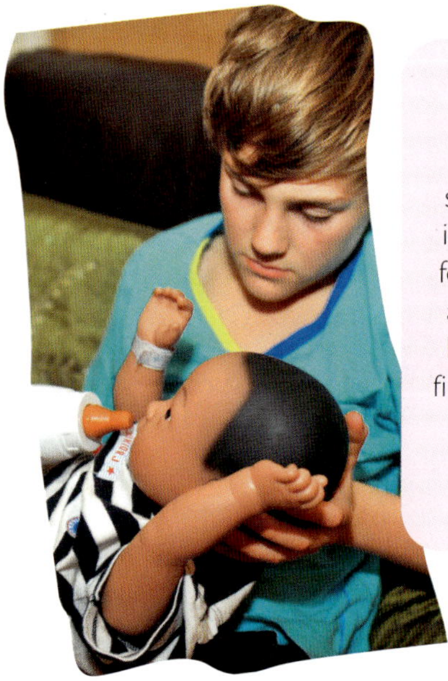

Ich habe dieses Foto damals nur hochgeladen, weil sich Mia immer mit ihrem neuen Bruder fotografiert hat! Und außerdem hab ich's längst gelöscht!! Ich find's ja auch peinlich, aber dass jetzt die ganze Stufe was zu lachen hat …

Marek, 11

Das alte Foto von mir hatte ich mal aus Spaß gepostet, dann aber gleich wieder gelöscht. Keine Ahnung, wer das jetzt verbreitet, alle finden es unglaublich lustig. Jetzt krieg ich immer Fragen, wo's das Nachthemd gibt und ob ich nicht mal ein aktuelles Klobild hochladen könnte.

Julia, 12

M2 Nur ein Spaß?

Chiara berichtet ihrem Klassenkameraden Cem, was ihrer 19-jährigen Cousine Lena vor kurzem passiert ist:

„Sie war zu einem Vorstellungsgespräch eingeladen und es lief eigentlich ganz gut, aber am Ende legten die plötzlich noch ein ausgedrucktes Foto auf den Tisch: Da sieht man Lena, wie sie im Glitzer-Bikini in den See springt, in jeder Hand 'ne Bierdose – echt cooles Bild eigentlich. ‚So würden wir uns das Verhalten einer neuen Mitarbeiterin dann aber eher nicht vorstellen', hieß es dazu. Da war Lena völlig aus dem Konzept, fand keine Antwort und hat nur noch rumgestottert. Und am Ende hat sie die Stelle dann nicht bekommen. Dabei war das doch ein Foto aus der Freizeit, das mit der Arbeit gar nichts zu tun hat! Außerdem war es schon ein Jahr alt!" Chiara seufzt: „Voll unfair!" Cem versucht zu erklären: „Na ja, vielleicht denken die, dass sie im Büro genau so ist wie auf dem Foto … Und irgendwie ist sie ja selber schuld." Chiara kann sich nicht beruhigen: „Woher sollte sie denn wissen, wer ihre Fotos sieht?" „Es kann ja immer sein, dass alle möglichen Leute die Fotos sehen. War bei Nick auch so", sagt Cem, „obwohl der doch nur Spaß-Fotos postet! Ist wohl Geschmacksache … Er hat sich für einen Frankreichaustausch beworben und hatte voll gute Chancen. Aber dann haben die Leute, die die Schülerinnen und Schüler auswählen, Fotos gefunden, die er in der 7. Klasse gemacht hat. Da hat er seinen Hamster auf einen Teller mit Pommes gesetzt und eine Zitronenscheibe draufgelegt. Dahinter grinst er blöd. War ja klar, dass das nur ein Gag war. Nick würde seinem Hamster nie was tun! Im Gespräch haben sie dann gesagt, dass sie nicht sicher sind, ob er sich in der Gastfamilie benehmen kann … und er hatte erstmal keine Ahnung, wie die darauf gekommen sind."

M3 Meine Rechte, meine Verantwortung

Es ist gesetzlich geregelt, dass man andere fragen muss, bevor man ein Bild von ihnen hochlädt. Das *Recht am eigenen Bild* bedeutet, dass man selbst bestimmen darf, ob ein Bild oder ein Video, in dem man zu erkennen ist, veröffentlicht werden darf. Das gilt auch für die „Sozialen Medien“. Und bereits dann, wenn man ein Foto aufnimmt, muss die Person, die abgelichtet werden soll, nach ihrem Einverständnis gefragt werden. Allgemein gilt, dass peinliche Situationen niemals fotografiert werden dürfen. Das Foto von einer nackten Mitschülerin im Umkleideraum darf ebenso wenig gemacht werden wie das von einem Bekannten mit freiwillig oder unfreiwillig heruntergelassener Hose. Alle, denen so etwas passiert, können vom Fotografen oder der Fotografin verlangen, das aufgenommene Bild sofort zu löschen. Diese Forderung gilt übrigens auch für nachträgliche Fotomontagen oder Bildbearbeitungen, durch die zunächst harmlose Bilder dann z. B. abstoßend wirken. Falls diese Bilder nicht umgehend gelöscht oder vielleicht sogar ins Netz gestellt werden, können Geschädigte bei der Polizei Anzeige erstatten.

Wichtig zu wissen: *Das Netz vergisst nichts!* Selbst bei Bildern, die gelöscht wurden, besteht die Möglichkeit der Weiterverbreitung und Bearbeitung im Internet.

M4 Kinderbilder – süß oder ultrapeinlich?

Das ganze Gesicht mit Brei verschmiert, nackt am Strand oder mit peinlicher Strickmütze. Typische Kinderbilder, veröffentlich von stolzen Eltern. Die Aktion #ErstDenkenDannPosten des Deutschen Kinderhilfswerks will Eltern zum Nachdenken anregen, bevor sie Bilder ihrer Kinder im Internet veröffentlichen:

Wir glauben, viele Kinderbilder sind super für das Familienalbum, aber nicht fürs Internet, wo sie die ganze Welt sehen, speichern oder gar weiterverbreiten kann. Dabei geht es auch um Fotos, die den Kindern später möglicherweise unangenehm oder gar peinlich sein könnten. Darum wollen wir nichts anderes, als dass die Leute, die Kinderfotos posten, kurz nachdenken: Würde ich so ein Foto von mir auch ins Netz stellen? Wer kann das Foto eigentlich sehen? Ist mein Kind damit einverstanden? […] Ab 12 bis 14 Jahren (wenn das Kind juristisch gesehen eine „Einsichtsfähigkeit“ besitzt), so die aktuelle Rechtsprechung, muss das Kind zustimmen. *www.dkhw.de*

juristisch gesehen: von der Rechtswissenschaft, den Gesetzen her gesehen

AUFGABEN

1. Tauscht euch darüber aus, wie sich Marek und Julia jetzt fühlen. Wie beurteilen sie heute, dass sie diese Fotos hochgeladen haben? > M1
2. Beschreibt, welche Folgen es hatte, dass die Fotos von Lena und Nick im Netz zu finden waren. > M2
3. Erläutert, welche Rechte und welche Verantwortung man hat, wenn Personenbilder ins Internet gestellt werden. Formuliert dazu in Gruppen Hinweise bzw. Tipps, die ihr auf Plakaten festhaltet. > M3
4. Stellt euch vor, Julias Eltern hätten das Foto aus M1 auf Facebook gepostet. Erklärt ihnen, wieso sie es nicht hätten veröffentlichen sollen. > M3/M4
5. Diskutiert, inwiefern #ErstDenkenDannPosten auch ein Grundsatz für euren Umgang mit Fotos von euch in den Sozialen Medien sein kann. > M4

Bist du, was du postest?

M1 Das bin ich!

Folgende Fotos hat ein Mädchen aus deiner Klasse gepostet:

Diese Bilder hat ein Junge aus deiner Klasse ins Netz gestellt:

M2 Wie die Welt mich sieht

Du machst ein Foto vom Teller vor dir und postest es auf Facebook. „Da ist doch nichts dabei", denkst du dir. „Ist doch nur Spaß." Das mag stimmen, doch dieses Foto wird von vielen Menschen gesehen, die nichts außer diesem Eintrag von dir kennen. Sie speichern die Kombination aus deinem Namen und dem Essensfoto ab. Das erste Puzzleteil zum Gesamteindruck von dir. Hast du einmal überlegt, ob dies auch der Eindruck ist, den du abgeben möchtest?

Image (engl.): Bild von jemandem in der öffentlichen Meinung

Wie wir uns im Internet und speziell in den sozialen Medien bewegen, entscheidet immer mehr darüber, wie uns die Welt sieht. Die Zahl derer, die eine Person nur aus dem Internet kennen, ist weit größer als die jener, die den Menschen persönlich getroffen haben. Bisher kennen wir dies nur von Prominenten, die uns im Fernsehen und Zeitschriften vorgeführt werden. Auch bei diesen Personen machen wir uns ein Bild und beurteilen sie nach dem Eindruck, den uns die Medien geben. Dies wohl wissend liefern uns Prominente genau das Bild, das wir von ihnen sehen sollen. So erzeugen sie ein Image, das ihnen dienlich erscheint.

Das, was du in der Öffentlichkeit darstellen möchtest, ist geprägt von dem, was dich antreibt. Es ist in etwa, wie sich bei einem Fotoshooting so zu setzen, dass man möglichst gut aussieht.

Wenn du also ein Foto von deinem Essen posten möchtest, solltest du dich fragen, ob der Eindruck, den andere so von dir bekommen, zu dir passt. Denn für die Menschen im Web bist du nun mal nur das, was du postest. *Vera Nentwich*

(aus didaktischen Gründen vereinfacht und gekürzt)

Vera Nentwich (*1959): Autorin und Kabarettistin

M3 Herzlichen Glückwunsch zum Geburtstag, Nick!

Folgende Geschichte hat sich tatsächlich in ähnlicher Form in Frankreich zugetragen.

Heute ist der Tag aller Tage. Als Nick nachmittags einen flüchtigen Blick auf die Schlagzeilen der heutigen Zeitung wirft, bevor er sie zum Altpapier legen will, fällt ihm eine Schlagzeile sofort auf. „Welcher andere Nick heute wohl Geburtstag hat?"

Herzlichen Glückwunsch zum Geburtstag, Nick!

Wir dürfen Dich doch Nick nennen, oder Nicholas? So wirst Du doch von allen Freunden genannt und das schon seit Du in der Grundschule bist. Klar, Du kennst uns nicht, aber wir wissen schon so einiges über Dich. Du bist 14 Jahre alt und besuchst die Gesamtschule. Momentan bist Du ohne Freundin, aber das soll sich bald ändern. Letzten Sommer hast Du im Urlaub dieses Mädchen kennen gelernt, aber der Kontakt ist abgebrochen. Sie hat einfach nicht mehr zurückgeschrieben. Obwohl Ihr Euch doch letzten August geschworen hattet, dass Ihr zusammenbleiben würdet. Schließlich hast Du sie ja auch geküsst und ihr eine kleine Kette geschenkt. Aber das ist jetzt vorbei und deshalb bist Du „auf der Suche". Wir glauben nicht, dass es schwer wird, denn schließlich gehst Du ja am Samstag auch zu Sarahs Party und Lea, die Dich letztens so angesehen hat, kommt auch. Sie ist (noch) Tims Freundin. Leider können wir uns da nicht treffen, weil Sarah ja keine LAN-Party macht, sondern eine von diesen Partys, auf denen nur Musik gespielt wird. Na ja, wenn Ihr meint, dass Ihr „draußen" bleiben müsst. Da bleiben wir lieber „drin" (im Netz) und schauen uns andere Profile an, aber spätestens morgen lesen wir ja, wie's war.

LAN (engl.: Local Area Network): Netzwerk mit begrenzter räumlicher Ausdehnung, z. B. über einzelne Gebäude

Nick ist erstaunt. Woher hat die Zeitung all diese Informationen?
Als seine Eltern davon erfahren, gehen sie zu einem Anwalt und wollen gerichtlich gegen die Zeitung vorgehen, weil sie gegen den Schutz der Privatsphäre verstoßen habe. Nach ein paar Recherchen, geben die Anwälte Nicks Eltern wenig Hoffnung: Alles, was die Zeitung geschrieben hatte, hatte Nick vorher in seinen öffentlichen Internetprofilen selbst preisgegeben.

AUFGABEN

1 Beschreibt die Fotos, die die beiden Jugendlichen von sich gepostet haben, und erklärt, welchen Eindruck ihr dadurch von ihnen erhaltet. > M1
2 Erläutert, warum man sich genau überlegen muss, welche Fotos man von sich postet und welche Informationen man über sich preisgibt. > M2
3 Stellt dar, was Nick passiert ist und warum er und seine Eltern den Zeitungsartikel als Problem ansehen. > M3
V 4 Diskutiert, was die Zeitungsautoren mit der Veröffentlichung des Artikels wohl bezweckt haben, und beurteilt ihr Vorgehen. > M3
5 Wie sollte sich Nick zukünftig verhalten? Formuliert Tipps für ihn. > M3

„Im Spiel bin ich ein Held!"

M1 Avatare

Beispiele für mögliche Spielfiguren in Computerspielen

M2 Polska Warrior

Ich bin Polska Warrior. Zusammen mit meinem Freund White Knight bin ich im Video-Spiel *Gold Hunter* unbesiegbar. Daher stehe ich zurzeit auch auf Platz eins der Weltrangliste.

Tatsächlich heiße ich Eryk Kaminski. Ich habe meinen Avatar in *Gold Hunter* Polska Warrior genannt, weil mein Vater und ich ursprünglich aus Polen stammen.

Im Schwimmkurs bin ich leider nicht so heldenhaft. Ich habe nämlich große Angst zu ertrinken. Mein Vater hat mich zu diesem Kurs angemeldet, aber ich habe Mühe, schwimmen zu lernen.

Zuhause muss ich alle Hausarbeiten erledigen: putzen, waschen, aufräumen und kochen. Wenn mein Vater von der Arbeit nach Hause kommt, muss das Essen auf dem Tisch stehen.

White Knight wohnt in der Nähe und kommt vorbei. Unfassbar: Er ist ein Mädchen! Laura sagt, sie dachte, ich wäre größer … Auch wenn wir unterschiedlich sind, spielen wir weiter zusammen.

Mein Vater meint, ich würde zu viel spielen. Daher verbietet er es mir. Also spiele ich *Gold Hunter* heimlich im Bad. Als er mich dort findet, nimmt er mir den Laptop ab. Polska Warrior kann nicht mehr kämpfen!

Ich muss mitansehen, wie mein Vater bei einem Verkehrsunfall unglücklich von der Brücke in den Fluss stürzt.

Ich überlege, was zu tun ist. Polska Warrior würde sich sofort in die Fluten stürzen. Also springe ich hinter meinem Vater her.

Mein Vater kann nicht schwimmen. Aber ich rette ihn vor dem Ertrinken.

Mein Vater ist ganz stolz auf mich und nennt mich seinen „Polska Warrior“.

FILMTIPP
Polska Warrior
(Regie: Camiel Schouwenaar, Niederlande 2017)

AUFGABEN

1 Beschreibt die Avatare und diskutiert, ob ihr sie als Spielfigur nutzen würdet. > M1

V 2 Stell dir vor, du könntest dir für dein Lieblingsspiel einen Avatar nach deinen Vorstellungen schaffen. Welches Aussehen und welche Eigenschaften würdest du ihm verleihen und warum? > M1

3 Beschreibt, wie „Polska Warrior“ (Bild 1) aussieht und wie sich Eryks Selbstdarstellung im Computerspiel von seinem tatsächlichen Aussehen unterscheidet. Tauscht euch darüber aus, ob ihr seinen Avatar sympathisch findet. > M2

4 Erklärt, welche Erfahrungen Eryk beim Spielen macht und welche Auswirkungen sie auf sein richtiges Leben haben. > M2

5 Diskutiert, ob Computerspiele, die ihr kennt, euch im Leben nutzen können.

Bearbeitete Wirklichkeit

M1 Vorher – nachher

Die Bilder zeigen Veränderungen, die vorgenommen werden, bevor Werbeanzeigen o. Ä. veröffentlich werden.

MEDIENTIPP
Dove Evolution (Wie ein Plakat entsteht): https://www.youtube.com/atch?v=iYhCn0jf46U

M2 Ein Urlaub wie aus dem Prospekt?

Hallo, ich bin Maike und 12 Jahre alt. Gestern sind meine Eltern und ich aus unserem Sommerurlaub auf Mallorca zurückgekommen. Zehn Tage in einem Top-Hotel an der Playa de Palma liegen hinter uns – und ich bin richtig enttäuscht. Die Fotos, die ich mir vorher im Katalog angesehen habe, waren echt schön. Vor allem der Pool sah super aus: riesig groß, mit bunten Rutschen und kleinen grünen Inseln in der Mitte. Auch die Bilder vom Strand gefielen mir – fast wie in der Karibik! Und die kleine Minigolfanlage, die Tennisplätze ... – ihr könnt euch nicht vorstellen, wie ich mich auf all das gefreut habe. Aber nichts von all dem konnte ich wirklich nutzen. Das Hotel liegt nämlich direkt neben einer riesigen Baustelle. Von sieben Uhr morgens an waren der Lärm und der Staub unerträglich, teilweise bis 21 Uhr. Da will doch kein Mensch draußen sein.

M3 Wie sich Bilder zur Wirklichkeit verhalten

Ein Junge hatte in einem Prospekt Bilder von einem neuen Abenteuerspielplatz gesehen – mit riesigen Klettergerüsten, Seilbrücken, Holzbauten usw. Das sah für den Jungen so toll aus, dass er den Spielplatz unbedingt ausprobieren wollte. Aber in Wirklichkeit sah es dort dann ganz anders aus als auf den Bildern: Die Anlage war viel kleiner, die Geräte irgendwie langweilig und die Umgebung bestand aus trostlosen Hochhäusern und einer viel befahrenen Straße. Er war sehr enttäuscht, weil er sich auf die Fotos aus dem Prospekt verlassen hatte.

Aber Fotos geben immer nur einen kleinen Ausschnitt der Wirklichkeit wieder. Das Bild ist ja begrenzt und Teile der Umgebung werden ausgeblendet. Was auf dem Bild zu sehen ist und was nicht, entscheidet daher die Fotografin oder der Fotograf, die bzw. der das Bild macht. Und in diesem Fall wurden beim Fotografieren des Abenteuerspielplatzes die Hochhäuser und die Straße ausgeblendet.

Hinzu kommt, dass Fotografinnen und Fotografen mit ihrer Darstellung auch immer eine bestimmte Absicht verfolgen. Wenn man für einen Werbeprospekt fotografiert, besteht die Absicht natürlich darin, den Abenteuerspielplatz so darzustellen, dass Jugendliche Lust bekommen, ihn zu besuchen. Man kann sagen, der Junge ist von den Fotos manipuliert worden. Manipulation bedeutet, dass man jemand gezielt beeinflussen will, ohne dass dieser es merkt.

So etwas findet auch in der Werbung statt, die wir täglich in anderen Medien, also z. B. im Fernsehen, in Zeitschriften oder im Internet, sehen. Mit einer ganzen Reihe von Tricks, die die Wirklichkeit verändern, soll die Entscheidung, etwas kaufen zu wollen, beeinflusst werden. Besonders auffällig ist das bei Kosmetikwerbung. Damit wir z. B. bestimmte Cremes, Shampoos oder Parfüms usw. lieber kaufen als andere, werden die Models, die für diese Produkte werben, durch viele technische Verfahren noch attraktiver dargestellt, als sie es in Wirklichkeit schon sind. Diejenigen, die sich eine solche Werbung anschauen, möchten dann oft genauso toll aussehen wie die Models und werden angeregt, das entsprechende Produkt zu kaufen.

An diesen Beispielen kann man sehen, dass Fotos – und ganz besonders Werbefotos – die Dinge nie so darstellen, wie sie wirklich sind, sondern uns ein bearbeitetes Bild der Wirklichkeit liefern. Und wenn wir nicht aufpassen, fallen wir darauf rein.

Wie können wir das verhindern? Um zu einer sicheren Einschätzung darüber zu kommen, wie etwas wirklich ist, sollte man sich am besten selbst einen Eindruck verschaffen. Und wenn man nicht die Gelegenheit dazu hat, sollte man zumindest möglichst viele unterschiedliche Darstellungen zur Kenntnis nehmen und miteinander vergleichen. Denn Bilder von der Wirklichkeit und die Wirklichkeit sind nicht dasselbe, auch wenn man sich oft nicht die Mühe macht, genauer darüber nachzudenken.

AUFGABEN

1 Beschreibt die Fotos und ihre Wirkung auf euch. Erläutert (auch anhand des im Medientipp genannten Videos), wie die Veränderungen erreicht werden. > M1

2 Erklärt, wie es zu dem verpatzten Urlaub kommen konnte. Kennt ihr ähnliche Fälle? > M2

3 Erklärt, was in dem Text über das Verhältnis von Bild und Wirklichkeit gesagt wird. > M3

4 Erläutert an M1 und M2 oder an eigenen Beispielen, wie man es vermeiden kann, auf bestimmte Mediendarstellungen hereinzufallen. > M3

Die Welt der Influencer/innen

Influencer/innen: (von engl. to influence: beeinflussen): in den sozialen Netzwerken sehr bekannte Personen, deren Meinungen und Empfehlungen vielen Menschen wichtig sind

M1 Erfolgreiche Influencer/innen

LENA UND LISA

GRONKH

DAGI BEE

LEFLOID

DIE LOCHIS

M2 Warum sind Influencerinnen und Influencer so beliebt?

Die haben halt gute Themen, sie sprechen über Sachen, für die sich junge Menschen interessieren. Man erfährt immer, was gerade angesagt ist.

Ben

Man darf bei ihnen zu Hause reinschauen, sehen, wie sie wohnen. Man ist immer dabei und kriegt alles mit. Sie geben mir das Gefühl, mit ihnen befreundet zu sein.

Fritz

Ihre Welt ist so spannend und sie erleben so viele interessante Dinge. Und ich kann dabei sein, wenn in ihrem Leben was Tolles passiert.

Farin

Es ist einfach nur cool, ihnen zuzuschauen. Sie können gut tanzen oder singen oder andere Sachen, die ich auch gerne könnte. Sie haben es echt drauf.

Luisa

Ich finde es interessant, was sie anhaben, wie sie sich schminken usw. Und manchmal schaue ich mir auch ein bisschen was von ihnen ab.

Samira

Wir können direkt mit ihnen schreiben und Likes und Kommentare hinterlassen. Und manchmal auch mitbestimmen, welche neuen Videos sie als nächstes machen. Echt cool!

Maja

M3 Womit Influencer/innen ihr Geld verdienen

Also, eine wirkliche Freundschaft ist das mit den YouTube-Stars nicht, weil: es ist einfach nur eine gut gemachte Show, die uns halt glauben lässt, wir wären gute Freunde. In Wirklichkeit erfahren wir aber gar nicht so viel von ihnen, z. B. über ihre eigenen Probleme. Käme halt massenhaft nicht so gut an, das Thema. [...] Das, was die Stars jeden Tag für uns machen, das tun die nicht, weil die da großen Bock drauf haben, sondern das ist ihr Beruf. Jeden Tag neue Videos aufnehmen, sich neue Stories ausdenken, unterwegs sein, Facebook-Kommentare beantworten, E-Mails lesen – das alles machen die, und das ist ein echt Vollzeit-harter Job. Die ganz erfolgreichen Influencer haben ein ganzes Team um sich herum, also: Kameraleute, Video-Editoren, Social-Media-Experten, Agenten usw. Und die müssen ja alle bezahlt werden.

Aber woher kommt das Geld? Klar, Influencer machen Werbung, weil – sie müssen ja irgendwie Geld verdienen. Und sie machen Werbung mit Produkten, die wir uns ganz zufällig zusammen anschauen, oder mit Klamotten, die sie tragen. Manche haben auch eigene Lizenz-Produkte, d. h. eine eigene Marke, die direkt auf ihrem Image aufgebaut ist. Und deswegen verdienen sie direkt am Verkauf mit. Viele Influencer haben auch dauerhafte Sponsoren oder Werbekooperationen.

Da stellt sich jetzt natürlich die Frage: Mit wem arbeiten die da eigentlich zusammen? Also nehmen die jeden Werbedeal an, den die bekommen, oder schauen die vielleicht vorher auch schon mal, ob das T-Shirt, das sie in die Kamera halten, nicht doch unter Zwangsarbeit in Bangladesch produziert worden ist? Das Problem bei Influencern und Werbepartnern [...] ist, dass die Influencer von den Werbepartnern abhängig sind. Wenn die Themen machen, die den Werbefirmen nicht gefallen, dann wollen die Werbefirmen vielleicht nicht zahlen.

Schauen wir uns mal die fünf erfolgreichsten YouTuber 2018 an. Also, ganz oben sind Bibi und Dagi Bee. Klar, die machen viele Beauty-Themen, weil sie damit auch leichter Werbepartner und Verträge kriegen. Bei den Jungs gibt es dann mehr Auswahl. Da geht's um PC-Spiele, Musik, Comedy, Essen. Die Lochis machen unter anderem Werbung für eine Bank oder für eine Fastfoodkette, Gronkh für PC-Spiele und LeFloid für YouTube selbst. [...] Generell geht es immer um Themen, die viele Menschen interessieren. Ist dann auch für die Werbekunden einfacher. Und so Themen wie Gerechtigkeit auf der Welt, Klimawandel oder Politik – also an sich auch spannend, aber das sehen wir dann eher selten. [...]

Klar, das was Influencer machen, ist inszeniert. Sie müssen Werbung machen, um sich so zu finanzieren. Und hoffentlich überlegen sie sich gut, wofür sie Werbung machen, weil wir das die ganze Zeit sehen müssen!

Sebastian Schaffstein

Freundschaft
> S. 30ff.

Image
> S. 154

Kooperation: Zusammenarbeit

Sebastian Schaffstein (*1987): dt. Hörfunk- und Fernsehmoderator

AUFGABEN

1. Stellt dar, wie die Influencerinnen und Influencer auf euch wirken und was ihr über sie wisst. Welche anderen Influencer/innen kennt ihr? > M1
2. Erläutert, warum ihr euch Videos von Influencer/innen gerne anschaut (oder auch nicht). Notiert jeweils euren wichtigsten Grund auf einem Zettel. > M1
3. Vergleicht eure Gründe (Zettel aus Aufgabe 2) mit denen der sechs Jugendlichen. Welche Punkte werden besonders oft genannt? > M2
4. Erklärt, wie Influencer/innen ihr Geld verdienen, und nehmt Stellung dazu. > M3

Online-Werbung: der Einfluss der Stars

M1 Wie man als Influencer/in Geld verdienen kann

MEDIENTIPP
YouTube-Video von Hazel: „Soviel Geld verdienen Influencer wirklich"

In ihrem YouTube-Kanal „Pocket Hazel" erklärt die erfolgreiche YouTuberin Hazel jungen Leuten, was man zum Thema Geld wissen muss, und informiert auch darüber, wie sie selbst in ihren Videos mit Online-Werbung Geld verdient. Unternehmen bieten ihr immer wieder Zahlungen dafür an, wenn sie auf ihrem Kanal auch Werbeanzeigen einblendet oder in ihren Videos oder auf Instagram bestimmte Marken und Produkte erwähnt bzw. zeigt, wie sie selbst sie nutzt. Die Influencerin sucht dann z. B. aus, welches Duschgel sie ihren Followern zeigen möchte, wenn sie über ihren Tagesablauf erzählt. Hazel kennzeichnet in ihren Beiträgen solche Einblendungen von Produkten mit einem lesbaren Markennamen dann immer durch den Hinweis „Produktplatzierung". Dies ist gesetzlich vorgeschrieben, doch nicht alle Influencer/innen halten sich daran bzw. blenden diese Hinweise nur sehr klein, kurz oder unauffällig ein.

M2 Warum Werbung durch Influencer/innen so gut funktioniert

Warum Influencer/innen die Einstellungen ihrer Fans zu bestimmten Marken oder Produkten so wirksam beeinflussen können, lässt sich aus Sicht der Follower wie folgt darstellen:

- Der Influencer hat ein Produkt intensiv mit hohem Zeitaufwand getestet und gibt mir [...] eine kostenlose Empfehlung. Ich kaufe das Produkt und zeige mich dadurch ihm gegenüber für seine Mühe erkenntlich.

- Die [...] Empfehlungen des Influencers haben sich bisher immer als zuverlässige Orientierung erwiesen. [...] Was ihm gefällt, ist auch gut für mich.

- Wenn so viele Mitglieder der Community den Empfehlungen des Influencers folgen, dann trifft das auch meinen Geschmack. Ich bin ja nicht alleine, wenn ich seiner Empfehlung Folge leiste. Was viele andere tun, wird sicher richtig sein.

integriert: eingefügt

- Der Influencer spricht mich persönlich an. Er ist mein „Freund", ich mag ihn und fühle mich emotional zu ihm hingezogen. Seine Empfehlung empfinde ich als direkt an meine Person adressierten Freundschaftsdienst.

- Die Beauty-Bloggerin ist jeden Tag perfekt geschminkt. Sie kennt sich aus, sie weiß, welche Schminkprodukte die besten sind. Sie zeigt mir in ihrem Erklärvideo auf YouTube, wie ich diese Produkte [...] anwenden muss, damit ich bei mir die gleiche Wirkung erziele.

- „Mein" Influencer empfiehlt ein Produkt, welches als limitierte Sonderedition nur eine begrenzte Zeit verfügbar ist. Wenn ich jetzt schnell über den Link bestelle, den er praktischerweise in seine Empfehlung integriert hat, erhalte ich noch eines dieser wenigen Produkte.

Frank Deges

M3 Ich will das auch haben! Aber warum eigentlich?

Warum kaufen wir so gerne Sachen, die uns Stars empfehlen? [...]

Nun, einerseits folgen wir YouTube-Stars, weil sie spannende, lustige und interessante Videos machen. Das macht sie sympathisch und auch irgendwie cool. Deshalb vertrauen wir ihnen auch, wenn sie zum Beispiel ein Produkt testen und es uns empfehlen. Ein anderer wichtiger Grund ist aber, dass wir häufig gar nicht merken, dass dieses „Empfehlen" eigentlich nichts anderes als Werbung ist – schließlich bekommen die YouTuber Geld dafür. Bei TV-Werbung ist das anders: Da erkennen wir eigentlich sofort, dass sie uns dazu verleiten soll, bestimmte Produkte zu kaufen und dann wollen wir es irgendwie gar nicht mehr so sehr. [...]

In der Wissenschaft gibt es verschiedene Theorien dazu, wie wir uns von Werbung und von anderen Menschen beeinflussen lassen. Wichtig ist hier vor allem ein Punkt: Erkennen wir, wenn jemand versucht uns zu beeinflussen? Wenn wir das nämlich erkennen, dann lassen wir uns nicht mehr so leicht beeinflussen.

Im Idealfall merkst du, wenn jemand versucht, dich zu beeinflussen. Zum Beispiel bei der Fernsehwerbung: Da ist dir bestimmt immer klar, dass dir jemand etwas verkaufen möchte. Du lässt dich davon also nicht so einfach beeinflussen und rennst los, um jedes beworbene Produkt schnell zu kaufen. Bei YouTube-Stars fällt es uns oft schwerer, Werbung zu erkennen. Dafür weißt du – anders als bei normaler Werbung – oft viel über den Botschafter der Werbung. Du kennst deinen YouTube-Star und weißt, wofür er steht. Denn oft verfolgst du seine Videos schon länger.

M4 Wie man sich vor Beeinflussung schützen kann

- Sammle Erfahrungen mit dem Thema und vergrößere dein eigenes Wissen. Du kannst zum Beispiel mehr über Geschäftsmodelle lernen, die hinter verschiedenen Werbeformen auf YouTube stecken [s. M1/M3]. [...]
- Informiere dich selbst über das Produkt und vertraue nicht blind der Empfehlung deines Lieblings-YouTubers. Möglicherweise nutzt er das Produkt gar nicht und empfiehlt es nur, weil er dafür bezahlt wird. Du kannst beispielsweise verschiedene Erfahrungsberichte zu dem Produkt lesen und es mit anderen Produkten vergleichen.
- Legt der YouTube-Star offen, mit welchen Unternehmen er in welcher Form zusammenarbeitet, und kennzeichnet er die Werbung unter seinen Videos korrekt? Diese Fragen solltest du dir stellen, wenn es um die Glaubwürdigkeit deines YouTubers geht. Nur so kannst du letztendlich abwägen, ob du seinen Produktempfehlungen wirklich Vertrauen schenken möchtest.

M3/M4 Thu Huong Dong, Kathrin Schmidtke, Daniel Schramek

AUFGABEN

1 Seht euch das Video an und erklärt, wie die YouTuberin Hazel mit Werbung Geld verdient. > M1

W 2 Erklärt die sechs Arten der Beeinflussung durch Influencer/innen. > M2

3 Erläutert, warum sich nach Ansicht der Verfasser Jugendliche von YouTube-Stars beeinflussen lassen. Nehmt Stellung dazu. > M3

V 4 Klärt mit eurer Lehrerin bzw. eurem Lehrer, welche Blogs von YouTube- oder Instagram-Stars als Beispiele dienen sollen, und schaut euch zusammen einige Beiträge an. Wendet die Tipps (2 und 3) darauf an. > M4

Im Netz unterwegs – Augen auf!

M1 Laras großes Vorbild

Lara war ein großer Fan von Bibis Internetauftritten. Doch dann kam der Zweifel an der Glaubwürdigkeit ihres Vorbilds. Über ihre Erfahrung berichtet sie im folgenden Text.

„Ich geb's ja zu: Bibi war für mich nicht nur der netteste YouTube-Star überhaupt, sondern eher so etwas wie eine große Schwester oder allerbeste Freundin. Sie war mein Vorbild. Ich habe sie bewundert und ihr voll vertraut. Wenn Bibi auf ihrem Kanal Schminktipps gegeben oder gezeigt hat, was sie gerade gerne anzieht, wenn sie über ihr aufregendes Leben, ihre Auftritte und Reisen erzählt hat oder darüber, was sie über alle möglichen Sachen denkt, dann war ich davon überzeugt, dass sie das alles nur für mich tut, um mir Ratschläge zu geben. Und natürlich wollte ich dann auch unbedingt genau die Produkte, die Bibi vorgestellt hat, kaufen, dort Urlaub machen, wo sie war und so.

Bis eines Tages meine Freundin Mara von einer Fernsehsendung erzählte, die sie angeschaut hatte, weil es dort auch um Bibi gehen sollte – und dann wurde sie darin ganz schön stark kritisiert. Angeblich soll es Bibi nur um ihren Erfolg, ihren Ruhm, ihr Geld gehen – und wir Fans sind ihr gar nicht so wichtig, hieß es. Mara war richtig sauer auf Bibi.

Ich wollte das zuerst gar nicht glauben. Dann habe ich aber selbst mal im Internet gesucht, um zu sehen, ob das stimmt, was die über Bibi gesagt haben. Und ich habe wirklich ganz viele Meldungen dazu gefunden, von verschiedenen Zeitungen und so. Meine Mutter hat gesagt, dann ist da sicher was dran: Bibi bekommt von den Firmen Geld dafür, dass sie uns ihre Produkte, z. B. Lidschatten, Lippenstifte oder Shampoo und Haaröl anpreist. Die neuesten Klamotten werden ihr zur Verfügung gestellt, damit sie dafür wirbt und wir sie auch haben wollen. Und das lohnt sich dann so richtig, weil sie ja Millionen Fans hat ... Irgendwie kann ich Bibi jetzt nicht mehr so sehen wie vorher, sie ist in Wirklichkeit vielleicht ganz anders, als ich dachte. Sie kommt mir jetzt plötzlich so fremd vor.

Aber eins habe ich daraus gelernt: Ich glaube nicht einfach alles, was ich im Internet sehe! Ich werde in Zukunft sicher nicht mehr so leicht darauf hereinfallen, wie etwas auf den ersten Blick zu sein scheint. Sich zu informieren schadet nicht und dann kann ich immer noch entscheiden, wie ich weitermachen will.

In Bezug auf Bibi heißt das für mich: Ich werde ihr auch weiterhin folgen, aber vorsichtiger. Bibi ist cool, aber halt doch nicht eine echte Freundin so wie Mara. Ich weiß jetzt, dass sie auch Werbung macht – das finde ich okay. Sie darf mir gerne weiterhin Tipps geben. Ob ich sie aber annehme, entscheide nur ich selbst."

Methodenkompetenz: Angebote des Internets besser einschätzen und bewusst(er) nutzen

Wenn du Klarheit über bestimmte Internetangebote erhalten und prüfen möchtest, ob und in welcher Form du sie (weiter) nutzen willst, kannst du in folgenden Schritten vorgehen:

1. Beschreibe deine bisherige Wahrnehmung bzw. deinen ersten Eindruck von dem Angebot: Wie schätzt du es (spontan) ein, was denkst du darüber, was empfindest du?
2. Lege dar, welche Zweifel an deiner (ersten) Einschätzung oder bisherigen Sichtweise dir gekommen sind.
3. Nutze das Internet für die Suche nach umfassenderen Informationen zur Überprüfung deiner ersten oder bisherigen Einschätzung.
4. Benenne die allgemeinen und konkreten Schlussfolgerungen, die sich aus deiner Überprüfung bzw. neuen Erkenntnis ergeben.

Erste Eindrücke und Gefühle beschreiben und prüfen
> S. 62f.

Internetrecherche
> S. 215

M2 You-Tube-Star Nikki Lilly

Nina: „Neulich bin ich beim Surfen im Netz zufällig auf die You-Tuberin Nikki Lilly gestoßen. Ich wollte eigentlich gleich weiterklicken, weil ich mir nicht vorstellen konnte, dass ihre Videos für mich irgendwie interessant wären. Aber da hat mir meine Schwester Lena über die Schulter geguckt und gesagt: ‚Warte mal, die kenne ich: Das ist doch Nikki Lilly. Von der kannst du dir ruhig mal was anschauen, auch wenn sie nicht so aussieht, wie die anderen YouTuberinnen, denen du sonst so folgst!' Da bin ich unsicher geworden, ob diese Nikki Lilly mir vielleicht doch etwas zu sagen hat …"

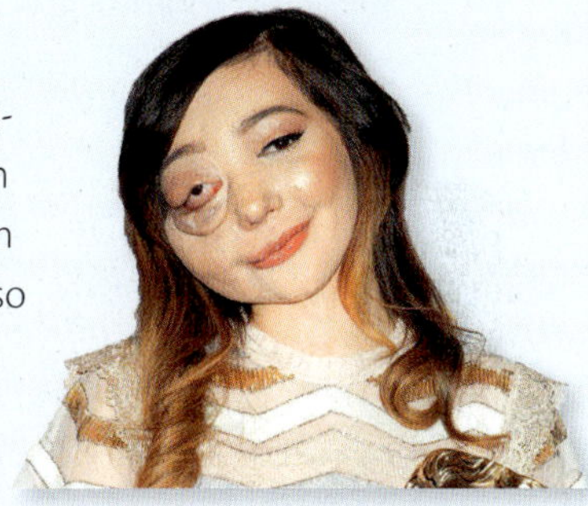

M3 Nikki Lillys Botschaft

Launa Kennett hat einen Film über Nikki Lilly gedreht und die besondere You-Tuberin ein halbes Jahr lang in ihrem Alltag begleitet. Auf die Frage, was diese ihren Zuschauer/innen erzählen und vermitteln will, sagt sie: „Ich denke, ihre Botschaft ist, dass du versuchen sollst, der beste Mensch zu sein, der du sein kannst, egal wie schwierig deine Situation auch sein mag. […] Vertrau darauf, wer du bist, lass dich nicht unterkriegen, und wenn du etwas wirklich willst, setz alles dran, es zu erreichen."

AUFGABEN

1 Vollzieht die einzelnen Schritte nach, wie man sich Klarheit über ein bestimmtes Internetangebot verschaffen kann, und erklärt, wie sich Laras ursprüngliche Einschätzung von Bibis YouTube-Videos geändert hat. > M1/Methodenkasten

H 2 Versetze dich in Ninas Lage, die wissen möchte, ob sie dem Vorschlag ihrer Schwester folgen sollte. Kläre nach dem Muster von M1, ob Nikki Lilly dir etwas zu sagen hat oder nicht. > M2/M3

V 3 Wodurch kann ein YouTube-Star für euch zum Vorbild werden? Begründet eure Auffassung. > M1-M3

Vorbild
> S. 20f.

Was wir wissen – was wir können

Wissen kompakt

Nutzung sozialer Medien:
- um sich mit anderen auszutauschen
- um sich zu informieren
- um sich eine Meinung zu bilden
- um seine Meinung zu äußern
- …

Posts von Selfies und anderen Fotos

Möglichkeit,
- sich selbst darzustellen
- die Anerkennung anderer zu finden

Gefahr,
- dass andere etwas über mich erfahren, was mir später peinlich sein könnte
- dass andere diese Informationen für ihre Zwecke nutzen
- dass ich das Recht anderer am eigenen Bild verletze

Medien / Soziale Medien

Darstellung in Medien:
- keine ungefilterte Darstellung der Wirklichkeit
- oft Verschönerung (z. B. von Gesicht, Figur, Kleidung)
- Gefahr der Manipulation entsprechend den eigenen Interessen (z. B. einseitige Darstellung)

Blogs von Influencerinnen und Influencern

Möglichkeit,
- sich über neueste Trends zu informieren
- Anregungen zu bekommen
- sich wie mit Freundinnen und Freunden auszutauschen

Gefahr:
- Beeinflussung durch Werbung und Produktplatzierung

Deshalb notwendig:
- sich umfassend informieren
- das Internet bewusst(er) nutzen

KOMPETENZ-CHECK

Überprüfe dich selbst: Wenn du dich bei einem Punkt noch unsicher fühlst, lies und bearbeite (ggf. mit Partner/in) die passende Schulbuchseite noch einmal.

Ich kann ...		Meine Einschätzung – –	–	+	++
erläutern, was unter dem Begriff „Soziale Medien" zu verstehen ist, und erklären, wie diese unseren Alltag prägen	> S. 148-149				
Gründe anführen, warum Menschen gerne Selbstdarstellungen wie Selfies ins Netz stellen	> S. 150-151				
erklären, welche Auswirkungen es haben kann, wenn man Fotos von sich in den Sozialen Medien veröffentlicht	> S. 152-153				
erläutern, was das Recht am eigenen Bild ist, und beurteilen, warum dieses in Bezug auf die Sozialen Medien besonders wichtig ist	> S. 152-153				
darstellen, wie Einzelinformationen, die jemand im Netz von sich preisgibt, zu einem bestimmten Bild der Person führen können	> S. 154-155				
aufzeigen, welche Möglichkeiten der Selbstdarstellung es in Computerspielen gibt und wie diese sich vom richtigen Leben unterscheiden	> S. 156-157				
erklären, auf welche Weise Medien (z. B. Fotos, Werbeplakate) die Wirklichkeit darstellen und auf Menschen Einfluss ausüben können	> S. 158-159				
an einem Beispiel deutlich machen, warum Influencer/innen so beliebt sind und welche Interessen und Absichten ihren Auftritten zugrunde liegen können	> S. 160-163				
Möglichkeiten eines selbstbestimmten Umgangs mit den Sozialen Medien aufzeigen	> S. 164-165				
Angebote des Internets besser einschätzen und bewusst(er) nutzen	> S. 164-165				

Arbeitsblatt:
Kompetenz-Check „(Selbst-)Darstellung in Medien"

Mediencode: 21004-07

Natur und Umwelt

AUFGABEN

1 Beschreibt die Bilder und sprecht über ihre Gemeinsamkeiten und Unterschiede.

2 Tauscht euch darüber aus, was ihr unter „Natur" (in Abgrenzung zu Technik) versteht.

plus Fotodokumentation „Natürlich Natur!"

Eure Aufgabe wird es in den kommenden Wochen sein, eine Ausstellung vorzubereiten, die das Verhältnis des Menschen zur Natur zeigt. Dabei werden positive wie negative Aspekte eine Rolle spielen.

> Um Fotomaterial für eure Ausstellung zu sammeln, benötigt ihr ein (eigenes oder geliehenes) Smartphone oder einen Fotoapparat.

> Jede/r von euch wird zahlreiche Motive zu verschiedenen Umwelt- oder Naturthemen fotografieren. Von euch allen werden schließlich einige Fotos für die Ausstellung ausgewählt.

Abenteuer Natur

M1 Ronja im Mattiswald

Ronja, die Heldin aus Astrid Lindgrens Roman *Ronja Räubertochter* (1981), lebt mit ihren Eltern Mattis und Lovis und deren Räuberbande auf der Mattisburg. Sie erhält zum ersten Mal die Möglichkeit, das Gebiet außerhalb der Burg zu erkunden.

Natürlich hatte Ronja gehört, wie Mattis und Lovis über das sprachen, was es außerhalb der Mattisburg gab. Vom Fluss hatten sie gesprochen. Aber erst, als sie ihn mit seinen wilden Strudeln tief unter dem Mattisberg hervorschäumen sah, begriff sie, was Flüsse waren.
Vom Wald hatten sie gesprochen. Aber erst, als sie ihn so dunkel und verwunschen mit all seinen rauschenden Bäumen sah, begriff sie, was Wälder waren. Und sie lachte leise, weil es Flüsse und Wälder gab. Es war kaum zu glauben – wahr und wahrhaftig, es gab große Bäume und große Gewässer, und alles war voller Leben, musste man da nicht lachen! Sie folgte dem Pfad geradewegs hinein in den wildesten Wald und kam zum Weiher. [...] Dort am Weiher blieb sie den ganzen Tag und tat vieles, was sie noch nie ausprobiert hatte. Sie warf Tannenzapfen ins Wasser und lachte, als sie merkte, dass sie davonschaukelten, wenn sie nur mit den Füßen plätscherte. So viel Spaß hatte sie noch nie gehabt! Ihre Füße fühlten sich so froh und frei an beim Plätschern und noch froher beim Klettern. Um den Weiher lagen große, bemooste Findlinge zum Hinaufklettern, und dort standen Fichten und Kiefern zum Hangeln. Ronja kletterte und hangelte, bis die Sonne über den waldigen Bergrücken zu sinken begann. [...] Danach legte sie sich ins Moos, um eine Weile auszuruhen, und hoch über ihr rauschten die Bäume. Sie guckte hinauf und lachte leise, weil es sie gab. Dann schlief sie ein. Als sie erwachte, war es schon dunkler Abend, und sie sah die Sterne über den Baumwipfeln glühen. Da begriff sie, dass die Welt noch viel mehr war, als sie geglaubt hatte. *Astrid Lindgren*

Astrid Lindgren (1907-2002): schwedische Schriftstellerin, eine der bekanntesten Kinderbuchautorinnen der Welt

M2 Allein in der Wildnis

Der 13-jährige Brian Robeson wohnt mit seiner Mutter allein in der Stadt. Als er seinen Vater auf den Ölfeldern in Kanada besuchen will, erleidet der Pilot seines Flugzeugs einen Herzinfarkt. Dem Jungen gelingt das Unmögliche: eine Notlandung auf einem See mitten in der kanadischen Wildnis.

Ich bin am Leben!, dachte er. Ich lebe. Wie leicht hätte es anders kommen können. Der Tod war so nah. Ich hätte sterben können.
Seine Kleider waren feucht und kalt und er fröstelte. Er zog sich die Reste seines zerfetzten Anoraks um die Schultern und drückte die Arme gegen die Rippen. Er konnte nicht denken. Sosehr er sich anstrengte, er konnte keinen klaren Gedanken fassen. [...]
Eine Stunde saß er, zwei vielleicht. Er konnte die Zeit nicht abschätzen und es war ihm auch egal. Die Sonne war ein Stück am Himmel hinaufgeklettert und mit den ersten warmen Strahlen kamen Wolken von Insekten, dichte Mückenschwärme, die sich auf Brian stürzten und die unbedeckten Stellen seines Körpers mit einem wimmelnden, krabbelnden, stechenden Pelz überzogen. Beim Einatmen krochen sie in sei-

ne Nase. Sie drangen ihm in den Mund, als er nach Luft zu schnappen versuchte. Es war unglaublich. So etwas gab es nicht. Er hatte den Flugzeugabsturz überlebt, aber die Moskitos gaben ihm den Rest. Er würgte sie hustend heraus, spuckte sie aus, schnäuzte sich durch die Nase. Er kniff die Augen zusammen und schlug sich mit beiden Händen vors Gesicht, um jedes Mal Hunderte von Moskitos zu zerdrücken. [...]

Aber kaum hatte er ein Fleckchen seiner Haut befreit, kamen neue Schwärme angeschwirrt – wütende Geschwader. Moskitos und kleinere schwarze Mücken, die er noch nie gesehen hatte. Blutrünstige Vampire!, dachte er. [...] In all den Abenteuerbüchern, die Brian gelesen hatte, in allen Fernsehfilmen über das freie Leben in der Wildnis war nie von diesen Mücken und Moskitos die Rede gewesen. Gezeigt wurden nur glückliche Menschen in unberührter Natur, herrliche Landschaften – oder Tiere, die fröhlich durch die Gegend sprangen. Blutgierige Moskitos gab es da nicht. [...]

Der Hunger erwachte. Brian rieb sich den Bauch. Er hatte den Hunger bis jetzt nicht gespürt, weil etwas anderes, vielleicht die Angst oder der Schmerz, stärker gewesen war. Jetzt aber spürte er die schwarze Leere im Magen. Noch nie hatte er solchen Hunger gespürt. Das Wasser aus dem See hatte seinen Magen gefüllt, nicht aber den Hunger gestillt. Es wurde ihm schwindelig, wenn er an Essen dachte. Zu Hause konnte er sich an einen Tisch setzen und einen dicken, saftigen Hamburger mit Käse und Ketchup und Pommes verdrücken. Und anschließend eine dicke Schokoladenmilch. Aber hier gab es nichts zu essen. Nichts. [...]

Brian hatte kein Feuerzeug, keine Zündhölzer, er konnte kein Feuer machen. Im Wald gab es wilde Tiere. Bestimmt gab es Wölfe, dachte er sich, oder Bären und andere Tiere. In der Dunkelheit, unter seinem Baum sitzend, war er schutzlos jedem Angriff ausgeliefert. Er schaute sich um und es schauderte ihn. Gut möglich, dass irgendwelche Wesen der Wildnis ihn jetzt schon belauerten. Am Ende warteten sie nur die Dunkelheit ab, um zu kommen und ihn zu fressen. Er griff nach dem Beil an seinem Gürtel. Es war die einzige Waffe, die er besaß. Immerhin etwas.

Er musste einen Unterschlupf finden, eine Höhle oder eine Schutzhütte. Nein, er musste sich eine Schutzhütte bauen und er musste etwas zu essen finden.

Gary Paulsen

Gary Paulsen (1939): US-amerikanischer Schriftsteller

AUFGABEN

1 Beschreibt, wie Ronja die Natur erlebt. > M1
2 Erläutert, welche Probleme Brian in der Natur hat und wie er sie löst bzw. lösen will. > M2
3 Vergleicht die Naturerlebnisse von Ronja und Brian. Worin gleichen sie sich, worin unterscheiden sie sich? > M1/M2

plus Fertigt Fotos an, die die Schönheit der Natur zeigen.

Wir leben von der Natur

M1 Mutter Erde

50 Kinder aus der Ortschaft Riegel im Kaiserstuhl modellierten 2004 unter der Anleitung der Künstlerin Jutta Stern eine drei Meter hohe und zwanzig Meter lange Frauengestalt aus Lehm, die sie „Mutter Erde" nannten.

M2 „Der Raub der Persephone" – eine griechische Sage

Hades, der Gott der Unterwelt, war der Bruder von Zeus, dem obersten aller Götter. Demeter, die Göttin der Fruchtbarkeit, war die Schwester von Zeus; sie hatte eine Tochter mit dem Namen Persephone.

Hades wollte heiraten, und er einigte sich mit Zeus darauf, dass Persephone, die Tochter der Demeter, seine Frau werden sollte. Als Persephone auf einer Wiese Blumen pflückte, tat sich plötzlich vor ihr ein Abgrund auf und Hades zog sie zu sich hinab. Demeter suchte ihre Tochter überall, konnte sie jedoch nicht finden. Schließlich erfuhr sie vom Sonnengott Helios, dass Hades sie geraubt und in der Unterwelt zu seiner Frau gemacht hatte. Darüber war sie sehr traurig, und in ihrer Trauer verbot sie den Pflanzen zu wachsen, den Bäumen, Früchte zu tragen. Da brach eine große Hungersnot unter den Menschen aus. Die Götter fürchteten um ihren Erntedank und forderten von Zeus, er solle etwas unternehmen. Nach langen Verhandlungen einigte er sich mit Hades darauf, dass Persephone einen Teil jeden Jahres zu ihrer Mutter zurückkehren durfte. Immer, wenn Persephone bei ihrer Mutter ist, lässt Demeter aus Freude und Dankbarkeit alles wachsen und gedeihen; wenn sie aber bei Hades in der Unterwelt ist, ist sie traurig, und daher blüht keine Pflanze.

Erntedank: Dank(esgabe) der Menschen an die Götter / an Gott am Ende der Erntezeit

INFO

Lebensgrundlage Natur

Die Natur ist in vielfacher Form die Lebensgrundlage des Menschen. Sie liefert ihm z. B. die Nahrung, die er zum Leben braucht. Außerdem stellt sie ihm Rohstoffe (z. B. Holz, Baumwolle, Eisenerz) zur Verfügung, die er für die Herstellung von Werkzeugen, Kleidung usw. benötigt.

M3 Ein Leben ohne Supermarkt

Vanessa und Marco haben mit ihrer Klasse an dem Projekt „Leben wie in der Steinzeit" teilgenommen und einige Tage lang so gelebt wie die Menschen vor 5000 Jahren: Da konnte man nicht mal schnell in den Supermarkt gehen; unsere Vorfahren mussten alles Überlebenswichtige der Natur abtrotzen. Früchte, Beeren, Nüsse, Getreidekörner haben sie mit eigenen Händen gesammelt. Für die Jagd brauchten sie Speerspitzen, die sie erst selbst aus Stein schlagen mussten. Ihre Kleider haben sie mit Hilfe von Knochennadeln und Sehnen aus Tierfellen selbst zusammengenäht.

Vanessa und Marco haben das alles kennengelernt und auch selber ausprobiert. Auf der Rückfahrt im Bus sprechen sie über ihre Erfahrungen.

Marco: Das war ja ein tolles Erlebnis, richtig abenteuerlich. Aber ich bin auch froh, dass wir jetzt wieder nach Hause fahren. Zu leben wie die Steinzeitmenschen ist doch sehr anstrengend. Gut, dass wir diesen Naturzustand hinter uns haben!

Vanessa: Aber heute ist es auch nicht viel anders!

Marco: Du willst sagen, dass wir immer noch so primitiv leben wie in der Steinzeit? Es gibt doch den technischen Fortschritt.

Vanessa: Auch heute können wir nicht ohne die Natur auskommen.

Marco: Wie meinst du das?

Vanessa: Was denkst du denn, was in dem Schokoriegel ist, den du gerade isst? Kakaobohnen, Erdnüsse und Milch von Kühen.

Marco: Darüber habe ich noch nicht nachgedacht.

Vanessa: Und was ist mit den Jeans, die du anhast? Die bestehen aus Baumwolle und dem Farbstoff aus einer Pflanze.

Marco: Aber meine Jacke, die ist aus Kunststoff …

Vanessa: … hergestellt aus Erdöl!

Marco: Und mein Handy? Reine Technik!

Vanessa: Na ja, viel Kunststoff, also wieder Erdöl, und Metall. Und ohne den Akku mit Strom aus Kohle, aus Windenergie usw. würde es nicht gehen.

Marco: Ich gebe mich geschlagen. Zwar müssen wir die Sachen heute nicht selber herstellen, aber alles, was wir zum Leben brauchen, stammt immer noch aus der Natur. Auch heute könnten wir ohne Natur nicht leben.

AUFGABEN

1 Diskutiert, was die Kinder veranlasst haben könnte, die Figur der Mutter Erde zu modellieren. Warum wird die Erde wohl als Mutter bezeichnet? > M1

2 Interpretiert die Geschichte von Demeter und Persephone im Hinblick auf den Kreislauf der Jahreszeiten. > M2

3 Erläutert, wie sich das Leben der Menschen in der Steinzeit von dem Leben heutiger Menschen unterscheidet. > M3

4 Erläutert anhand von Beispielen, was Marco meint, wenn er sagt: „Auch heute könnten wir ohne Natur nicht leben." > M3

H 5 Jede/r von euch bringt drei verschiedene Gegenstände mit. Legt die Gegenstände im Kursraum aus. Reihum nimmt jede bzw. jeder einen Gegenstand und hält ihn hoch. Die anderen sagen dann, was daran aus der Natur stammt. Haltet eure Ergebnisse in einer Tabelle fest. > M3

plus Fertigt Fotos an, die die Natur als Lebensgrundlage zeigen.

Im Einklang mit der Natur

M1 Wer hört die Grille?

Indianer: heute als Bezeichnung für die Ureinwohner Nordamerikas eher gebräuchlich: *Native Americans* oder *First Nations* (in Kanada)

Eines Tages verließ ein Indianer das Reservat und besuchte einen weißen Mann, mit dem er befreundet war. In einer Stadt zu sein, mit all dem Lärm, den Autos, den vielen Menschen um sich – all dies war ganz neu und auch ein wenig verwirrend für den Indianer. Die beiden Männer gingen die Straße entlang, als plötzlich der Indianer seinem Freund auf die Schulter tippte und ruhig sagte: „Bleib einmal stehen. Hörst du auch, was ich höre?" Der weiße Freund […] horchte, lächelte und sagte dann: „Alles, was ich höre, ist das Hupen der Autos und das Rattern der Omnibusse. Und dann freilich auch die Stimmen und die Schritte der vielen Menschen. Was hörst du denn?" „Ich höre ganz in der Nähe eine Grille zirpen", antwortete der Indianer. Wieder horchte der Mann. Er schüttelte den Kopf. „Du musst dich täuschen", meinte er dann, „hier gibt es keine Grille und selbst wenn es hier irgendwo Grillen gäbe, würde man ihr Zirpen bei dem Lärm nicht hören." Der Indianer ging ein paar Schritte. Vor einer Hauswand blieb er stehen. Wilder Wein rankte an der Mauer. Er schob die Blätter auseinander und da – sehr zum Erstaunen des weißen Mannes –saß tatsächlich eine Grille, die laut zirpte. Nun, da der weiße Mann die Grille sehen konnte, fiel auch ihm Geräusch auf, das sie von sich gab. Als sie weitergegangen waren, sagte der Weiße nach einer Weile zu seinem Freund, dem Indianer: „Natürlich hast du die Grille hören können. Dein Gehör ist eben besser geschult als meines. Indianer können besser hören als Weiße." Der Indianer lächelte und erwiderte: „Da täuschst du dich, mein Freund. Pass auf, ich will es dir beweisen." Er griff in die Tasche, holte ein 50-Cent-Stück hervor und warf es auf das Pflaster. Es klimperte auf dem Asphalt, und Leute, die mehrere Meter von […] [den beiden] entfernt gingen, wurden auf das Geräusch aufmerksam und sahen sich um. Dann hob einer das Geldstück auf, steckte es ein und ging seines Weges. „Siehst du," sagte der Indianer zu seinem Freund, „das Geräusch dieses 50-Cent-Stückes war nichts gegen das der Grille, und doch hörten es viele der weißen Männer, während das Geräusch der Grille niemand hörte außer mir. Der Grund dafür liegt nicht darin, dass das Gehör der Indianer besser ist. Der Grund liegt darin, dass wir alle stets das gut hören, worauf wir zu achten gewohnt sind."

Willi Hoffsümmer

M2 „Ohne ihn waren wir nichts"

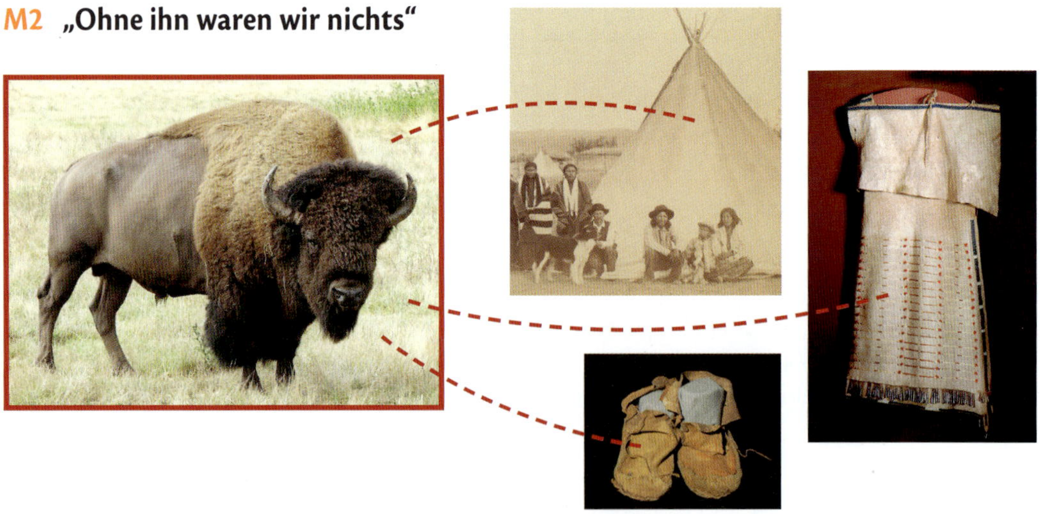

Tahca Ushte, der Medizinmann der Sioux, erklärt die Bedeutung der Natur und besonders des Büffels für die Ureinwohner Nordamerikas.

„Der Büffel ist für uns […] besonders heilig. Ihr könnt die Natur nicht verstehen, auch unser Verhältnis zur Natur nicht, wenn ihr nicht versteht, wie nahe wir dem Büffel waren. Dieses Tier war fast ein Teil von uns, ein Teil unserer Seele.
Der Büffel gab uns alles, was wir zum Leben brauchten. Ohne ihn waren wir nichts. Unsere Tipis waren aus seiner Haut gemacht. Sein Fell war unser Bett, unsere Decke, unser Wintermantel. Seine Haut war unsere Trommel, die durch die Nacht klang, lebendig, heilig. Aus dieser Haut machten wir unsere Wassersäcke. Sein Fleisch gab uns Kraft, wurde in uns wieder zu Fleisch. Nicht der kleinste Teil wurde vergeudet. Sein Magen wurde zum Suppenkessel; dazu füllten wir ihn mit rotglühenden Steinen. Aus den Hörnern entstanden Löffel, aus den Knochen Messer und die Ahlen und Nadeln der Frauen. Aus den Sehnen machten wir Bogensehnen und Faden. Die Rippen wurden zu Kinderschlitten umgearbeitet, aus den Hufen wurden Rasseln. Sein mächtiger Schädel war unser Altar. Gegen ihn wurde die heilige Pfeife gelehnt. […]
Als ihr den Büffel getötet habt, habt ihr auch den Indianer getötet – den echten, natürlichen, ‚wilden' Indianer."

Tahca Ushte

Sioux:
eine (verschiedene Gemeinschaften umfassende) Gruppe von Ureinwohnern in Nordamerika

M3 „Die Weissagung der Cree"

Vielleicht habt ihr diesen Spruch schon einmal gehört, den manche Leute auch als Aufkleber auf dem Auto haben? Er wurde als „Weissagung der Cree" bekannt, stammt aber eigentlich aus der US-amerikanischen und westdeutschen Umweltbewegung der 80er Jahre.

Cree:
mit 135 anerkannten Gemeinschaften heute die größte Gruppe unter den *First Nations*

AUFGABEN

1. „Der Weiße" und „der Indianer" stehen in dieser Geschichte für zwei unterschiedliche Lebensweisen. Stellt dar, wodurch sie sich unterscheiden. > M1
2. Erläutert, welche Bedeutung die Büffel für die Ureinwohner Nordamerikas hatten. > M2
3. (V) Erläutert, was der Spruch, der als „indianische Weisheit" bekannt wurde, zum Ausdruck bringen sollte. > M3

Eingriffe in die Natur

M1 Der Mensch – eine Naturgewalt

Erdbeben, Vulkanausbrüche oder Stürme sind Naturgewalten, die über Tausende und Millionen von Jahren zu gewaltigen Veränderungen in der Natur führen. Aber auch der Mensch verändert die Natur stetig und gewaltig.

Er macht dies jedoch in Jahren und Jahrzehnten. Der Mensch baut Städte, Siedlungen und Verkehrswege. Er rodet Wälder und betreibt Landwirtschaft. Berge werden für Verkehrswege durchlöchert oder für industrielle Zwecke abgebaut. Aus ehemaligen Kiesgruben entstehen neue Seenlandschaften und neue Lebensräume für Tiere und Pflanzen. Andere werden vernichtet. Ganze Küstengebiete werden durch

Neulandgewinnung umgestaltet. Der Mensch beeinflusst aber auch die Entwicklung der Tier- und Pflanzenwelt in kürzester Zeit, indem er Tiere und Pflanzen verschleppt, einbürgert, bekämpft, schützt, ausrottet, züchtet und verändert. Der Mensch ist eine biologische Naturgewalt. Und durch sein Wirken werden Naturgewalten häufig verstärkt oder ausgelöst. So können Baumaßnahmen Erdrutsche verursachen, Bodenversiegelung und Flussbegradigung zu Hochwasser und Überschwemmungen beitragen. Vor allem beeinflusst der Mensch indirekt durch den Ausstoß von klimaschädlichen Gasen die Erwärmung des Klimas auf der Erde.

M2 Wenn die Bienen sterben ...

Die Biene ist eines der ältesten Lebewesen überhaupt und existiert vermutlich schon seit mehr als 100 Millionen Jahren auf der Erde. Für uns Menschen sind Bienen enorm wichtig – nicht nur weil sie uns leckeren Honig liefern. [...]
Ohne diese wichtige Bestäubungsarbeit der Bienen könnten sich die meisten Pflanzen nicht mehr vermehren, viele Obst- und Gemüsesorten würde es kaum noch geben. Tiere hätten weniger Futter und auch wir Menschen ein Riesenproblem! Wir verdanken nämlich fast jeden dritten Bissen, den wir essen, den Bienen! [...] Seit einigen Jahren ist in den Medien immer wieder vom „Bienensterben" die Rede. Das klingt manchmal, als würde es bald keine Bienen mehr geben. Ganz so schlimm ist es nicht, aber tatsächlich geht es den Bienen in vielen Teilen der Welt nicht gut. [...]
Was genau die Ursachen für das Bienensterben sind, darüber sind sich Wissenschaftler noch nicht ganz einig, aber es scheint mehrere Probleme zu geben. Vor allem Wildbienen finden immer weniger Nistplätze wie z. B. sandige Flächen, morsches Totholz und ungestörte Waldränder. In den letzten Jahrzehnten haben sich unsere Landschaften nämlich extrem verändert. Wir Menschen haben immer mehr wilde Landschaften zerstört, Flächen bebaut, Böden betoniert und den Bienen damit wichtigen Lebensraum genommen. Unsere Gärten und Parks sind aufgeräumt und mit pflegeleichten immergrünen Sträuchern bestückt. Für die Bienen bedeutet das: weniger Blütenpflanzen, weniger Futter. Auch auf unseren Feldern gibt es insgesamt weniger Futter für Bienen, weil wir dort oft nur wenige verschiedene Pflanzen anbauen. Honigbienen macht das nicht viel aus. Sie nehmen jede Blüte, die sie finden können. Viele Wildbienen dagegen sind richtige Spezialisten, die auf ganz bestimmte Pflanzen angewiesen sind. Finden sie diese nicht in ihrer Nähe, fehlt es ihnen an Nahrung.
Ein weiteres Problem für Wild- und auch Honigbienen: Wir Menschen setzen in Gärten und auf Feldern häufig Pflanzenschutzmittel ein. Viele Wissenschaftler sagen, dass diese Mittel Bienen schaden und im schlimmsten Fall sogar zu ihrem Tod führen können.

wdr.de

AUFGABEN

1 Vergleicht die drei Bilder und beschreibt, was sich alles verändert hat. > M1
2 Wie wird es wohl in einigen Jahren an dem in den Bildern dargestellten Platz aussehen? Male ein Bild dazu. Vergleicht eure Ergebnisse. > M1
3 Untersucht anhand des Textes, wie der Mensch in die Natur eingreift und warum. Welche Folgen sind damit verbunden? > M1
4 Erläutert die Ursachen des Bienensterbens und die damit verbundenen Folgen für Mensch und Natur. > M2
V H 5 Informiert euch, welche weiteren Tierarten vom Aussterben bedroht sind.

Die Tiere sind weg!

M1 Auf ins Tierparadies

Jacob Bouttats, Garden of Eden, 1675

„So geht das nicht mehr weiter", sprach der Löwe. Großer Beifall folgte. „Wir müssen endlich etwas tun und den Menschen zeigen, dass wir auch einen Willen haben", piepste die Amsel. „Sie hat recht, wir müssen etwas unternehmen", rief es von allen Seiten. Die Beratungen dauerten bis zum Sonnenuntergang, dann klopfte der Löwe hart auf die Erde: „Ruhe! Ich muss um Ruhe bitten! Ich und meine sieben Räte, Herr Fuchs, Herr Steinbock, Frau Klapperschlange, Herr Delphin, Herr Gepard, Frau Eidechse und Frau Maus haben erkannt, dass die Menschen uns brauchen und von uns abhängig sind. Da die Menschen uns aber ausnutzen und uns ausrotten, ist die Lösung ganz einfach. Wir ziehen uns alle zurück, damit die Menschen merken, wie es ist, wenn sie ohne uns auskommen müssen." Tosender Beifall. „Erklären Sie das bitte genauer, großer Herr und König Löwe", bat die Schildkröte. „Wir werden uns alle zurückziehen, dann haben die Menschen keinen Nutzen mehr von uns. Es gibt ein geheimes Land, das für jeden von uns Platz hat. Es ist das Tierparadies. Kein Mensch kann es jemals betreten. Wir werden über die Menschen siegen!"

Als eine endlose Reihe von Tieren ins Tierparadies zog, hatten die Menschen noch nichts von der Veränderung gemerkt. Tiere gehörten für die Menschen einfach zum Leben, zur Wirtschaft. Aber man musste nicht auf sie achten. Erst am anderen Morgen brach ein heilloses Durcheinander aus. Milch- und Eierindustrie brachen völlig zusammen. Kein Fisch und keine Krabben wurden mehr gefangen. Da war eine große Trauer über jedes verlorengegangene Haustier. Es gab kein Hundebellen mehr und keinen Vogelgesang. Alle Menschen machten sich gegenseitig Vorwürfe und versuchten, dem anderen die Schuld in die Schuhe zu schieben. [...] Die Bürger forderten klare Entscheidungen von den [...] [Regierenden]. Die Schüler machten Demos und forderten die Rückkehr der Tiere. Schließlich veranstaltete man einen Kongress führender Umweltforscher und Politiker aus aller Welt. [...] Herr Schum, der Botschafter Chinas, berichtete dem Kongress, seine Regierung wisse, dass alle Tiere ins Tierparadies geflohen seien.

„Dann ist es ja ganz einfach", sagte der Präsident des Kongresses, „wir senden einen Boten ins Tierparadies." Herr Schum winkte ab und sagte: „Kein Mensch wird jemals das Tierparadies betreten können." Eine peinliche Stille folgte. „Wird jemals das Tierparadies betreten können", hörte man als knarrendes Echo in der Luft. Alle schauten auf. Ein grün-gelber Papagei saß unter der Decke der Kongresshalle. „Gestatten, mein Name ist Lutschiwutschi. Ich bin der Pressevertreter der Tiere." „Ach, bitte, überbringe doch eine Botschaft von uns an die Tiere!", flehte der Präsident. „Ugu, ugu", rief es von der Decke, „nur, wenn sie gut ist." Nun folgten lange Beratungen, schließlich wurde der Papagei Lutschiwutschi mit folgendem Brief der Menschen ins Tierparadies geschickt:

M2 Der Brief an die Tiere

Die Welt, am 23. 6. 1999

Sehr verehrte Tiere!

[...] Wir können verstehen, dass Ihr Euch nicht mehr wohlgefühlt habt. Dies ist uns leider erst aufgefallen, als Ihr schon weg wart. Damit Ihr Euch in Zukunft bei uns wohler fühlt, haben wir einstimmig beschlossen:

§ 1 Wir werden kein Gift mehr in die Flüsse und Meere leiten.

§ 2 Wir werden kein Gift mehr auf die Insekten sprühen.

§ 3 Wir werden keine Pflanzen anbauen, die Euch nicht bekommen.

§ 4 Wir werden Eure Pelze und Häute nicht mehr abziehen, um Luxus zu genießen.

§ 5 Wir werden die Regenwälder nicht mehr abholzen und Euch auch keine anderen Lebensräume mehr wegnehmen.

§ 6 Wir werden den Zustand Eurer Arbeitsplätze (z. B. Bauernhof) deutlich verbessern. Fließbandarbeit (z. B. in Hühnerfabriken) wird für Tiere streng verboten.

[...] BITTE KOMMT ZURÜCK, DENN WIR LIEBEN EUCH.

Eure Menschen

M3 Der Kinder wegen

Über die Botschaft der Menschen waren die Tiere sehr überrascht. Ungläubiges Staunen war die Antwort. Der Fuchs meinte: „Niemals dürfen wir zurückkehren! Die Menschen täuschen uns nur!" Aber andere sagten: „Die Menschen wollen sich wirklich bessern. Schließlich sind die Menschen auch Lebewesen, die zu uns gehören." Dann wurde gewählt. 65 Milliarden Tiere stimmten gegen die Rückkehr, nur 5000 waren dafür. Nun begann bei den Menschen endgültig eine sehr schlimme Zeit. Es gab kein Fleisch mehr zu essen, keine Milch zu trinken, keinen Honig fürs Brot, kein Leder für die Schuhe und keine Wolle für die Pullover. Die Erwachsenen erfanden Kunstmilch und Kunsthonig, die Chemie produzierte Kunstleder und die Landwirtschaft Baumwolle. Aber viele Menschen wurden sehr krank, und besonders schlimm ging es den Kindern. Sie hatten keinen Hund zum Spielen, keine Katze zum Streicheln, kein Pony zum Reiten, nichts Lebendiges, nur Spielsachen aus den Fabriken. Als die Tiere von dem großen Unglück der Menschen erfuhren, hob der Elefant Bimbo seinen großen Rüssel, meldete sich zu Wort und sagte: „Die erwachsenen Menschen haben unsere Rückkehr nicht verdient, aber die Kinder der Menschen tun mir leid." *M1 – M3 Irina Brüggeshemke*

AUFGABEN

1 Erläutert, warum die Tiere eine Konferenz abhalten und zu welchem Ergebnis sie führt. > M1

2 Beschreibt eure Vorstellungen vom Tierparadies. > M1

3 Stellt dar, was das Fehlen der Tiere für die Menschen bedeutet. > M1

4 Erläutert, wie die Menschen auf die Flucht der Tiere reagieren. > M2

5 Beschreibt die Reaktion der Tiere auf die Botschaft der Menschen. > M3

V 6 Schreibe die Geschichte weiter. Wie gestaltet sich das Verhältnis zwischen Tieren und Menschen nach der Rückkehr der Tiere? > M3

Natur in Gefahr

M1 Problem Plastikmüll

Letztlich bin ich beim Surfen im Internet auf ein Foto gestoßen, das ein merkwürdiges Kunstwerk in der philippinischen Stadt Naic Town zeigt: einen Wal, der Unmengen von Müll in seiner Schnauze hat. Verrückt, oder vielleicht doch nicht? Zum Thema Plastikmüll habe ich nämlich Folgendes herausgefunden:
Es gibt viele verschiedene Quellen für Müll. Ein Verursacher ist die Landwirtschaft. Wenn Erdbeeren oder Tomaten angebaut werden, werden sie mit großen Folien abgedeckt. Der Wind zerreißt die Folien und die gelangen in den Fluss und vom Fluss ins Meer. Auch in der Industrie fällt viel Müll an, der im Meer endet. Dann ist auch viel Müll auf der Straße. Alles, was auf dem Boden landet, kann über den nächsten Abfluss, Gully oder Bach ins Meer gelangen. [...] Da alle Meere miteinander verbunden sind, kann sich der Müll um die ganze Welt bewegen. [...] Im Pazifischen Ozean gibt es einen riesigen Müllteppich, der größer als Europa ist. [...] [Plastik] ist eine Gefahrenquelle, weil die Tiere im Meer den Müll mit Nahrung verwechseln. Die Zahnwale zum Beispiel kauen nicht wie wir. Sie schnappen zu und schlucken das Plastik im Ganzen herunter. Im Magen kann das Plastik nicht verarbeitet werden [...]. Wenn wir tote gestrandete Wale finden, die den Magen voll mit Plastik haben, sagen wir, dass sie mit vollem Magen verhungert sind. Der Kopf sagt, dass sie satt sind, weil der Magen voll ist. Dabei ist darin nur Plastik.

www-kindersache.de

M2 Problem CO_2-Ausstoß

Ich war immer davon überzeugt, dass der Vater meines Freundes ein ganz komischer Kauz ist. Mal im Ernst: Wer fährt denn jeden Tag auch bei Wind und Wetter 20 Kilometer mit dem Fahrrad zur Arbeit? Normal ist das nicht, hab' ich gedacht, bis ich ihn fragen konnte, warum er das tut. Seine Antwort war folgende: „Hast du dir mal klar gemacht, wieviel CO_2 durch Autos ausgestoßen wird und wie schädlich das für das Klima auf der Erde ist? Die Folgen spüren wir doch schon jetzt: Naturkatastrophen wie Überschwemmungen, starke Stürme und Hitzewellen. Einige Gebiete in Afrika können sogar nicht mehr von Menschen bewohnt werden, weil es dort mittlerweile zu heiß ist. Die Menschen können nichts anbauen und auch das Trinkwasser ist sehr knapp. Bei einer weiteren Erwärmung der Erde passiert aber noch viel mehr: Die Gletscher der Pole schmelzen, der Meeresspiegel steigt, Städte an den Küsten werden überschwemmt, Millionen von Menschen, z. B. in Shanghai, Tokio, Hamburg müssen umgesiedelt werden. Also wenn das keine guten Gründe sind ..."
Plötzlich fand ich den Vater meines Freundes gar nicht mehr so komisch, sondern sehr vernünftig. Also habe ich angefangen nachzudenken: Was würde passieren, wenn ich nicht mehr von meiner Mutter mit dem Auto zur Schule gebracht würde, sondern mein Fahrrad nehmen würde? Und was würde passieren, wenn nicht nur ich, sondern alle meine Freunde das auch so machen würden?

CO_2: Kohlenstoffdioxid, eines der bedeutendsten Treibhausgase

M3 Problem Palmölproduktion

Neulich traf ich die Freundin meiner älteren Schwester im Supermarkt. Sie war gerade dabei, mit ihrem Handy eine Tafel Schokolade zu scannen. „Was machst du denn da?", fragte ich verwundert. „Ich habe hier eine App, mit der kann ich prüfen, ob die Schokolade Palmöl enthält. Mmh … ja, tatsächlich. Dann nehme ich die hier lieber nicht und suche mir eine andere!" „Warum ist dir das denn so wichtig?" „Na, schau dir zu Hause 'mal diese Website hier an", sagte sie.

Palmöl: Pflanzenöl aus den Früchten der (sehr ertragreichen) Ölpalme

www.abenteuer-regenwald.de

AUFGABEN

Bearbeitet die folgenden Aufgaben in arbeitsteiliger Gruppenarbeit:

1 Beschreibt mit eigenen Worten, inwiefern die Natur gefährdet wird durch
 (W) a) Plastikmüll, > M1
 b) die Auswirkungen hohen CO_2-Ausstoßes, > M2
 c) die Verwendung von Palmöl. > M3

2 Recherchiert im Internet,
 (W) a) wo sich die Plastikmüllteppiche in den Weltmeeren befinden und wie groß sie sind, > M1
 b) welche weiteren Faktoren zum Klimawandel beitragen, > M2
 c) in welchen häufig benutzten Produkten Palmöl enthalten ist. > M3

(V) 3 Entwickelt eigene bzw. weitere Ideen, wie man die hier beschriebenen Gefährdungen der Natur vermeiden kann. > M1-M3

plus Fertigt Fotos an, die die Bedrohung der Natur deutlich machen.

Natur schützen und bewahren

M1 Nur geborgt?

M2 Mir doch egal!

Ein ehemaliger Erdkundelehrer erzählte uns von einer seiner Reisen, auf denen er einem Fischer begegnete.

Dieser fischte mit Netzen, die aufgrund ihrer engen Maschen verboten sind, da auch junge Fische in diesen Netzen hängen bleiben. Unser Lehrer fragte diesen Fischer, ob er denn wisse, dass seine Söhne wegen dieser Fangtechnik vielleicht keine Fische mehr essen könnten. Der Fischer gab nur schulterzuckend von sich:

„Na und, da lebe ich sowieso nicht mehr! Das kann mir also egal sein."

M3 Das Artensterben stoppen

IFAW: International Fund for Animal Welfare

Helles Köpfchen: Suchmaschine für Kinder und Jugendliche

Das Helle Köpfchen hat mit Peter Pueschel vom Internationalen Tierschutz-Fonds (IFAW) gesprochen.

Helles Köpfchen: Ist es wirklich so schlimm, dass Pflanzen und Tiere aussterben? Schließlich sind auch Dinosaurier, Säbelzahntiger und Mammuts verschwunden, und das Leben auf der Erde ist trotzdem weitergegangen.

Peter Pueschel: Es gehört sicherlich zum Kreislauf der Natur, dass immer wieder einzelne Tierarten aussterben. Aber wir sind besorgt darüber, wie viele Tierarten [...] [von der] Erde heutzutage gleichzeitig verschwinden. Das hat es so noch niemals gegeben. [...]

HK: Reicht es aus, bedrohte Tiere zu schützen und Naturschutzgebiete festzulegen, um das Artensterben zu stoppen?

Pueschel: Nein, die Menschen vor Ort müssen auch hinter dem Tierschutz stehen. Ein Beispiel aus China: Dort leben nur noch etwa 200 wilde Elefanten. Trotzdem hat man immer wieder erschossene Tiere gefunden. In Gesprächen mit den verarmten Bauern kam heraus, dass die Elefanten deren Felder leer gefressen und völlig zertrampelt hatten. Die Ernte sollte für die Familien den Lebensunterhalt für ein ganzes Jahr sichern. Natürlich waren die Bauern deshalb wütend und haben die Elefanten gejagt. Tierschützer haben ihnen dann erklärt, dass die Felder mitten auf einem Hauptwanderweg der Elefanten lagen. Außerdem bauten die Bauern Pflanzen an, die Elefanten besonders gerne fressen und diese anlockten. [...] Die IFAW hat erreicht, dass die Bauern von der Regierung neue Felder abseits der Elefantenpfade bekommen haben. Außerdem bauen die Bauern seitdem andere Feldfrüchte an, die Elefanten nicht so gerne fressen, die den Bauern aber mehr Gewinn bringen. Schließlich wurden kleine Hotels für Touristen gebaut, die sich Elefanten in freier Wildbahn ansehen wollen. So entstanden in der armen chinesischen Provinz viele neue Arbeitsplätze. Seitdem setzen sich die Menschen aktiv für den Tierschutz ein – und die Elefanten haben wieder eine Zukunft.

HK: [...] Anders sieht es aber aus, wenn große Firmen die Natur zerstören wollen, um dadurch mehr Gewinne zu machen. Ist es für Umweltschützer dann nicht oft unmöglich, sich durchzusetzen?

Pueschel: Nicht unbedingt. Es gibt ein tolles Beispiel aus Mexiko, wo es uns gelungen ist, die

Natur zu retten. Mitsubishi wollte mit der mexikanischen Regierung in der Bucht San Ignacio eine riesige Meerwasser-Entsalzungsanlage bauen. Doch ausgerechnet dort gibt es die meisten Baby-Grauwale der Welt. Umweltschutz-Organisationen und die Menschen vor Ort haben dann so lange für die Wale protestiert, bis der Weltkonzern im Jahr 2000 darauf verzichten musste, die Anlage zu bauen.

HK: Was waren bisher die größten Erfolge der Tierschutzbewegung?

Pueschel: Aus meiner Sicht waren dies das internationale Walfangverbot und das weltweite Verbot des Elfenbeinhandels. Ohne dieses Verbot gäbe es sehr wahrscheinlich in den meisten Ländern Afrikas und Asiens heute keine Elefanten mehr.

M2/M3: *www.helles-koepfchen.de*

M4 Nachhaltig wirtschaften

Marco führte für die Schülerzeitung ein Interview mit einem Experten für den Naturschutz.

Marco: Es heißt doch immer, dass nachhaltiges Wirtschaften wichtig ist. Was versteht man eigentlich unter Nachhaltigkeit?

Experte: Der Begriff stammt aus der Forstwirtschaft. Im 18. Jahrhundert wurden im Wald sehr viele Bäume geschlagen, als Brennmaterial, für den Bau von Häusern, Schiffen usw. Nun wachsen Bäume sehr langsam, und da fiel einigen Förstern auf, dass die Wälder immer kleiner wurden, und sie hatten die Befürchtung, dass eines Tages kein Holz mehr da sein würde. Also stellten sie eine Regel auf: Es dürfen nicht mehr Bäume geschlagen werden als nachwachsen können, damit auch in Zukunft noch genug Holz zur Verfügung steht. Das nannte man nachhaltiges Wirtschaften.

Marco: Das war früher. Aber was hat das mit der heutigen Zeit zu tun?

Experte: Das liegt doch klar auf der Hand: Auch wir müssen bei allem, was wir tun, darauf achten, dass unseren Nachkommen noch genügend Rohstoffe zur Verfügung stehen, um auf der Erde leben zu können. Wir müssen ihnen eine intakte Natur hinterlassen. Und das bedeutet, dass wir unseren Verbrauch von natürlichen Rohstoffen einschränken und sparsamer mit dem umgehen müssen, was die Natur uns gibt.

INFO

Naturschutz

Naturschutz ist notwendig, um die natürlichen Lebensgrundlagen auch für kommende Generationen zu erhalten. Das erfordert insbesondere sparsamen Umgang mit Rohstoffen, Vermeidung von Plastikmüll, Maßnahmen zum Klimaschutz und Artenschutz, z. B. in Form von internationalen staatlichen Abkommen.

AUFGABEN

1 Beschreibt das Bild und erläutert, was es zum Ausdruck bringen soll. > M1
2 Nehmt Stellung zu der Einstellung des Fischers. Bezieht seine Haltung auf die Abbildung M1. > M2
3 Stellt dar, welche Möglichkeiten es gibt, das Artensterben zu stoppen. > M3
H 4 Erklärt, welche Bedeutung Nachhaltigkeit in der heutigen Zeit hat. Gestaltet ein Plakat dazu. > M4

Was kann ich für die Umwelt tun?

M1 Erste Hilfe

M2 Wozu wir uns verpflichten

Der Kindergipfel (KiG) ist ein großes Treffen von Kindern und Jugendlichen im Alter von 12 bis 15 Jahren. Auf dem Kindergipfel 2008 in Bonn verabschiedeten die Teilnehmerinnen und Teilnehmer einen Zukunftsvertrag. In ihm wurden Verpflichtungen formuliert, an die die Kinder und Jugendlichen sich halten wollen, um die Umwelt zu schützen. Hier ein Auszug daraus:

Bedrohte Arten

- Wenn wir uns in der Natur bewegen, respektieren wir den Lebensraum der Tiere und Pflanzen, die dort leben. Wir werfen keinen Müll weg.
- Wir verpflichten uns, mit unseren Eltern über das Thema Möbel aus Tropenholz zu reden und als Familie keine Möbel aus Tropenholz zu kaufen.
- Wir verpflichten uns, weniger Coca-Cola zu trinken, weil die Firma Coca-Cola 40 Milliarden Liter Wasser verbraucht und große Felder vergiftet und dadurch den Lebensraum von vielen Arten zerstört und gefährdet.

Lebensräume

- Wir verpflichten uns dazu, mehr CO_2-sparende Verkehrsmittel zu nutzen und kürzere Strecken zu Fuß zu gehen oder mit dem Fahrrad zu fahren.
- Wir wollen darauf achten, dass wir ebenfalls etwas zum Erhalt der Lebensräume beitragen, indem wir beispielsweise Recycling-Papier benutzen, damit die natürlichen Wälder nicht weiter abgeholzt werden, und dass wir nicht in die Natur eingreifen.
- Wir verpflichten uns dazu, Recyclingprodukte zu benutzen und Energiesparlampen einzubauen; außerdem trennen wir Müll und animieren andere Menschen, ihren Müll fachgerecht zu entsorgen.

Nachhaltigkeit lernen

- Wir verpflichten uns, die Idee der Nachhaltigkeit über kreative, öffentlichkeitswirksame Aktionen (Demonstrationen, Homepages, …) zu vermitteln.
- Wir verpflichten uns, beim Einkaufen auf nachhaltige Produkte zu achten.
- Wir verpflichten uns, unserem Bekanntenkreis (Mitschüler, Freunde, Verwandte) zu zeigen, wie man nachhaltig leben kann.

M3 Projekte für den Naturschutz

Sag mir, wo die Blumen sind

Beteiligt euch an der Wahl zur Blume des Jahres, die geschützt werden soll.

http://www.nabu.de/tiereundpflanzen/pflanzen/aktionen/

Plogging

Sammelt Müll beim Joggen oder Wandern durch eure Gemeinde oder euren Stadtteil ein und stellt euren Erfolg einmal auf #plogging und einmal eurer Bürgermeisterin bzw. eurem Bürgermeister vor.

Plogging: Wortbildung aus schwed. plocka (aufheben, pflücken) und Jogging

Tierschutz

Schreibt Postkarten an das Bundesumweltministerium zum Schutz bedrohter Tierarten, z. B. der Delfine oder Menschenaffen.

http://www.bmu.de/artenschutz/aktuell/3792.php

Regenwald-Projekt

Sammelt Spenden für ein Projekt zur Bewahrung des Regenwaldes, z. B.:

http://www.geo.de/GEO/natur/oekologie/regenwaldverein/

http://www.wwf.de/themen-projekte/projektregionen/regionen-weltweit/kongo-becken/regenwald-im-herzen-afrikas/

AUFGABEN

1 Nehmt Stellung zu der Forderung auf der Einkaufstasche (linkes Bild) und der Werbeaktion eines Discounters (rechtes Bild). Findet weitere Beispiele, die helfen, die Umwelt zu schützen. > M1

2 Erläutert die Selbstverpflichtungen der Teilnehmer/innen des Kindergipfels und nehmt Stellung dazu. > M2

3 Würdet ihr für eine lebenswerte Zukunft noch weitere Verpflichtungen eingehen? Begründet eure Auffassung. > M2

4 Informiert euch über die Projekte. Führt anschließend eines der vorgestellten Projekte oder ein eigenes Projekt zum Schutz der Umwelt durch. > M3

plus Fertigt Fotos an, die zeigen, wie Natur geschützt werden kann.

Was wir wissen – was wir können

Wissen kompakt

Natur

wird vom Menschen erlebt:

- schön
- abenteuerlich
- gefährlich
- ...

wird vom Menschen gestaltet:

- Landwirtschaft
- Städtebau
- Verkehrswege
- ...

ist durch den Menschen bedroht:

- klimaschädliche Schadstoffe
- Abholzung der Regenwälder
- Erzeugung von Plastikmüll
- ...

muss geschützt werden, damit ...

- keine weiteren Tierarten aussterben
- sich die Erde nicht weiter erwärmt und der Klimawandel aufgehalten werden kann
- die Lebensgrundlagen von Mensch und Tier nicht (noch mehr) zerstört werden
- ...

→

Jede/r Einzelne trägt Verantwortung für ...

- Konsum nachhaltig angebauter Produkte
- sparsamen Energieverbrauch
- Vermeidung von Plastikmüll
- ...

KOMPETENZ-CHECK

Überprüfe dich selbst: Wenn du dich bei einem Punkt noch unsicher fühlst, lies und bearbeite (ggf. mit Partner/in) die passende Schulbuchseite noch einmal.

Ich kann ...		Meine Einschätzung – –	–	+	++
die Bedeutung der Natur für den Menschen in unterschiedlichen Zusammenhängen (Schönheit, Erlebnis, Gefahr) beschreiben	> S. 170-171				
erklären, inwiefern die Natur unsere Lebensgrundlage darstellt	> S. 172-173				
an einem Beispiel erläutern, was Leben im Einklang mit der Natur bedeutet	> S. 174-175				
an konkreten Fällen deutlich machen, wieso der Mensch eine Bedrohung der Natur darstellt	> S. 176-181				
erklären, wann Tiere unter den Menschen leiden	> S. 177-181				
Möglichkeiten benennen, wie das Artensterben gestoppt und die Natur geschützt werden kann	> S. 182-183				
aufzeigen, wie ich selbst dazu beitragen kann, Natur zu schützen	> S. 184-185				

Arbeitsblatt:
Kompetenz-Check „Natur und Umwelt"

Mediencode: 21004-08

plus In den letzten Wochen habt ihr Fotos zu folgenden Themen gemacht:

Schönheit der Natur | Lebensgrundlage Natur

Bedrohung der Natur | Schutz der Natur

Druckt eure besten Fotos (maximal drei) zu jedem der vier Themen aus.
Besorgt euch vier Stellwände und pinnt eure Fotos – nach den Themenbereichen getrennt – dort an.
Tauscht euch darüber aus, was ihr mit euren Fotos zum Ausdruck bringen möchtet.
Gestaltet anschließend mit ihnen eine Ausstellung in eurer Schule.

Vom Anfang der Welt

AUFGABEN

1 Erzählt, was ihr aus religiösen Schriften oder Mythen über die Entstehung der Welt wisst.

2 Stellt dar, was euch an naturwissenschaftlichen Erklärungen über den Anfang der Welt bekannt ist.

plus Wandzeitung „Die Entstehung der Welt und des Menschen"

In den kommenden Wochen werdet ihr eine Wandzeitung mit Zeichnungen erstellen. Eure Ergebnisse sollen zeigen, welche Erklärungen und Theorien es dazu gibt, wie möglicherweise das Universum und damit auch der Mensch entstanden sind.

> Teilt euch in Gruppen ein, die aus je vier Schülerinnen und Schülern bestehen. Jede(r) aus eurer Gruppe wird eine der plus-Aufgaben aus diesem Kapitel bearbeiten.

> Besorgt Tapete, auf die ihr eure Ergebnisse für die Wandzeitung kleben könnt.

> Als weitere Ausstattung benötigt ihr je einen Zeichenblock im DIN A3-Format sowie Malutensilien (z. B. Wasserfarbe, Bunt- oder Filzstifte etc.)

Zurück zum Anfang

M1 Zeittafel

M2 Reisen mit der Zeitmaschine

Stell dir vor, du hättest eine Maschine, mit der man in die Vergangenheit reisen könnte. Nur ein paar Jahre oder auch ganz weit zurück – so weit, wie du es eben möchtest. Mit einem kleinen Hebel ließe sich bestimmen, ob die Maschine dich 1 Jahr, 10 Jahre oder sogar 100 Jahre in die Vergangenheit mitnimmt. Du könntest zum Beispiel deine Eltern in ihrer Kindheit besuchen und sehen, wie sie mit ihren Eltern klarkamen. Vielleicht möchtest du auch gerne deine Ururgroßeltern kennenlernen. Alles möglich: ein kleiner Zug am Hebel und das Rad der Zeit fängt an, sich zurückzudrehen.

Seine eigenen Vorfahren kennenzulernen wäre schon toll. Aber wäre nicht auch ein Besuch bei den Rittern aufregend? Oder sogar bei den alten Römern? Etwas Schlimmes zustoßen könnte dir in der Maschine natürlich nicht, du müsstest nur rechtzeitig den Unsichtbarkeits-Schutzmodus aktivieren.

Vielleicht solltest du noch ein wenig weiter gehen. Warum nicht einmal einen lebenden Säbelzahntiger oder gar Dinosaurier sehen? Dann würde deiner Karriere als echter Kenner von Vorzeit-Tieren oder als größter Dinosaurier-Forscher aller Zeiten nichts mehr im Wege stehen! Aber was wäre, wenn du den Schalter bis ganz an den Anfang zurückschiebst? An den Anfang der Welt!

Zeitmaschine aus dem Film „Time Machine“ (1960) von George Pal

M3 Viktoria und der Anfang der Menschheit

Die kleine Viktoria machte ein nachdenkliches Gesicht, während sie dem winzigen Wesen auf ihrem Arm über das Gesicht streichelte. „Papa, woher kommen eigentlich Babys?" Ihr Vater sah auf. Er hatte sich schon gedacht, dass diese Frage kommen würde. „Also, wenn sich zwei Menschen so richtig gerne mögen ..." Viktoria lachte los. „Ach Papa, das weiß ich doch alles schon. Ich möchte wissen, warum es überhaupt Babys gibt. Warum bekommen Menschen Kinder?" Auch ihr Vater fing an zu lachen. „Na, weil alles Leben sich fortpflanzen muss", erklärte er. „Wenn keine neuen Menschen geboren würden, dann würde es bald keine Menschheit mehr geben. Irgendwann wären alle gestorben." „Stimmt!" Viktoria nickte. „Wenn Menschen immer Babys bekommen, wird es immer Menschen geben, ganz klar. Und dass ihr ebenfalls Eltern hattet und diese ebenfalls und immer so weiter, das verstehe ich auch." Ihr Papa lächelte. „Genau. Das geht schon viele tausend Jahre so. Kinder werden geboren, die als Erwachsene selber Kinder bekommen." Trotzdem war Viktoria noch nicht zufrieden. „Aber irgendwann einmal", sagte sie zögernd, „da muss es doch den allerersten Menschen gegeben haben, mit dem alles angefangen hat, die ganze lange Reihe von Mamas, Papas und Babys. Oder?"

M4 Viele Fragen – viele Antworten

AUFGABEN

1 Beschreibt die Abbildungen. Schätzt ein, in welcher Zeit die Gegenstände in etwa entstanden sind. > M1

V 2 Gestaltet in Gruppen einige Zeitleisten zu einem bestimmten Thema (Verkehrsmittel, Medien, ...). Geht dabei so weit wie möglich in die Vergangenheit zurück. > M1

3 Führe eine Fantasiereise zum Anfang der Welt durch. Erzähle, was du erlebst. > M2

4 Spielt die Szene nach und lasst dabei den Vater Viktorias abschließende Frage beantworten. Macht euch vorher Notizen dazu. > M3

5 Sucht euch drei Fragen aus und sprecht darüber. > M4

Rollenspiel:
> S. 215

Geschichten von der Entstehung der Welt

M1 Wanna Issa

Nordlicht: Leuchterscheinung in den Polargebieten

In Finnland ist zwischen Oktober und April an manchen Tagen das Nordlicht zu sehen. Eltern erzählen ihren Kindern dann oft folgende Geschichte:

Ganz am Anfang gab es nur den tiefen, dunklen, unendlichen Himmel. In diesem Himmel wohnte Wanna Issa, der Älteste. Und mit ihm lebten die Brüder Wäjnämöjne und Ilmarine. Der ältere Bruder, Wäjnämöjne war ein unglaublich guter Sänger und der jüngere Bruder, Ilmarine, schwang den Hammer wie kein zweiter.

Eines Tages gingen die beiden Brüder zu Wanna Issa. Dieser schaute schweigend in die tiefe, unendliche Finsternis des Himmels. Schließlich wandte er sich den beiden Brüdern zu und sagte: „Jetzt ist die Zeit zur Erschaffung der Erde gekommen." Die beiden Brüder fanden die Idee großartig, sie wussten nur nicht so recht, was das bedeutete. Aber der Älteste beachtete sie nicht weiter. Er wartete ab, bis die Brüder schliefen, und erschuf dann mit all seiner Macht die Erde.

Das war natürlich nicht einfach und deshalb war er danach sehr müde. Er wartete noch, bis die Brüder aufwachten, und gab ihnen den Auftrag, auf die Erde achtzugeben. Dann legte er sich schlafen. Die Brüder nahmen den Auftrag sehr ernst. Unablässig schauten sie vom Himmel auf die Erde hinab. Die Erde war steinig und unbewohnt und außerdem immerfort von Dunkelheit umgeben. Der jüngere Bruder hielt es nicht mehr aus. Er lief zu seinem Gluthaufen und fachte das Feuer an, bis es mit seiner Glut den Himmel erleuchtete. Dann nahm er ein riesiges Stück Metall, erhitzte es und ließ seinen Schmiedehammer immer wieder darauf niederknallen. Die Funken stoben zu allen Seiten. Es war ein hartes Stück Arbeit, aber schließlich schien er mit seinem Werk zufrieden. Er hatte einen gewaltigen Bogen aus Metall geschaffen, dessen Enden sich in der Unendlichkeit verloren.

Als der jüngere Bruder den Bogen über die Erde herabließ, sah es aus wie ein riesiges Gewölbe. Wieder packte er den Schmiedehammer und ließ die Funken stieben. Zahllose große und kleine funkelnde Sterne stellte er her und heftete sie an das Gewölbe. Dann schmiedete er den silbernen Mond. Das Himmelsgewölbe war nun sehr schön, aber immer noch war die Erde dunkel. Da überlegte sich der himmlische Schmied, wie er eine Sonne anbringen könne. Er holte sich eine große Lampe und befestigte sie so an dem Himmelsgewölbe, dass sie langsam vom Rand hinauf bis zur Mitte und wieder hinab zum gegenüber liegenden Rand des Himmelsgewölbes zog. Nun hatte die Erde also auch Tag und Nacht.

Der ältere Bruder hatte die ganze Zeit schweigend zugesehen. Jetzt griff er nach seiner Harfe, fing an sein Lied von der Erde zu singen und sprang mit einem Satz vom Himmel auf die Erde. Mit ihm kamen die Himmelsvögel, die sein Lied begleiteten. Überall, wo seine Füße die Erde berührten, wuchsen Blumen, Sträucher und Bäume. Bald war die Erde ganz grün und voller Leben.

Der Gesang des älteren Bruders weckte auch Wanna Issa, den Ältesten. Als dieser sah, wie sehr sich die Erde verändert hatte, staunte er. Er war hocherfreut über das Licht und die Schönheit der Erde, aber er fühlte, dass noch etwas fehlte. Dann lächelte er. „Jetzt endlich ist die Zeit gekommen, den Menschen und die Tiere zu erschaffen", beschloss er. Und das hat er dann auch getan.

M2 Die Himmelsfrau

Bei der folgenden Geschichte handelt es sich um eine Legende der Irokesen.

Einst lebte die Menschheit in einem himmlischen Paradies. Unter dem Himmel lag nicht die Erde, sondern so weit man blicken konnte, dehnte sich das Meer aus, in dem Wasservögel und andere Tiere wohnten. […] Ein Traum riet dem Herrscher über das himmlische Paradies, eine schöne, junge Frau zu heiraten, und er tat, wie ihm im Traum befohlen worden war. Vom Atem des Himmelsherrn wurde die Frau schwanger, doch der Mann begriff nicht das Wunder der Natur, sondern entbrannte in Wut und Zorn. Da träumte er abermals und die Stimme des Traums riet ihm, den Baum des Lichts vor der Schwelle seines Palastes auszureißen. Und wieder hörte er auf die Stimme seines Traums. So entstand draußen vor dem Haus ein großes, klaffendes Loch.

Als der Himmelsherr nun sah, wie sein Weib neugierig durch das Loch hinabblickte, überkam ihn wieder eifersüchtiger Zorn und er gab ihr von hinten einen Stoß. Da stürzte sie aus dem himmlischen Paradies und fiel hinab, dem großen Wasser entgegen.

Immer noch zornig, warf ihr der Himmelsherr alle Gegenstände und Lebewesen nach, die ihr lieb und wert gewesen waren, einen Maiskolben, Tabakblätter, ein Reh, Wölfe, Bären und Biber, die später alle in der unteren Welt leben sollten. Aber noch gab es diese Welt nicht, die jetzt unsere Welt ist. Das unglückliche Weib des Himmelsherrn stürzte durch die Luft herab und die weite Wasserfläche, in der sie ertrinken würde, kam immer näher. Das sahen die Tiere, die in dem großen Wasser wohnten, und sie beschlossen, ihr zu helfen. […] Die Wassertiere suchten einen Landeplatz. Die große Wasserschildkröte tauchte auf und hob ihren Panzer über den Meeresspiegel, während die anderen Tiere zum Meeresboden hinabtauchten, um dort Schlamm und Sand zu holen.

Die Bisamratte brachte ein paar Steine und die Kröte schleppte Algen und Tang herbei und sie warfen Schlamm, Sand und Algen und Steine auf den Panzer der Schildkröte. So entstand eine Insel, die nach und nach immer größer wurde. Unterdessen hatten die Vögel die Frau in der Luft aufgefangen und trugen sie zur unteren Welt hinab. […] Endlich landete die Himmelsfrau wohlbehalten auf der Insel der großen Wasserschildkröte. Sie dankte den Vögeln, die ihr und dem Kind in ihrem Leib das Leben gerettet hatten. Sie nahm eine Handvoll Erde und warf die Erde von sich. Da vermehrte sich das Land durch die Zauberkraft, die in den Fingerspitzen der Himmelsfrau sitzt; die Insel wuchs und wuchs und wurde eine Welt und die Horizonte rückten in die Ferne. Pflanzen und Bäume begannen zu sprießen und die Tiere, die der Himmelsherr seiner Frau nachgeworfen hatte, fanden Wohnung und Nahrung und vermehrten sich. So entstand die Erde und die Himmelsfrau wurde die Große Erdmutter. *Frederik Hetmann*

Irokesen (auch: *Five* bzw. *Six Nations*): Bezeichnung für eine Gruppe verschiedener Völker von *Native Americans* > vgl. S. 174

Frederik Hetmann (1934-2006): Schriftsteller sowie Sammler und Übersetzer von Märchen, Mythen und Sagen

AUFGABEN

1 Bearbeitet in arbeitsteiliger Gruppenarbeit die Geschichten
  W a) von Wanna Issa. > M1
  b) von der Himmelsfrau. > M2

2 Vergleicht die beiden Mythen und stellt dar, was durch sie erklärt werden soll. > M1/M2

plus Fertige ein Bild zu *Wanna Issa* (M1) oder zu *Die Himmelsfrau* (M2) an. Überlege dir dazu vorher, was an dem Mythos jeweils besonders wichtig ist.

Die biblische Schöpfungsgeschichte

M1 Das Werk Gottes

Genesis bedeutet „Entstehung", „Ursprung" oder „Werden" und bezeichnet in der Bibel das erste der fünf Bücher Mose. Diese gehören im Judentum und Christentum zu den Heiligen Schriften und sind auch für den Islam von Bedeutung. Das Buch Genesis erzählt folgende Geschichte über die Schöpfung der Welt:

Am Anfang schuf Gott Himmel und Erde. Noch war die Erde öde und ohne Leben. Wasser bedeckte das Land und es war überall dunkel.

Am ersten Tag aber sprach Gott: „Es werde Licht!" Und es geschah, wie Gott gesagt hatte: Über der Erde wurde es ganz hell. Und Gott sah, dass das Licht gut war. Er nannte das Licht „Tag". Und die Dunkelheit nannte er „Nacht". Als es Abend wurde, lag die Erde wieder im Dunkeln. Der erste Tag war vorüber.

Am zweiten Tag sprach Gott: „Über der Erde soll ein Himmel sein!" Da geschah es, wie Gott gesagt hatte: Ein blauer Himmel leuchtete über der Erde. Und weiße Wolken zogen am Himmel dahin. Und Gott sah, dass es gut war, was er gemacht hatte. Da wurde es wieder Abend. Der zweite Tag war vorüber.

Am dritten Tag sprach Gott: „Alles Wasser soll weichen!" Da geschah es, wie Gott gesagt hatte: Das Wasser floss zusammen. Das Land wurde trocken. Und Gott nannte das Wasser „Meer". Und das Trockene nannte er „Land". Und er ließ auf dem trockenen Land alles wachsen, Gras, Sträucher und Bäume. Und Gott sah, dass es gut war, was er gemacht hatte. Da wurde es wieder Abend. Der dritte Tag war vorüber.

Am vierten Tag sprach Gott: „Lichter sollen am Himmel leuchten, die Sonne am Tag und der Mond und die Sterne in der Nacht!" Da geschah es, wie Gott gesagt hatte: Die Sonne ging über der Erde auf und schien warm auf die Erde. Und als es Abend wurde, stand der Mond am Himmel und leuchtete hell, und viele, viele Sterne funkelten in der dunklen Nacht. Und Gott sah, dass es gut war, was er gemacht hatte. Da war der vierte Tag vorüber.

Am fünften Tag sprach Gott: „Im Wasser sollten Fische leben und Vögel in der Luft!" Da geschah es, wie Gott gesagt hatte: Das Wasser wimmelte bald von Fischen. Und Vögel flogen in großen Schwärmen herbei. Sie krächzten und zwitscherten und erfüllten die Luft mit ihrem Lärm. Und Gott sprach zu ihnen: „Eier sollt ihr legen und sie ausbrüten! Immer mehr Fische und immer mehr Vögel soll es geben. Alles Wasser und alle Luft soll von euch erfüllt sein." Und Gott sah, dass es gut war, was er gemacht hatte: die Fische im Wasser und die Vögel in der Luft. Da wurde es Abend. Der fünfte Tag war vorüber.

Am sechsten Tag sprach Gott: „Auch auf dem Land sollen Tiere wohnen!" Da geschah es, wie Gott gesagt hatte: Gott schuf Tiere, große und kleine, flinke und lahme, wilde und zahme, alles was kriecht und was Beine hat. Und Gott sah, dass es gut war, was er gemacht hatte.

Zuletzt aber schuf Gott das Wunderbarste: den Menschen. Gott sprach: „Ich will Menschen machen, die mir gleichen und über allen Tieren stehen." Und Gott schuf den Menschen nach seinem Bild. Und Gott segnete ihn und sprach: „Alles, was ich gemacht habe, soll für dich da sein: die Bäume und die Früchte, die Fische und die Vögel und die Tiere auf dem Land. Alles soll dir gehören und den Menschen, die einmal auf der Erde leben werden. Aber du sollst mir gehören!" Und Gott sah auf alles, was er gemacht hatte: Es war alles sehr gut. Da wurde es Abend. Der sechste Tag war vorüber.

Am siebten Tag aber ruhte Gott. Und Gott segnete diesen Tag und sprach: „Dieser Tag soll mein Tag sein. Alle Arbeit soll ruhen an diesem Tag."

So wurden Himmel und Erde geschaffen
durch Gott, den Herrn.
Alles was in dieser Welt ist,
kommt von ihm.

M2 Die Erschaffung Evas

Gott, der Herr, sprach: „Es ist nicht gut, dass der Mensch [= Adam] allein sei; ich will ihm eine Hilfe machen als sein Gegenstück." So bildete Gott, der Herr, aus der Erde allerlei Tiere des Feldes und alle Vögel des Himmels und brachte sie zum Menschen [...].

Der Mensch gab allem Vieh, allen Vögeln des Himmels und allem Feldgetier Namen; aber für den Menschen fand sich keine Hilfe als sein Gegenstück. Da ließ Gott, der Herr, einen Tiefschlaf auf den Menschen fallen, so dass er einschlief, nahm ihm eine seiner Rippen und verschloss deren Stelle mit Fleisch.

Gott, der Herr, baute die Rippe, die er dem Menschen entnommen hatte, zu einer Frau [= Eva] aus und führte sie ihm zu. Da sprach der Mensch: „Das ist nun endlich Bein von meinem Gebein und Fleisch von meinem Fleisch. Diese soll man Männin heißen; denn vom Manne ist sie genommen." *M1/M2: Irmgard Weth nach 1. Mose 1,1-2, 23*

INFO

Schöpfungsglaube

In Religion und Mythen wird die Entstehung der Welt als ein Akt der Schöpfung durch Gott (bzw. Götter) dargestellt. In einem weiteren Sinn versteht man unter Schöpfung die erschaffene Welt (Universum, Erde, Mensch).

Juden, Christen und Muslime glauben, dass Gott die Welt in sechs Tageswerken erschaffen hat und am siebten Tage ruhte. Auch in anderen Religionen wird die Entstehung der Welt auf das Wirken höherer Mächte zurückgeführt.

AUFGABEN

H 1 Erstellt eine Tabelle zu dem Sieben-Tage-Werk Gottes. > M1

2 Vergleicht den biblischen Schöpfungsbericht mit den anderen Schöpfungsmythen (S. 192-193). > M1

3 Beschreibt, wie in der Bibel die Entstehung der Frau dargestellt wird. Nehmt Stellung zu dieser Sichtweise. > M2

H 4 Diskutiert, inwiefern Entstehungsmythen Einfluss auf das Denken und Handeln der Menschen haben können. > M1/M2

plus Illustriere das Sieben-Tage-Werk Gottes, indem du zu jeder Station eine eigene Zeichnung anfertigst.

Die Geschichte vom Sündenfall

M1 Warum Adam und Eva das Paradies verlassen mussten

AUFGABEN

H 1 Stellt dar, was das Alte Testament über den Baum der Erkenntnis von Gut und Böse sowie das Verhalten von Adam und Eva und dessen Folgen berichtet. > M1

V 2 Befragt die Religionslehrerinnen und -lehrer an eurer Schule, was der Sündenfall von Adam und Eva aus religiöser Sicht für die Menschheit bedeutet. > M1

Über den Ursprung von Gut und Böse

M1 Guter Geist und böser Geist

Vor langer, langer Zeit war die Welt in zwei Teile geteilt: In der oberen, von Licht durchströmten Welt lebten die Götter, die uns Menschen sehr ähnlich waren. Die untere Welt hingegen war ganz dunkel und wurde von einem schrecklichen Ungeheuer beherrscht, das wie eine riesige gehörnte Schlange aussah.

Eines Tages trug es sich zu, dass eine schwangere Frau aus der oberen Welt die Geburt erwartete und sich auf eine Matte auf dem Boden legte. Mit einem Mal versank sie aber tiefer und tiefer in der Erde und fiel schließlich durch das Nichts, das beide Welten voneinander trennte, in die untere Welt hinein. Auf dem Rücken einer gigantischen Schildkröte schenkte sie kurz darauf zwei Söhnen das Leben, von denen der eine bei der Geburt einen guten Geist und der andere einen bösen Geist erhielt. Die Frau selbst starb wenig später.

Aus dem Körper seiner toten Mutter formte der gute Sohn, der den Namen Guter Geist erhalten hatte, die Sonne, den Mond und die Sterne. Er wollte Licht in die dunkle Welt bringen, damit die Ungeheuer, allen voran die gehörnte Schlange, vertrieben würden. Und in der Tat verkrochen sich die Ungeheuer der dunklen Welt, wo immer das Licht erschien, und verschwanden in den tiefsten Tiefen, dorthin, wo sie das Licht nicht erreichen konnte.

Nachdem Guter Geist nun der Welt das Licht gegeben hatte, schuf er auf dem Rücken der Schildkröte die Weltinsel mit Flüssen und Bächen, Felsen und Bergen, Wiesen und Wäldern, Tagen und Nächten, Jahreszeiten und Monaten. Jedem Tier und jeder Pflanze wies er einen Platz in seiner Schöpfung zu. Auch zwei Menschen erschuf er, einen Mann und eine Frau, und blies ihnen Leben ein. Diese beiden Wesen nannte er „echte Menschen", um sie von den menschenähnlichen Göttern der oberen Welt zu unterscheiden. Den Menschen gab er den Rücken der Schildkröte als Lebensraum und trug ihnen auf, auf alle Lebewesen und die gesamte Natur gut achtzugeben.

Irokesen
> S. 193

Der zweite Sohn, Böser Geist, hatte unterdessen mit seiner unheilvollen Schöpfung begonnen. Er hatte zum Beispiel nach dem Vorbild jener Ungeheuer, die das Licht vertrieben hatte, Schlangen, Kröten und allerlei Ungeziefer erschaffen. Diese Geschöpfe waren nur viel kleiner und sollten sich unter Steinen und Klippen verstecken, damit Guter Geist nichts von seiner heimlichen Tätigkeit bemerken sollte.

Böser Geist versuchte auch zwei Menschen zu erschaffen, aber so sehr er sich auch bemühte, er konnte ihnen einfach kein Leben einhauchen, weil er nicht die Fähigkeit hatte, Menschenseelen zu erschaffen. Als Guter Geist bemerkte, was sein Bruder tat, war er ihm nicht böse, sondern sogar behilflich, indem er den beiden Gestalten Leben einhauchte. „Da ihr vom Bösen kommt, sollt ihr ihm auch gehören", sprach er, und seit dieser Zeit ist das Böse auf der Welt. Aber selbst das Böse ist ein Teil des Guten, denn Guter Geist hatte der Schöpfung seines bösen Bruders ja von seinem Atem gegeben.

Böser Geist aber konnte es nicht ertragen, dass sein Bruder mächtiger war als er. So sann er auf Rache und machte den Menschen das Leben so schwer wie möglich. Am Ende aber siegte Guter Geist über seinen bösen Bruder. Böser Geist versank in der Tiefe, dort, wo die Ungeheuer sich versteckt hielten. Guter Geist aber richtete die Erde wieder her, um den Menschen ein schönes Leben zu bescheren. Von Zeit zu Zeit kehrt Böser Geist aber auf die Erde zurück, um die Menschen zu erschrecken, denn Gut und Böse sind nun einmal Zwillinge. Sie sind Kinder einer Mutter, und jedes von ihnen hat seinen Platz in der Welt.

nach einem Märchen der Irokesen

M2 Eine philosophische Sicht des Bösen

Der folgende Text erklärt, was der Gelehrte Gottfried Wilhelm Leibniz vor ungefähr 300 Jahren über das Böse herausgefunden hat. Er unterscheidet drei Formen bzw. Gründe für das Böse:

Gottfried Wilhelm Leibniz (1646-1716): dt. Philosoph (sowie Mathematiker, Jurist und Historiker)

1. Die [bzw. der] erste ist, dass die Welt nicht perfekt ist: Wir Menschen sind keine Alleskönner, und wir leben nicht ewig. Schade eigentlich. Wir sind hin- und hergerissen zwischen zwei Dingen, zum Beispiel zwischen Hausaufgaben und Spielen. Wenn wir wütend sind, ist es schwieriger, freundlich zu sein. Wären wir vollkommen, gäbe es bei uns keine halben Sachen. Dann wären wir wie Gott. Was denkst du: Ist es schlimm, dass wir nicht perfekt sind? Oder bloß schade?
2. Die zweite Form des Bösen ist ziemlich eindeutig schlimm: Krankheiten, Erdbeben, Überschwemmungen, Hungersnöte. Dass es sie gibt, ist furchtbar. [...] Allerdings wissen wir heute, dass wir Menschen an vielen Katastrophen auch mitschuldig sind: Die Giftstoffe, die die Autos und Fabriken in die Luft blasen, verändern das Wetter. Lebensmittel werden ungerecht verteilt. Hungersnöte könnten verhindert werden.
3. Die dritte Sorte ist das Böse, das Menschen einander antun: etwas, was nicht einfach so passiert, sondern weil jemand es will. Es hat mit der Freiheit des Menschen zu tun. Wer frei ist, kann absichtlich gemein und ungerecht sein oder ehrlich und freundlich. Diese Sorte des Bösen ist weit verbreitet. Schon vor fast 2600 Jahren sagte der weise Bias von Priene: „Die meisten Menschen sind schlecht."

Julia Knop

Julia Knop (*1977): dt. Theologin und Autorin

AUFGABEN

1 Stellt dar, wie im Märchen der Irokesen der Ursprung des Guten und Bösen erklärt wird. > M1

2 Vergleicht das Märchen mit der biblischen Geschichte vom Sündenfall (s. S. 196-197). > M1

3 Erläutert die drei Formen des Bösen, die der deutsche Philosoph Leibniz unterscheidet. > M2

4 Vergleicht die religiöse (s. S. 196-197), mythische (M1) und philosophische (M2) Antwort auf die Frage, wie das Böse in die Welt gekommen ist. > M1/M2 und S. 196-197

5 Begründe, welche Erklärung dich am meisten überzeugt. Welche Folgen ergeben sich daraus für dein Handeln? > M1/M2 und S. 196-197

plus Zeichne einen Comic zum Märchen der Irokesen (M1) über die Entstehung von Gut und Böse.

Weltbild im Wandel

M1 Die Götter!

M2 Was ist ein Blitz?

Ein Blitz ist ein kurz aufblitzender Lichtbogen, der aufgrund unterschiedlicher Ladungen von Wassertröpfchen in der Luft elektrische Ströme fließen lässt. So erklären wir heute einen Blitz. Vorher allerdings, im Altertum und bis ins hohe Mittelalter, erklärte man Schülern Blitze auf andere Weise. Blitze waren ein Zeichen für die Gegenwart Gottes. Im griechischen Altertum beispielsweise war Zeus, der oberste Gott der Griechen, als treffsicherer Schleuderer von Blitzen bekannt. Damals hätten die Schüler wohl am ehesten einen Priester nach der Erklärung für einen Blitz befragt. Heute erwartet man auf die Frage „Was ist ein Blitz?" Erläuterungen mit Hilfe naturwissenschaftlicher Gesetze.

Würdet ihr euch nicht wundern, wenn ein Lexikon-Artikel zum Stichwort „Blitz" religiöse Erklärungen anböte? Und wie würden Lehrer und Mitschüler reagieren, wenn das Physikreferat eines Schülers oder einer Schülerin zum Thema „Wie entstehen Blitze?" nicht nur von elektrischen Strömen, sondern auch von den Absichten Gottes handelte? – Man wäre sicher ziemlich erstaunt, denn normalerweise unterscheiden wir genau: Entweder wir reden über wissenschaftliche Erklärungen oder wir diskutieren über religiöse Fragen.

M3 Veränderungen des Weltbildes

geozentrisch: von gr. *geo-* = erd-

heliozentrisch: von gr. *helios* = Sonne

Nikolaus Kopernikus (1473-1543): dt. Astronom und Arzt

Galileo Galilei (1564-1642): ital. Philosoph, Mathematiker und Astronom

Die Erde als flache Scheibe: Im altorientalischen Weltbild, wie es ungefähr 500 v. Chr. beschrieben wurde, stellte man sich die Erde als eine flache Scheibe vor, die auf riesigen Säulen steht. Eine durchsichtige Halbkugel, das Firmament, trennt die Erde von der sie umströmenden Urflut. Sterne und Mond sind fest am Firmament befestigt. Durch Schleusen dringt von Zeit zu Zeit Wasser ein, der als Regen auf die Erde fällt.

Die Erde im Zentrum: Das geozentrische Weltbild beherrschte die Vorstellung der Menschen während des Altertums und des Mittelalters. Zwar wussten die meisten Menschen schon, dass die Erde wie eine Kugel geformt ist, sie glaubten aber, dass die Erde der Mittelpunkt eines Universums ist, das von mehreren Kristallschalen, den Sphären, umgeben ist. Diese drehen sich mittels eines Räderwerkes um die Erde. An ihnen sind die Planeten und die Sonne befestigt.

Die Sonne im Zentrum: Das heliozentrische Weltbild stellte die Sonne in den Mittelpunkt der Planetenbewegungen. Um das Jahr 1500 hatte Nikolaus Kopernikus die revolutionäre Idee, dass die Erde um die Sonne kreist, was später auch bewiesen werden konnte. Das Universum, wie Kopernikus es sich vorstellte, ist immer noch von kristallenen Sphären umgeben. Aber hundert Jahre später legten Beobachtungen Galileo Galileis mit einem

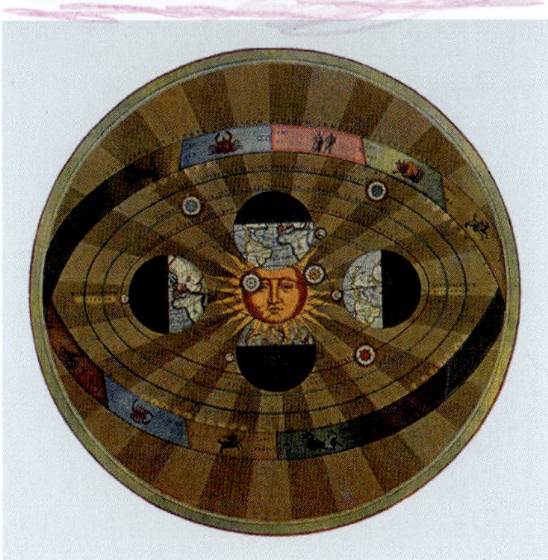

Fernrohr nahe, dass auch die Annahme solcher Sphären falsch ist.

Das Weltbild der modernen Naturwissenschaft geht von folgenden Annahmen aus: Unsere Erde ist ungefähr 4,6 Milliarden Jahre alt. In einer Entfernung von 150 Millionen km dreht sie sich um die Sonne. Sie ist ein Planet des Sonnensystems, zu dem neben der Erde acht weitere Planeten gehören. Das Sonnensystem befindet sich in einem Sternensystem, das wir Milchstraße nennen. Zu ihm gehören etwa 300 Millionen Sterne. Im Universum gibt es viele Milliarden solcher Sternensysteme, die Galaxien genannt werden.

AUFGABEN

1 Beschreibt, was in dem Urmenschen vorgeht. Wie erklärt er sich Naturerscheinungen? > M1

2 Fasst zusammen, wie Blitze im Altertum erklärt wurden und wie sie heute erklärt werden. > M2

3 Ordnet die Erläuterungen den Abbildungen zu. Wie erklärt ihr euch den Wandel des Weltbildes? > M3

V 4 Diskutiert, welche Auswirkungen eine neue Weltsicht auf das Handeln von Menschen haben kann. > M1-M3

Wie die Naturwissenschaften die Welt erklären

M1 Der Ursprung des Universums und die Entstehung des Lebens

Werfen wir zuerst einen kurzen Blick darauf, wie sich die überwältigende Mehrheit der Wissenschaftler heute den Ursprung des Universums und die Entstehung des Lebens vorstellt.

Das Universum, so sagen sie, entstand irgendwann zwischen zehn bis zwanzig *Milliarden* Jahren mit dem Urknall, einer unvorstellbar heftigen Explosion, mit der Materie, Raum und sogar die Zeit erst entstand.

Eine Milliarde Jahre sind tausend Millionen Jahre, die ihrerseits tausend mal tausend Jahre sind. Zehn Milliarden Jahre sind also eine ganz schön lange Zeit. Es ist nicht einfach, sich auch nur eine annähernde Vorstellung davon zu machen, *wie* lange das ist. Versuchen wir es mit der folgenden kleinen Demonstration. Stell dich zwanzig Meter vor einer Wand auf und strecke einen Arm von ihr weg, und zwar so:

Und nun stell dir vor, die Wand oder Mauer stelle den Beginn des Universums dar und deine Fingerspitze sei der Punkt, an dem wir uns jetzt befinden. Dazwischen liegen die zwanzig Milliarden Jahre, seit denen das Universum existiert.

Die Entfernung zwischen deiner Fingerspitze und deiner Nase – etwa ein Meter – stellt *eine* Milliarde Jahre dar. Das bedeutet, dass eine Million Jahre nur einen Millimeter darstellen – und das ist ungefähr so viel, wie die Haut an deiner Fingerspitze dick ist.

Und wie alt ist nun die Erde? Die meisten Wissenschaftler gehen von ungefähr viereinhalb Milliarden Jahren aus. Das wären etwa viereinhalb Meter, von deinem Zeigefinger aus zurückgerechnet.

Und was ist mit dem Leben auf der Erde? Die Wissenschaftler glauben, dass die ersten Lebensformen auf der Erde vor ungefähr dreieinhalb Milliarden Jahren auftauchten. Das wären dreieinhalb Meter von deinen Fingerspitzen aus rückwärts betrachtet.

Damals begann ein Evolutionsprozess. Die ersten, einfachen Lebensformen entwickelten sich nach und nach zu komplexeren Lebensformen, welche sich ihrerseits im Laufe der Jahrmillionen zu noch höher entwickelteren Lebensformen weiterbildeten. Doch es dauerte eine sehr, sehr lange Zeit, bis sich die ersten einfachen Mikroorganismen weiterentwickelt hatten. Dinosaurier tauchten zum Beispiel erst vor 230 Millionen Jahren auf: Das entspricht der Stelle kurz hinter deinem Handgelenk. Und die ersten großen Säugetiere tauchten erst vor 65 Millionen Jahren auf der Bildfläche auf: Das ist die Stelle, wo deine Finger in den Handteller übergehen.

Der moderne Mensch [...] tauchte erst vor ungefähr 200 000 Jahren auf; das entspricht etwa einem Fünftel der Dicke der Haut an deiner Fingerspitze.

So, nun hast du in etwa eine Vorstellung davon, wie alt das Universum nach Meinung der überwältigenden Mehrheit der Wissenschaftler ist.

Stephen Law

Evolutionsprozess: Ablauf der Entwicklung

komplex: vielschichtig, aus vielen Teilen bestehend

Mikroorganismen: Kleinstlebewesen

Stephen Law > S. 93

M2 Die Evolution des Menschen

Unsere frühen Ahnen lebten in Afrika und hatten gemeinsame Vorfahren mit den Affen. Die ältesten menschlichen Schädel, die Forscher bislang entdeckt haben, sind rund sieben Millionen Jahre alt und wurden im Tschad, in Zentralafrika, gefunden.

Nach diesen Urahnen haben sich bis heute so viele Verwandte von uns entwickelt, dass selbst Forscher den Überblick verlieren: die älteren Vorfahren wurden oft „Australopithecus" getauft, das heißt: „der südliche Affe". Den uns ähnlichen Arten haben Experten den Namen „Homo" gegeben – Mensch. Wir selbst heißen übrigens Homo sapiens, was übersetzt so viel wie „der wissende Mensch" bedeutet. Wie ist die neue Art entstanden?

In Ostafrika türmen sich vor Millionen Jahren Berge auf. Im feuchtheißen Westen dieses Gebirges hangeln sich unsere Vorfahren von Baum zu Baum. Ihre Verwandten im Osten dagegen, wo ein trockeneres und kühleres Klima herrscht, müssen sich an eine schier endlose Savanne anpassen, in der urzeitliche Löwen und Geparde herrschen. Das Gras der Savanne ist oft über einen Meter hoch. Bessere Überlebenschancen hat hier, wer es überschaut. Möglicherweise richten sich unsere Ahnen deshalb auf. Unsere Vorfahren haben nun die Hände frei! Langsam, über viele hunderttausend Jahre hinweg, lernen sie, die Greifgeräte zu benutzen, und beginnen, Werkzeuge anzufertigen.

Wie die Werkzeuge nun das Leben ändern! Bis dahin mussten die Bewohner der Steppe schnell laufen, um zu überleben. Jetzt ist Intelligenz gefragt: Wer schlau ist und mit Werkzeugen umgehen kann, kommt an Fleisch. Das wiederum enthält viel Fett und Eiweiß, die das Wachstum des Gehirns fördern – und mit mehr Gehirn kann man sich noch bessere Werkzeuge ausdenken! So wachsen allmählich die Denkapparate unserer Vorfahren.

Bald wird der 1,65 Meter große und 65 Kilogramm schwere Urmensch zum ersten Weltenbummler. Schon vor 1,7 Millionen Jahren siedelt er im Kaukasus und auf Java. Vor rund 40000 Jahren wandert er auch nach Europa ein. Dann entwickelt der Einwanderer plötzlich ungeahnte Fähigkeiten: Vor etwa 30000 Jahren entstehen kunstvolle Höhlenmalereien. Der vorher primitive Geselle flötet auf Schwanenknochen, brennt Tonfiguren, fischt mit Harpunen und näht mit Knochennadeln! Der Homo sapiens hat die Welt endgültig in Besitz genommen.

Stefan Greschik
(aus didaktischen Gründen vereinfacht und gekürzt)

Savanne:
Grasland in Afrika

Kaukasus:
Gebirge, das Europa und Asien trennt

Java:
indonesische Insel

Stefan Greschik (*1967): gelernter Physiker und freier Autor

AUFGABEN

1 Arbeitsteilige Gruppenarbeit: Stellt die Entwicklung des Universums und des Lebens (Gruppe A) sowie des Menschen (Gruppe B) jeweils auf einem Zeitstrahl dar. > M1/M2

2 Erklärt euch gegenseitig die naturwissenschaftlichen Forschungsergebnisse auf der Basis eurer Darstellungen aus Aufgabe 1. > M1/M2

plus Fertige ein Bild an, das zeigt, wie sich die Wissenschaft die Entwicklung des Lebens bis zum Menschen vorstellt.

Philosophische Gedanken zum Weltbeginn

M1 Gott und der Urknall

ALS ERSTES SCHUF DER HERR DEN URKNALL

M2 Tom denkt über Gott und die Welt nach

Aisha hat das Wochenende mit ihrem Freund Tom in Frankreich verbracht und im Moment fahren sie auf der Fähre zurück nach England. Sie liegen oben an Deck, auf Sonnenstühlen, und trinken gemütlich Tee, während die Fähre friedlich durch die Nacht gleitet.

Es ist kalt und am Himmel leuchten viele Sterne. Rechts von ihnen, wo gerade die Sonne unterging, ist noch ein schwacher rötlicher Glanz zu erkennen, vor dem ein paar Wolkenstreifen zu sehen sind. Zu ihrer Linken schiebt sich der Vollmond über den Rand des Horizonts. Hinter ihnen, im Süden, können sie noch die letzten Lichter der französischen Küste ausmachen. Tom nimmt einen Schluck Tee und stellt seine Tasse dann behutsam auf dem kleinen Tischchen zwischen ihnen ab. Auf einmal hören sie ein leises Zischen, gefolgt von einer Explosion von Licht in südlicher Richtung. Auf einem Schiff wurde ein Feuerwerkskörper abgeschossen. Tom beobachtet, wie die Lichtfunken langsam nach unten schweben und den Horizont in ein gespenstisch grünes Licht tauchen. Dann greift Tom erneut zu seiner Tasse und blickt auf Aisha.

Tom: Weißt du, je mehr ich darüber nachdenke, desto sicherer bin ich mir, dass es einen Gott geben muss.

Aisha: Was macht dich da so sicher? [...]

Tom: Klar. Vor etlichen Milliarden Jahren entstand das Universum. Damals gab es den Urknall.

Aisha: Ich weiß.

Tom: Aber ich möchte dir erklären, wie es zu dem Urknall kam. Wie konnte auf einmal, aus dem Nichts heraus, plötzlich ein Universum entstehen?

Aisha: Na, könnte das nicht einfach ganz ohne Grund passiert sein?

Tom: Sei nicht albern! Dinge geschehen nicht einfach so. Alles hat eine Ursache. Lawinen, Erdbeben, einstürzende Brücken, ein Börsenkrach – in all diesen Fällen haben wir keine Zweifel, dass es eine oder mehrere Ursachen gibt, obwohl wir nicht immer begreifen, welche es genau waren. [...]

Nehmen wir zum Beispiel diesen Feuerwerkskörper eben. Kein Mensch käme auf die Idee, zu behaupten, er wäre einfach so in die Luft geschossen, oder? Das passiert nicht einfach so. Wir gehen logischerweise davon aus, dass die Explosion eine Ursache hatte, selbst wenn wir diese nicht kennen. Stimmt's?

Aisha: Klar. Es ist logisch, dass jemand die Rakete abgeschossen hat. [...]

Tom: Na, siehst du? Gott muss es geben! Wenn [auch] der Urknall eine Ursache hatte, dann kann nur Gott diese Ursache sein!

Aisha: Gott hat die Zündschnur gezündet?

Tom: Logisch!

M3 Aisha hat ein Problem

Doch Aisha ist nicht so recht davon überzeugt. Sie glaubt einen Fehler in Toms Erklärung erkannt zu haben.

Aisha: Deine These hinkt etwas, Tom. Du stützt dich auf die Behauptung, dass alles eine Ursache haben muss, richtig?
Tom: Ja.
Aisha: Aber wenn alles eine Ursache hat, dann folgt daraus, dass auch Gott eine Ursache haben müsste, nicht wahr?
Tom: Hm, ja, du hast Recht.
Aisha: Dann würde ich gern Folgendes wissen: Wenn alles eine Ursache hat, welches ist dann die Ursache für die Existenz Gottes?

Aishas Frage ist nicht unberechtigt. Angenommen, Gott ist wirklich die Ursache dafür, dass es

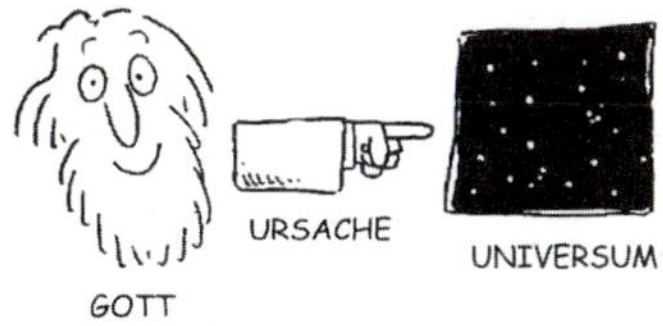

das Universum überhaupt gibt.
Das Problem mit Toms These ist, dass – wenn er Gott als Ursache des Universums nennt – er dann zugleich auch etwas anderes mit ins Spiel bringt: eine Ursache für Gottes Existenz.
Doch wenn alles eine Ursache hat, dann muss es auch für Gott eine Ursache geben. Er kann nicht „einfach so" aus dem Nichts heraus entstanden sein.

M4 Ein unergründliches Geheimnis

Tom ist nicht zufrieden. Aishas Einwände haben ihn noch nicht überzeugt.

Tom: Okay, aber dann erklär mir bitte, woher das Universum kommen soll, wenn nicht von Gott? Wie willst du seine Existenz erklären?
Aisha: Um ganz ehrlich zu sein – das kann ich nicht. Ich habe mir nur erlaubt zu sagen, dass du mir nicht den kleinsten Beweis dafür geliefert hast, dass es von Gott erschaffen wurde.
Tom: Hmmm ... [...] Ich fürchte, du hast Recht. Kann dieses Rätsel also niemals gelöst werden?
Aisha: Vermutlich nicht. [...] Du siehst, dass ich durchaus bereit bin zuzugeben, dass es wirklich ein unergründliches Geheimnis ist, warum es das Universum gibt und nicht etwa nichts.

M2-M4: Stephen Law

Stephen Law
> S. 93

AUFGABEN

1 Beschreibt die Karikatur. Erklärt, was mit der Unterschrift gemeint ist. > M1
2 Beantwortet folgende Fragen:
- Was ist es, das Tom zum Nachdenken bringt? > M2
- Warum denkt Tom, es muss Gott geben? > M2
- Warum hält Aisha Toms Beweis nicht für überzeugend? > M3

3 Erläutert, wieso Aisha und Tom zu der Auffassung kommen, dass die Entstehung der Welt „ein unergründliches Geheimnis" darstellt. > M4
V 4 Formuliere deine Auffassung zu der Frage nach dem Anfang der Welt. > M1-M4
5 Schaut euch noch einmal die unterschiedlichen Erklärungsversuche zur Entstehung der Welt und des Menschen im ganzen Kapitel an und diskutiert darüber, welche Darstellung euch am meisten überzeugt.

Was wir wissen – was wir können

Wissen kompakt

in Religionen und Mythen:

Erschaffung der Welt und des Menschen durch übernatürliche Mächte (z. B. in der Bibel):

- Welt = Schöpfung Gottes
- Mensch = von Gott geschaffen als sein Ebenbild

das Böse als Bestandteil der Welt und Versuchung für den Menschen (z. B. in der Bibel):

- Schlange als Verführerin im Paradies
- Entscheidung Adam und Evas zum Ungehorsam gegenüber Gott

Erklärung von

Welt und Mensch

Gut und Böse

durch die Wissenschaften:

(veränderbare) Erklärungen auf der Grundlage von Forschung und Erfahrung, z. B.:

- Urknall als Anfang der Welt
- Entwicklung des Menschen aus dem Tierreich (Evolution)

philosophische Überlegungen:

zum Anfang der Welt:

- auch der Urknall/Gott muss eine Ursache haben
- Existenz des Universums – ein unergründliches Geheimnis

zum Ursprung des Bösen:

- Unvollkommenheit der Welt
- Katastrophen, die über den Menschen hereinbrechen oder die er selbst mit verursacht
- Freiheit des Menschen, gut oder böse zu handeln

KOMPETENZ-CHECK

Überprüfe dich selbst: Wenn du dich bei einem Punkt noch unsicher fühlst, lies und bearbeite (ggf. mit Partner/in) die passende Schulbuchseite noch einmal.

Ich kann ...		Meine Einschätzung – –	–	+	++
Fragen formulieren, die sich beim Nachdenken über die Entstehung der Welt und des Menschen ergeben	> S. 190-191				
darstellen, wie die Entstehung der Welt in ausgewählten Mythen erklärt wird	> S. 192-193				
beschreiben, wie in der Bibel die Erschaffung der Welt und des Menschen erklärt wird	> S. 194-195				
darstellen, wie religiöse Werte zu einer Orientierung im Denken und Handeln von Menschen beitragen können	> S. 194-195				
einige philosophische und religiöse Erklärungen von Gut und Böse vergleichen und dazu Stellung nehmen	> S. 196-199				
deutlich machen, wie sich das Bild der Welt im Laufe der Geschichte geändert hat	> S. 200-201				
darstellen, wie die Naturwissenschaften die Entstehung des Universums, des Lebens und des Menschen erklären	> S. 202-203				
darlegen, welche Antworten die Philosophie auf die Frage nach der Entstehung des Universums gibt	> S. 204-205				

Arbeitsblatt:
Kompetenz-Check „Vom Anfang der Welt"

Mediencode: 21004-09

plus In euren Gruppen habt ihr Bilder (Zeichnungen/Comics) zu folgenden Themen angefertigt:

- Mythische Erklärungen zum Weltbeginn (nordischer Mythos: „Wanna Issa" oder Legende der Irokesen: „Die Himmelsfrau")
- Biblische Schöpfungsgeschichte: „Das Sieben-Tage-Werk Gottes"
- Märchen der Irokesen zur Entstehung von Gut und Böse
- Wissenschaftliche Vorstellung von der Entwicklung des Lebens bis zum Menschen

Klebt eure Gruppenergebnisse auf die Tapete und hängt sie im Raum auf.
Schaut euch eure Arbeiten an, vergleicht sie miteinander und besprecht Unterschiede und Gemeinsamkeiten.

Hilfestellungen

Zu S. 13, A3:

Monika: „Wer bin ich eigentlich wirklich?“	
Sichtweise des Bruders Klaus:	
Sichtweise der Lehrerin:	
Sichtweise der Mitschüler/innen:	
Sichtweise des Trainers im Sportverein:	
Sichtweise von Frau Kienast:	
Erklärung der Mutter:	

Zu S. 33, A3:

Name	Aktivität	Gemeinschaft
Jonas	Computerspiele	Freunde
Gülbahar	...	Geschwister/Familie
Vanessa		
Merve		
Mathis		
Gloria		
Kevin		
Lea		

Zu S. 37, A3:

Erklärt anhand des Textes, wie Momo ihren Freunden zuhörte.

Wie Momo zuhören kann

Wirklich zuhören können nur ganz wenige Menschen. Und so wie Momo sich aufs Zuhören verstand, war es ganz und gar einmalig.

Momo konnte so zuhören, dass dummen Leuten plötzlich sehr gescheite Gedanken kamen. Nicht etwa, weil sie etwas fragte oder sagte, was den anderen auf solche Gedanken brachte, nein, sie saß nur da und hörte einfach zu, mit aller Aufmerksamkeit und großer Anteilnahme. Dabei schaute sie den anderen mit ihren großen, dunklen Augen an und der Betreffende fühlte, wie in ihm auf einmal Gedanken auf-

tauchten, von denen er nie geahnt hatte, dass sie in ihm steckten.
Sie konnte so zuhören, dass ratlose oder unentschlossene Leute auf einmal ganz genau wussten, was sie wollten. Oder dass Schüchterne sich plötzlich frei und mutig fühlten. Oder dass Unglückliche und Bedrückte zuversichtlich und froh wurden. Und wenn jemand meinte, sein Leben sei ganz verfehlt und bedeutungslos und er selbst nur irgendeiner unter Millionen, einer, auf den es überhaupt nicht ankommt und der ebenso schnell ersetzt werden kann wie ein kaputter Topf – und er ging hin und erzählte alles das der kleinen Momo, dann wurde ihm, noch während er redete, auf geheimnisvolle Weise klar, dass er sich gründlich irrte, dass es ihn, genauso wie er war, unter allen Menschen nur ein einziges Mal gab und dass er deshalb auf seine besondere Weise für die Welt wichtig war.
So konnte Momo zuhören!

Michael Ende

Zu S. 69, A1:

1. In der *Zeichnung* ist ein Mann zu sehen, der sein Spiegelbild im Wasser betrachtet.
   a) Beschreibe den Mann.
   b) Beschreibe das Spiegelbild des Mannes: Welchen Unterschied erkennst du?
2. In dem *Text über der Zeichnung* ist zu lesen:
   a) „Der Andere ist anders." Damit ist gemeint: …
   b) „Er ist wie du." Das bedeutet: …
3. Zusammenspiel von *Zeichnung und Text*:
   Die Karikatur will Folgendes zum Ausdruck bringen: …

Zu S. 77, A4:

Hilfreicher Internetlink:
https://www.t-online.de/leben/familie/kleinkind/id_58203782/tischmanieren-zehn-grundregeln-fuer-kinder-am-esstisch.html

Zu S. 83, A4:

Den Beobachtungsbogen könnt ihr erstellen, indem ihr die sieben Gesprächsregeln aus dem Kasten als Fragen formuliert (und eventuell weitere Punkte ergänzt):

Gesprächsregeln	ja	nein
1. Haben die Gesprächsteilnehmer sich gemeldet, wenn sie etwas sagen wollten?		
2. Haben die Gesprächsteilnehmer erst dann gesprochen, wenn ihnen das Wort erteilt wurde?		
3. Ist jeder Teilnehmer zu Wort gekommen?		
4. Haben die Gesprächsteilnehmer einander ausreden lassen?		
5. …		
6. …		
7. …		
…		

Zu S. 85, A5:

Schreibt eine Geschichte zu einem der folgenden Gedankenexperimente.

Regel	Regel wird außer Kraft gesetzt	Umkehrung der Regel
Schülerinnen und Schüler müssen pünktlich zum Unterricht erscheinen.		Schülerinnen und Schüler müssen unpünktlich zum Unterricht erscheinen.
Schülerinnen und Schüler müssen ihre Hausaufgaben machen.	Es gibt keine Hausaufgaben, die Schülerinnen und Schüler anfertigen müssen.	
Bei „Rot" muss man an der Ampel halten.	Bei „Rot" muss man nicht halten.	
Bei „Rot" muss man an der Ampel halten.		Bei „Grün" muss man an der Ampel halten.
...		

Zu S. 117, A3:

Hilfreiche Internetlinks:
Bekannte Fake News kann man z. B. hier nachlesen:
https://www.suedkurier.de/ueberregional/politik/Die-erfolgreichsten-Fake-News-Wir-zeigen-Ihnen-was-hinter-den-bekanntesten-Falschnachrichten-steckt;art410924,9713663

Es gibt immer wieder neue Fake News, über die z. B. auch auf der Internetseite www.mimikama.at informiert wird.
(Zur eigenen Überprüfung von Meldungen, die dir komisch vorkommen: Geprüfte und zuverlässige Inhalte finden sich bei Nachrichtenportalen wie logo.de.)

Zu S. 135, A4:

Philosoph	Tipp zum Glücklichwerden	Gemeinsamkeit	Unterschiede
Diogenes			
Aristoteles			
Seneca			

Zu S. 143, A3:

1. Notiert zunächst (auf einem Zettel) die Zahlen, die im Text zu den folgenden Punkten angegeben sind.

- **Geschlecht der Menschen, die im Dorf wohnen:** ... Frauen
... Männer
- **Herkunft nach Kontinenten:** ... aus Asien, ... aus Afrika, ... aus Lateinamerika,
... aus Nordamerika, ... aus Europa, ... aus Australien/Ozeanien
- **Besitz/Einkommen:** ... verfügen über die Hälfte des Einkommens
... verfügen über die andere Hälfte des Einkommens
- **Ernährungszustand:** ... sind unterernährt, ... leiden an Übergewicht
... sind demnach weder unterernährt noch übergewichtig

- **Energieverbrauch:** ... verbrauchen 2/3 der Energie
  ... verbrauchen 1/3 der Energie
- **Abwasserentsorgung:** ... sind ohne Abwasserentsorgung
  ... haben Abwasserentsorgung
- **Zugang zu sauberem Trinkwasser:** ... nein ... ja
- **Lebenserwartung:** ... 78 Jahre ... 68 Jahre
- **Handybesitz:** ... ja ... nein

2. Fertigt dann in arbeitsteiliger Gruppenarbeit Schaubilder zu den Zahlenangaben an. Benutzt dazu jeweils ein Feld mit 100 Kästchen. Jedes Kästchen steht für einen Dorfbewohner. Arbeitet immer mit zwei Farben.

Beispiel: Geschlecht der Menschen, die im Dorf wohnen

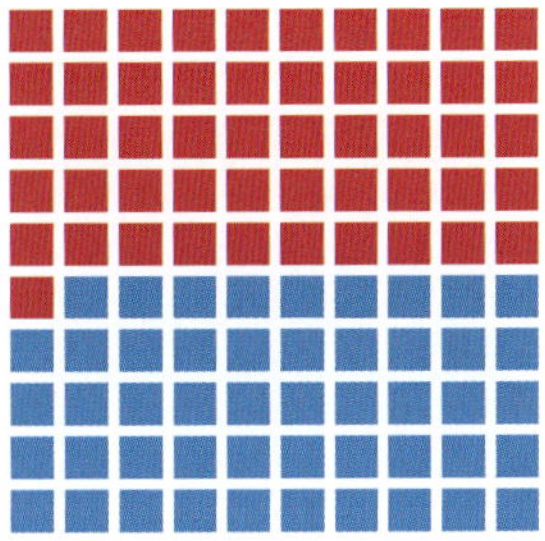

Im Dorf wohnen 51 Frauen ■ und 49 Männer ■.

Zu S. 143, A5:

Geht bei der Durchführung des Wettbewerbs am besten wie folgt vor:

- Legt einen Zeitpunkt fest, bis zu dem jede/r seinen Beitrag einreichen soll.
- Sichtet dann alle eingereichten Beiträge. Jede/r vergibt an die aus seiner Sicht besten drei Beiträge 1 bis 3 Punkte. (Dabei dürft ihr eure eigenen Beiträge natürlich nicht bepunkten.)
- Ermittelt die drei höchstbewerteten Beiträge und bereitet Urkunden für die Preisträger vor.
- Ladet zur Preisverleihung auch die (Schul-)Öffentlichkeit und die Presse ein.

Zu S. 149, A4:

Fragebogen: Nutzung sozialer Medien

Mädchen ○ Junge ○

Soziales Medium	Wie viel Zeit am Tag verbringst du im und mit diesem Medium?	Zu welchem Zweck nutzt du das Medium?
Wikipedia		
xy-Blog		
xy-Diskussionsforum		
Facebook		
Instagram		
Snapchat		
WhatsApp		
Tik Tok		
YouTube		

Zu S. 165, A2

Hilfreiche Internetlinks:

- Über Nikki Lilly: https://www.stern.de/gesundheit/influencerin-trotz-fehlbildung--nikki-lilly-versteckt-sich-nicht--9132382.html
- Nikki Lilly auf YouTube: https://www.youtube.com/channel/UC4RH7UBW2_c8qUP2qcF6zmQ

Zu S. 173, A5:

Beispiele für Gegenstände, die ihr mitbringen könnt: Ball, Puppe, Stein, Holz, Schmuckstück, Handy, Uhr, Löffel, Tasse, Bleistift, Foto einer Freundin / eines Freundes, …

Gegenstand	Was ist daran aus der Natur?
Ball	▪ gefüllt mit Luft ▪ Leder für die Hülle ▪
Puppe	
…	

Zu S. 177, A5:

Informationen zu bedrohten Tierarten findet ihr z. B. unter folgenden Internetadressen:
http://www.tierchenwelt.de/tierleben/2874-vom-aussterben-bedrohte-tiere.html
http://www.wissen.de/vom-aussterben-bedrohte-tierarten
http://www.wwf.de/themen-projekte/bedrohte-tier-und-pflanzenarten/

Zu S. 183, A4:

In der Forstwirtschaft:
Es dürfen nicht mehr Bäume gefällt werden, als nachwachsen können, damit auch unseren Nachkommen genügend Holz zur Verfügung steht.

↑

NACHHALTIGKEIT

↓

Im Naturschutz:

Zu S. 195, A1:

Das Sieben-Tage-Werk Gottes	
Tag	**Erschaffung von ...**
1	**Licht** (= Tag) in Abgrenzung zur Dunkelheit (= Nacht)
2	
3	
4	
5	
6	
7	

Zu S. 195, A4:

Hilfreiche Fragen für die Diskussion:
Welche Aussagen finden sich im biblischen Schöpfungsmythos
- zum Verhältnis von Mensch und Natur/Tieren?
- zum Verhältnis von Mensch und Gott?
- zum Verhältnis von Arbeit und Freizeit?
- zur Beziehung von Mann und Frau?

Zu S. 197, A1:

Baum der Erkenntnis von Gut und Böse	Er wächst im Garten Eden (Paradies). Wer von seinen Früchten isst, wird ... Gott hat gesagt, dass ...
Adam und Evas Verhalten	Sie leben im Paradies und dürfen ... Eva begegnet einer Schlange und ... Adam ...
Folgen von Adams und Evas Tat	Sie erkennen, dass ... Gott verfügt, dass die Schlange ...., dass Eva ... und dass Adam ... Adam und Eva dürfen nicht länger ..., weil ...

Lösung zu S. 101, A2

Nur Geschichte a) stimmt. Bei einer bestimmten Windrichtung bricht sich der Wind an einem Haus und lenkt dadurch die eine Fahne in eine andere Richtung als die übrigen.

Lösung zu S. 117, A1

Nur das linke Bild ist echt, das rechte ist eine Fotomontage (Außenreiseplätze bei einer Boeing 747 sind wegen Geschwindigkeit und Flughöhe unmöglich.)

Methodenübersicht

In „Abenteuer Ethik 1" werden in den Aufgabenstellungen verschiedene Unterrichtsmethoden vorgeschlagen. Viele davon kennt ihr wahrscheinlich schon aus anderen Fächern, manche erscheinen euch vielleicht noch neu und ungewohnt. Wenn ihr wissen wollt, worauf es bei einzelnen Unterrichtsmethoden ankommt bzw. wodurch sie sich auszeichnen, könnt ihr die folgende Übersicht zusammen mit eurer Lehrerin oder eurem Lehrer zur Information oder Wiederholung nutzen.

Bildbetrachtung

Bei einer Bildbetrachtung empfiehlt es sich, folgende Leitfragen zu nutzen:

- Was ist zu sehen?
- Was fällt besonders auf?
- Wie ist das Bild gestaltet?
- Welche Gefühle löst es in mir aus?
- Welche Wirkung hat es auf mich?
- Wie ist das Dargestellte zu deuten?
- Welche Fragen oder Probleme werden durch das Bild aufgeworfen?

→ *Übungsmöglichkeit: S. 17, Aufgabe 4*

Buddy Book herstellen

In einem Buddy Book könnt ihr unterrichtsbegleitend Grundbegriffe, eigene Gedanken oder Ergebnisse zu einem Thema festhalten. Es ist ein aus acht Seiten bestehendes kleines Buch, das aus einem DIN A4-Blatt gefaltet wird. (Bastelanleitung s. S. 217)

→ *Übungsmöglichkeit: plus-Aufgabe zum Kapitel „Glückliches und gutes Leben", S. 120ff.*

Diskussion

Mit einem Streitgespräch oder einer Pro- und Contra-Diskussion zu einem umstrittenen Thema oder einer Entscheidungsfrage können unterschiedliche Standpunkte zum Ausdruck gebracht und auf ihre Tragfähigkeit hin geprüft werden. Der in der Sache harte, aber faire Austausch von Argumenten soll die gegnerische Partei von der eigenen Meinung überzeugen. Allgemeine Gesprächsregeln müssen dabei eingehalten werden. Eine Diskussion kann z. B. so geführt werden:

- Vorstellung des zu diskutierenden Problems
- Formulierung der Entscheidungsfrage
- erste Abstimmung (über die Entscheidungsfrage)
- Sammeln von Argumenten in Pro- und Contra-Gruppen
- Präsentation der Argumente vor der Klasse
- Gedankenaustausch über die Argumente
- zweite Abstimmung (über die Entscheidungsfrage)

→ *Übungsmöglichkeit: S. 19, Aufgabe 5*

Gedankenexperiment

Gedankenexperimente spielen im Ethikunterricht eine große Rolle, weil man sich oft mit Fragen beschäftigt, auf die man nicht so schnell eine Antwort findet. Um ganz neue Ideen, Lösungen oder Sichtweisen zu entwickeln, geht man von wirklichen oder erdachten Gegebenheiten aus und stellt sich verschiedene Möglichkeiten vor, die in der Wirklichkeit zwar nicht existieren, aber existieren könnten. Ein Gedankenexperiment findet immer nur im Kopf statt und ihr erkennt es daran, dass es mit einer Annahme beginnt, die meist so eingeleitet wird: „Angenommen, …", „Stell dir einmal vor, …"

→ *Übungsmöglichkeit: S. 85, Aufgabe 5*

Internetrecherche

Im Internet findet man sehr schnell viele Informationen zu allen möglichen Themen. Es ist aber wichtig, dass man weiß, wie man suchen soll und welchen Ergebnissen man vertrauen kann. Ihr könnt folgendermaßen vorgehen:

- Ihr nutzt für die Suche nur ausgewählte Links, die ihr im Lehrbuch findet oder von eurer Lehrerin oder eurem Lehrer erhaltet.
- Ihr gebt Stichwörter zu eurem Thema in eine Suchmaschine ein und filtert aus den Ergebnissen der Suchanfrage die passenden Informationen heraus. Allerdings ist hier Vorsicht geboten, da nicht alle Internetseiten vertrauenswürdig sind. Am besten ist es, ihr vergleicht die Angaben mehrerer Seiten miteinander und klärt Zweifelsfälle mit euren Eltern oder der Lehrerin / dem Lehrer.

→ *Übungsmöglichkeit: S. 181, Aufgabe 2*

Kreatives Gestalten

Beim Zeichnen von Bildern, Collagieren oder bildlichen Gestalten von Plakaten könnt ihr eurer Fantasie freien Lauf lassen, eigene Ideen umsetzen und auch Gedanken und Gefühle ausdrücken. Wichtig ist, dass ihr bei der Präsentation eurer Produkte erklären könnt, warum ihr sie auf eure besondere Weise gestaltet habt.

→ *Übungsmöglichkeiten: plus-Aufgabe (Collage) zum Kapitel „Ich und mein Leben", S. 10ff.*

Projektlernen

Projekte geben euch die Möglichkeit, zu einem bestimmten Thema so zu arbeiten und zu lernen, wie ihr selbst das festlegt. Ihr entscheidet, welche Aufgaben ihr in welcher Form und Reihenfolge erledigt. Für ein gutes Ergebnis sind folgende Schritte nötig:

- Wahl der Projektaufgabe
- Planung des Projektweges
- Ausführung
- Festhalten der Ergebnisse
- Abschließende Diskussion über das Projekt

→ *Übungsmöglichkeit: S. 185, Aufgabe 4*

Rollenspiel

In einem Rollenspiel schlüpft ihr in die Rollen anderer Personen und erprobt angemessene Verhaltensweisen in einer vorgegebenen Situation oder zu einem bestimmten Thema. Jedes Rollenspiel sollte drei Phasen aufweisen:

- *die Vorbereitungsphase*, in der ihr die Ausgangslage besprecht und die Rollen an die Spielerinnen und Spieler verteilt,
- *die Durchführungsphase*, in der die Spielerinnen und Spieler die Szene spielen und die Nicht-Teilnehmenden sich Notizen zum Ablauf und der Umsetzung machen.
- *die Auswertungsphase*, in der ihr euch über die Ergebnisse der Beobachterinnen und Beobachter austauscht und die Spielerinnen und Spieler beschreiben, wie sie sich in ihrer Rolle gefühlt haben. Man kann auch Verhaltensalternativen besprechen.

→ *Übungsmöglichkeit: S. 27, Aufgabe 2*

Schreiben

Im Ethikunterricht werdet ihr des öfteren aufgefordert, Texte zu schreiben. Dabei kommt es darauf an, dass ihr eigene Antworten auf bestimmte Fragen findet, indem ihr eure Gedanken und Gefühle dazu formuliert. Folgende Textformen sind beispielsweise möglich:

- ein persönlicher Tagebucheintrag oder Brief
- Fortsetzungen zu vorgegebenen Szenen und Geschichten etc.
- eigene Geschichten zu einem Bild oder Zitat

→ *Übungsmöglichkeit: S. 17, Aufgabe 5*

Umfrage

Die Umfrage (Befragung oder Interview) dient dazu, Informationen über Einstellungen, Meinungen, Wissen und Verhaltensweisen von Menschen zu gewinnen. Ihr könnt durch eine Umfrage beispielsweise ein Meinungsbild erstellen, wie Kurse, Jahrgangsstufen oder Gruppen in eurer Schule oder auch Menschen außerhalb der Schule über bestimmte Themen denken. Bei einer Umfrage soll möglichst eine klare Frage beantwortet und ausgewertet werden. Folgende Phasen sind dabei zu beachten:

- *Vorbereitung:* Zunächst werden in Gruppenarbeit Aspekte zu einem Thema gesammelt. Auf dieser Grundlage wird anschließend ein Fragebogen erstellt.
- *Durchführung:* Hier steht das Sammeln von Antworten, beispielsweise durch Interviews oder Verteilen des Fragebogens, im Vordergrund.
- *Auswertung:* Die Auswertung der Antworten geschieht in einer geeigneten anschaulichen Form (z. B. durch Graphen, Tabellen etc.).
- Diskussion: Im Kurs werden die Ergebnisse besprochen und bewertet.

→ *Übungsmöglichkeit: S. 149, Aufgabe 4 (mit Hilfestellung auf S. 211)*

Wandzeitung gestalten

Eine Wandzeitung könnt ihr anlegen, um Arbeitsergebnisse zu präsentieren oder zusätzliche Informationen zu vermitteln. Sie besteht aus einer Sammlung von

- selbstgemalten Bildern und/oder selbstgeschriebenen Texten,
- zusätzlichen Zeitungsartikeln, Fotos, etc.

Bei der Herstellung muss darauf geachtet werden, dass die Seiten einen klaren Aufbau haben und die einzelnen Beiträge gut gegliedert sind.

→ *Übungsmöglichkeit: plus-Aufgabe zum Kapitel „Vom Anfang der Welt", S. 188ff.*

Buddy Book – Bastelanleitung

Schritt 1

Starte mit einem DIN-A4-Blatt und falte es entlang der längeren Mittellinie. Um den Falz zu verstärken, falte es wieder auseinander und falte es nun noch einmal entlang der Falzlinie zur anderen Seite. Ziehe nun den Falz mit dem Fingernagel nach, um ihn zu verschärfen. Falte das Blatt wieder auseinander.

Schritt 2

Nun falte das Blatt entlang der kürzeren Mittellinie, falte es wieder auseinander und wiederhole wie oben den Prozess zur anderen Seite.

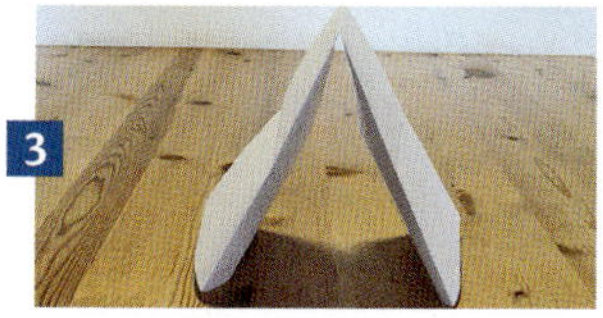

Schritt 3

Nun falte noch einmal, indem du entlang der kurzen Mittellinie halbierst. (Auch hier zur Verschärfung des Falzes nach beiden Seiten einmal einknicken.)

Schritt 4

Die beiden offenen Enden des so halbierten Blattes jetzt so knicken, dass die abgebildete Form entsteht.

Schritt 5

Das Blatt wieder vollständig auseinander falten. Es muss nun einen mittleren Längsfalz und drei Querfalze haben.

Schritt 6

Falte das Blatt nun wieder entlang der kürzeren Mittellinie und schneide (oder reiße) es von der geschlossenen Kante her bis zum ersten Querfalz ein. Falte es wieder auseinander und …

Schritt 7

… falte es nun an der längeren Mittellinie. Es entsteht die abgebildete Form.

Schritt 8

Schiebe nun das Blatt zusammen und falze die Kanten noch einmal nach.

Schritt 9

Lege die vier Doppelseiten nun zu einem Buch zusammen und falze den „Buchrücken" noch einmal mit dem Fingernagel nach. Das Buddy Book ist fertig und kann nun von dir beschriftet werden. *nach www.kooperatives-lernen.de*

Personenregister

Sachregister

Textnachweise

Neue Schule, neues Fach

S. 8/9: nach Jörg Peters, Martina Peters, Bernd Rolf (Hg.): LebensWert 1. Bamberg: C.C. Buchner 2011, S. 6-7 (Johanna Land, Nina Reinecke)

Ich und mein Leben

S. 10/11: Mira Lobe / Susi Weigel: Das kleine Ich bin ich. Wien – München: Verlag Jungbrunnen, o. J. (Erstauflage 1972), S. 40-51; Jörg Peters, Martina Peters, Bernd Rolf

S. 12/13: M1 Jörg Peters, Bernd Rolf; M2 Karin Bolte. In: Dietrich Steinwede / Sabine Ruprecht: Vorlesebuch Religion 3. Lahr: Kaufmann-Verlag 1979, S. 43ff.; Infokasten: Selbstwahrnehmung: Verlagsredaktion

S. 14/15: M2 Paul Maar: Am Samstag kam das Sams zurück. Hamburg: Friedrich Oetinger 2000, S. 106-109; M3 nach Gabriele Münnix: Anderwelten. Weinheim: Beltz & Gelberg 2001, S. 189-191

S. 16/17: M2 Jörg Peters / Bernd Rolf (Hg.): philo praktisch 1. Bamberg: C.C. Buchner 2009, S. 18 (Christa Bohschke, basierend auf: Heiner Wilms / Ellen Wilms: Alles im Eimer. In: dies.: Erwachsen werden. Life-Skills-Programm für Schülerinnen und Schüler der Sekundarstufe I. Lions Clubs International. Thema 3.3, Seite KV III-7)

S. 18/19: M1 Aliki: Gefühle sind wie Farben. Weinheim: Beltz & Gelberg 2000, S. 14; M2 Gabriele Münnix: Anderwelten. Weinheim: Beltz & Gelberg 2001, S. 253-255; M4 nach Monika Hartig: Von dir und den anderen. Eine erste Begegnung mit der Psychologie. Hamburg: Verlag Friedrich Oetinger 1993, S. 47-48

S. 20/21: M2 zu Emma Watson und Leonardo Di Caprio: Jörg Peters, Verlagsredaktion (basierend auf verschiedenen Pressemeldungen); zu Manuel Neuer: Marius Achatz. Online: https://fcbayern.com/de/news/2019/10/manuel-neuer-erhaelt-nrw-verdienstorden (abgerufen am 23.03.2020); M3 Katja G.: Meine Großmutter, mein Vorbild. In: Verband berufstätiger Mütter (VBM). Ausgabe vom 03.10.2016. Online: https://vbm-online.de/meine-grossmutter-mein-vorbild/ (abgerufen am 23.03.2020); M4 Jörg Peters: basierend auf: www.echt-gut-bw.de/archiv/story_detail.php?id=1928&kat_id=8&jahr=2005 (abgerufen am 19.03.2009)

S. 22/23: M1 nach Jörg Peters, Martina Peters, Bernd Rolf (Hg.): Lebenswert 1 neu. Bamberg: C.C. Buchner 2018, S. 42 (Winfried Böhm); M2 Katrin Eigner, Anna-Lena Jaensch: Sie haben es geschafft. In: DER SPIEGEL Nr.42 vom 12.10.2019, S. 52-54

S. 24/25: M1 Scott O'Dell: Insel der blauen Delphine. Übersetzt von Roswitha Plancherel-Walter. München: dtv junior [20]1993, S. 48f., 50, 51; M2 Brüder Grimm: Die Bremer Stadtmusikanten (gekürzt). Online: Projekt Gutenberg: http://gutenberg.spiegel.de/buch/-6248/161 (abgerufen am 13.11.2017)

S. 26/27: M2 Geoffrey Marshall-Taylor: Der verlorene Sohn, Lukas 15. In: ders.: Die Bibel. Ein Lese- und Bilderbuch für Kinder. Illustriert von Andrew Aloof, Jon Davis, Dick Eastland, Colin Shearing, Barrie Thorpe. Übersetzt von Burkhardt Kiegeland. Köln: Naumann & Göbel 1991, S. 192; M3 Héctor Zagal, José Galindo: Ethik für junge Menschen. Grundbegriffe – Positionen – Probleme. Aus dem Spanischen übersetzt von Bernd Goebel. Stuttgart: Philipp Reclam jun. 2000, S. 96-98

S. 28/29: Jörg Peters, Martina Peters, Bernd Rolf

Ich und meine Freundschaften

S. 30/31: Jörg Peters, Martina Peters, Bernd Rolf

S. 32/33: M2 Jörg Peters

S. 34/35: M1 Jörg Peters / Bernd Rolf (Hg.): philo praktisch 2A. Bamberg: C.C. Buchner 2011, S. 34 (Christa Bohschke); M2 Joanne K. Rowling: Harry Potter und der Stein der Weisen. Aus dem Englischen von Klaus Fritz. Hamburg: Carlsen Verlag [19]1998, S. 305-308

S. 36/37: M2 Erich Kästner: Das fliegende Klassenzimmer. Ein Roman für Kinder. Illustrationen von Walter Trier. 171. Auflage. Hamburg: Dressler Verlag / Zürich: Atrium Verlag 2014, S. 80-83; M3 Michael Ende: Momo oder Die seltsame Geschichte von den Zeit-Dieben und dem Kind, das den Menschen die gestohlene Zeit zurückbrachte. Ein Märchen-Roman. Mit Bildern des Autors. Stuttgart/Wien: Thienemann Verlag 2005, S. 36f., 40f., 42f.; Infokasten Freundschaft: Jörg Peters, Martina Peters, Bernd Rolf, Verlagsredaktion

S. 38/39: M1 Jakob Anthoff: Heute Nacht sind die Hühner wild. Bavaria Sonor BSM GmbH, Geiselgasteig; M2 Transskript aus dem Film: Die wilden Hühner. Regie: Vivian Naefe. Constantin Film AG, Deutschland 2005; M3 Cornelia Funke: Die wilden Hühner – Fuchsalarm. Hamburg: Cecilie Dressler Verlag 2005, S. 195-196

S. 40/41: M2 Jörg Peters: nach http://www.gutefrage.net/frage/wie-findet-ihr-diesen-spruch-von-einer-freundin (abgerufen am 01.01.2010); M3 Johann Gottfried Herder: Der Löwe und die Stiere. In: Anne M. Rotenberg (Hg.): Der Löwe und die Maus und andere große und kleine Tiere in Fabeln, Geschichten und Bildern. © Ellermann, München 1971. Frankfurt am Main: Insel Taschenbuch 1976, S. 21f.; M4 Adolph Freiherr von Knigge: Über den Umgang mit Menschen, Kap. 6,13. Online: http://gutenberg.spiegel.de/?id=5&xid=1491&kapitel=32&cHash=f35075d8c02#gb_found (abgerufen am 10.07.2010)

S. 42/43: M1/M2/M3: Jörg Peters, Martina Peters, Bernd Rolf

S. 44/45: M1 Jörg Peters, basierend auf: Aristoteles: Nikomachische Ethik VIII.1-6, 1155 a3 – 1157 b5; M2 Cicero: Laelius – Über die Freundschaft. Übersetzt von

Robert Feger. München: Wilhelm Heyne Verlag 1976, § 22, S. 32-34; Michel de Montaigne: Die Essais. Hrsg. von Arthur Franz. Sammlung Dieterich, Bd. 137. Leipzig: Dieterich'sche Verlagsbuchhandlung 1953, S. 111; Arthur Schopenhauer: Aphorismen zur Lebensweisheit. Hrsg. von Rudolf Marx. Stuttgart: Alfred Kröner Verlag 1974, S. 208f.
S. 46/47: Jörg Peters, Martina Peters, Bernd Rolf

Ich und die Anderen

S. 48/49: Jörg Peters, Martina Peters, Bernd Rolf
S. 50/51: M2 (Z. 11-18) http://www.eineweltfueralle.de/fileadmin/user_upload/Materialsammlung_GS/Tara/EineWelt_Dscharkakani.pdf (abgerufen am 06.12..2010); M3 Martina Peters, basierend auf: http://www.afghan-aid.de/kinderspiel.htm#Denk-, Reaktions- und Ratespiele (abgerufen am 14.08.2010); M4 D. Bleyenberg: Ngoli. Online: http://www.bleyenberg.de/afrikanische_spiele/index.html#ngoli (abgerufen am 14.08.2010); M5 Quetzal: Chile – La Barra – Schranke. Online: http://www.quetzal-leipzig.de/lateinamerika/bolivien/kinderspiele-aus-lateinamerika-19093.html (abgerufen am 14.08.2010)
S. 52/53: M1 nach François-Xavier Freland: Wir leben in Brasilien. Illustrationen von Sophie Duffet. Übersetzt von Regina Enderle. München: Knesebeck GmbH & Co. Verlags KG 2007, S. 34-47; M2 nach Maïa Werth: Wir leben in Russland. Illustrationen von Sophie Duffet. Übersetzt von Regina Enderle. München: Knesebeck GmbH & Co. Verlags KG 2006, S. 24-35; M3 nach Philippe Godard: Wir leben in Indien. Illustrationen von Sophie Duffet. Übersetzt von Elisabeth Schittenhelm. München: Knesebeck GmbH & Co. Verlags KG 2006, S. 10-25 (Alle drei Texte wurden aus didaktischen Gründen bearbeitet und gekürzt)
S. 54/55: M2 Uğur D.: Ein Strauß Blumen. In: Kemal Yalçin: Dem Almanya'ya Geldiğinde / Als mein Opa nach Deutschland kam. Iki dilli – Zweisprachig, aus dem Türkischen übersetzt von Marlies Düner. Köln: Önel Verlag 2006, S. 20f.; M3 Mark Terkessidis: Alltagsrassismus und Alltagsdiskriminierung als Hindernis der Integration. In: Forum gegen Rassismus: Umsetzung des Allgemeinen Gleichbehandlungsgesetzes (AGG), S. 25. Online: http://www.nrwgegendiskriminierung.de/de/docs/pdf/Infobrief-09.pdf (28.11.2007). S. auch: GrafStat: Unterrichtsmaterial „Ausgrenzung und Integration", M 03.11: Zum „Ausländer" gemacht. Online: http://www.bpb.de/popup/popup_grafstat.html?url_guid=U40OJ7 (abgerufen am 15.05.2010); M4 Martina Peters
S. 56/57: M2 nach Janne Teller: Krieg. Stell dir vor, er wäre hier. Übersetzt von Sigrid C. Engeler. Illustrationen von Helle Vibeke Jensen. München: Carl Hanser Verlag, 2011, S. 7-12 (aus didaktischen Gründen gekürzt und ab Z. 42 verändert); M3 Katrin Schmiedkampf: Sie hat es geschafft. In: DIE ZEIT-Beilage: Chancen Abitur 2016, vom 29.09.2016, S. 24-28
S. 58/59: M1 Jörg Peters, basierend auf: Ibrahim aus Nigeria – Lebendig begraben und gerettet. Online: https://www.uno-fluechtlingshilfe.de/fluechtlinge/fluechtlinge-erzaehlen/ibrahim-aus-nigeria.html (abgerufen am 28.05.2017); M2 Christoph Cadenbach, Susanne Schneider: Ich bin die Letzte, ganz links auf dem Bild. In: Süddeutsche Zeitung Magazin 52/2015: Kinder. Online: http://sz-magazin.sueddeutsche.de/texte/anzeigen/44020/Ich-bin-die-Letzte-ganz-links-auf-dem-Bild (abgerufen am 23.05.2017)
S. 60/61: M1 GrafStat – Unterrichtsmaterial „Ausgrenzung und Integration". M 04.02 Sortierte Klingelschilder? Online: http://www.bpb.de/popup/popup_grafstat.html?url_guid=XXZEXH (abgerufen am 04.04.2010); M2 Tahar Ben Jelloun: Papa, was ist ein Fremder? Gespräch mit meiner Tochter. Übersetzt von Christiane Kayser. Nachwort von Daniel Cohn-Bendit. Berlin: Rowohlt 1999, S. 11-13, 21-25; M3 Das Lied vom Anderssein. Klaus W. Hoffmann: Im Land der Blaukarierten. © Aktive Musik Verlagsgesellschaft mbH, Dortmund; Infokasten: Fremdenfeindlichkeit: Jörg Peters, Martina Peters, Bernd Rolf
S. 62/63: Jörg Peters, Martina Peters, Bernd Rolf
S. 64/65: M2 Helmut Engels: Alle Italiener. In: ders.: Blaue Schokolade. Geschichten zum Denken und Querdenken. Hannover: Joachim Siebert 2007, S. 82-84; M3 Bernd Rolf; M4 Lutz Krause: Du sagst, du hast keine Vorurteile. In: Volksbund Deutsche Kriegsgräberfürsorge e. V. (Hg.): Vorurteile abbauen. Heft 2. Schwerte: o. J., S. 4; Infokasten Vorurteile: Jörg Peters, Martina Peters, Bernd Rolf
S. 66/67: M2 nach Jörg Peters, Martina Peters, Bernd Rolf (Hg.): Lebenswert 1. Bamberg: C.C. Buchner 2011, S. 141 (Werner Fuß); M3 GrafStat: Unterrichtsmaterial „Ausgrenzung und Integration". M 04.07 Gutes Zusammenleben setzt voraus, dass ... Online: http://www.bpb.de/popup/popup_grafstat.html?url_guid=V4VV0F (abgerufen am 25.04.2010)
S. 68/69: M2 Helmut Wöllenstein: Märchen vom Auszug aller „Ausländer". Zuerst veröffentlicht als „Zuspruch am Morgen" am 20.12.1991 im Hessischen Rundfunk (im Zusammenhang der massiv wachsenden Ausländerfeindlichkeit, die wenig später zu den Brand- und Mordanschlägen in Mölln und Solingen führte); M3 Dalai Lama: Mitgefühl und Weisheit. Ein Gespräch mit Felizitas von Schönborn. © 2004, 2006 Diogenes Verlag AG, Zürich, S. 143f.; M4 Chinesisches Sprichwort. Online: http://www.toleranz.eisenachonline.de/ (abgerufen am 29.05.2007)
S. 70/71: M1 Rolf Wilms: Der Gast ist König. Online: http://www.rolf-wilms.de/Gastfreundschaft.htm (abge-

rufen am 15.08.2010); M2 Martina Peters, basierend auf: Charles Lénars, Josette Lénars: Das Totenfest in Mexiko. In: dies.: Feste in fernen Ländern für Kinder erzählt. Texte von Elisabeth Dumont-Le Cornec. Illustrationen von Frédéric Malenfer. Übersetzt von Hannelore Leck-Frommknecht. München: Knesebeck GmbH & Co. Verlags KG 2007, S. 52f.; Martina Peters, basierend auf: http://de.wikipedia.org/wiki/Japanischer_Garten (abgerufen am 15.08.2010)
S. 72/73: Jörg Peters, Martina Peters, Bernd Rolf

Regeln und Regelkonflikte

S. 74/75: Jörg Peters, Martina Peters, Bernd Rolf
S. 76/77: M2 Jörg Peters / Bernd Rolf (Hg.): philo praktisch 1. Bamberg: C.C. Buchner 2009, S. 102 (Helmut Engels); M4 Zitate aus: Gabriele Giesder: Gutes Benehmen. Sicher in allen Lebenslagen. München: Econ Taschenbuch Verlag [2]1988; Joachim Wachtel: Gutes Benehmen – kein Problem. Moderne Umgangsformen heute – von A bis Z. München: Humboldt Taschenbuchverlag 1977
S. 78/79: M2/M3 Bernd Rolf
S. 80/81: M2 Jörg Peters, Bernd Rolf; M3 Jörg Peters, Bernd Rolf: Regeln des Klassenvertrags, nach Franz-Ludwig-Gymnasium, Bamberg: Wir Schüler wollen ... auf: http://www.bnv-bamberg.de/home/ba2282/main/flg-info/schulstandards.pdf (abgerufen am 23.04.2009); Infokasten: Regeln: Jörg Peters, Martina Peters, Bernd Rolf
S. 82/83: M2 Claudia Högemann / Reinhild Miedzybrocki: Hören – Zuhören – Verstehen 7/8. Ausgewählte Hörtexte zu den Unterrichtswerken Kombiniere Deutsch und Kombi-Buch Deutsch. Bamberg: C.C. Buchner 2008, Track 17-19; Anleitung/M3 Bernd Rolf
S. 84/85: M1 Peter Kohrs (Hg.): Deutsch in ... 7, Paderborn: Schöningh 1999, S. 105; M2 Bernd Rolf, basierend auf: http://de.wikipedia.org/wiki/Linksverkehr (abgerufen am 27.10.2010)
S. 86/87: M2 Jörg Peters / Bernd Rolf (Hg.): philo praktisch 1. Bamberg: C.C. Buchner 2009, S. 100-101 (Helmut Engels); Infokasten: Die Goldene Regel: Jörg Peters, Martina Peters, Bernd Rolf
S. 88/89: M2 Jörg Peters, Bernd Rolf, basierend auf: http://www.kuppelkucker.de/index.php/Fragen/Detail/Beitrag/49/Page/1 und http://www.kuppelkucker.de/index.php/Fragen/Detail/Beitrag/49/Page/2 (abgerufen am 23.04.2009); M3 Jörg Peters, Bernd Rolf, basierend auf: Thomas Hobbes: Leviathan, John Locke: Zwei Abhandlungen über die Regierung, John Stuart Mill: Über die Freiheit
S. 90/91: M1 Jörg Peters / Bernd Rolf (Hg.): philo praktisch 1. Bamberg: C.C. Buchner 2009, S. 96 (Helmut Engels); M2 Joachim Masannek: Die wilden Fußballkerle. Bd. 7: Maxi „Tippkick" Maximilian. München: dtv junior 2005, S. 58f.; M3 Jörg Peters / Bernd Rolf (Hg.): philo praktisch 1. Bamberg: C.C. Buchner 2009, S. 97 (Helmut Engels)
S. 92/93: M2/M3 Bernd Rolf; M4 Stephen Law: Philosophie. Denken ohne Grenzen. Aus dem Englischen von Anne Braun. Bilder von Daniel Postgate. Würzburg: Arena 2004, S. 66-68; M5 Bernd Rolf
S. 94/95: M1 Martina Peters; M2 Verlagsredaktion; M4 Rainer Erlinger: Lügen haben rote Ohren. Gewissensfragen für große und kleine Menschen. Berlin: Ullstein Buchverlage/List Verlag, 2. Auflage 2006, S. 48-51
S. 96/97: Jörg Peters, Martina Peters, Bernd Rolf

Wahrhaftigkeit und Lüge

S. 98/99: Sprichwörter: Jörg Peters, Martina Peters, Bernd Rolf
S. 100/101: M2 Edwin Friesch (Hg.): Wer dreimal lügt. 66 unwahrscheinliche Geschichten aus unserer Zeit mit 17 Illustrationen. München: Nymphenburger Verlagshandlung 1974, S. 104, 125-126, 159; M3 Jörg Peters / Bernd Rolf (Hg.): philo praktisch 2A. Bamberg: C.C. Buchner 2011, S. 147 (Klaus Draken); Infokasten: Wahrhaftigkeit: Jörg Peters, Martina Peters, Bernd Rolf
S. 102/103: M1 Carlo Collodi: Pinocchio. Deutsch von Paula Goldschmidt. Illustrationen von Thorsten Tenberken. Nachwort von Birgit Dankert. Hamburg: Cecilie Dressler Verlag 2001, S. 79-82
S. 104/105: M1/M2 Ursula Wölfel: Lügen. In: dies.: Spielgeschichten, -entwürfe, -idee. Weinheim: Anrich Verlag 1993, S. 124-127
S. 106/107: M1 Julian Nida-Rümelin, Nathalie Weidenfeld: Der Sokrates-Club. Philosophische Gespräche mit Kindern. München: Albrecht Knaus Verlag 2012, S. 26-31; M2 Rainer Erlinger: Lügen haben rote Ohren. Gewissensfragen für große und kleine Menschen. Berlin: Ullstein Buchverlage/List Verlag, 2. Auflage 2006, S. 15-17, 19, 21-23; Infokasten: Lüge: Jörg Peters, Martina Peters, Bernd Rolf
S. 108/109: M1/Anleitung: Jörg Peters; M2 Rainer Erlinger: Lügen haben rote Ohren. Gewissensfragen für große und kleine Menschen. Berlin: Ullstein Buchverlage/List Verlag, 2. Auflage 2006, S. 58-60; M3 Martina Peters, Bernd Rolf
S. 110/111: M2 Jörg Peters / Bernd Rolf (Hg.): philo praktisch 1. Bamberg: C.C. Buchner 2009, S. 68 (Helmut Engels); M3 Julian Nida-Rümelin, Nathalie Weidenfeld: Der Sokrates-Club. Philosophische Gespräche mit Kindern. München: Albrecht Knaus Verlag 2012, S. 31; M4 Klaus Hampe: Darf ich das? Gewissensfragen im Alltag. Hrsg. von Markus Götte und Jan von Lingen. Stuttgart: Kreuz Verlag 2008, S. 19-20; M5 nach Rainer Erlinger: Lügen haben rote Ohren. Gewissensfragen für große und kleine Menschen. Berlin: Ullstein Buchverlage/List Verlag, 2. Auflage 2006, S. 26-27 (aus didaktischen Gründen bearbeitet: das Wort „Asylant" des Originals wurde in „Asylbewerber" geändert); M6 Wilhelm Weischedel: Skeptische Ethik. Frankfurt a. M.: Suhrkamp Verlag 1980, S. 202-203

S. 112/113: M1 Bernhard Lassahn: Die traurigen Seegurken. In: ders.: Käpt'n Blaubärs Seebär-Geschichten. Nach Figuren von Walter Moers, Motiven von Bernhard Lassahn, Rolf Silber, Walter Moers und Bildern von Matthias Siebert. Ravensburg: Otto Maier Verlag [2]1993, S. 101-104; M2 nach C. W. Schmidt (Hg.): Wunderbare Reisen zu Wasser und zu Lande und lustige Abenteuer des Freiherrn von Münchhausen. Wiesbaden: Emil Vollmer Verlag, o. J.; M3 Edmund Jacoby: Dunkel war's der Mond schien helle. Verse, Reime und Gedichte. Mit Bildern von Rotraut Susanne Berner. Hildesheim: Gerstenberg Verlag 1999. Online: http://www.hsparkstrasse.de/seiten/lustiges/seiten/kurioses/luegengedicht.htm (abgerufen am 17.10.2008); M4 Julian Nida-Rümelin, Nathalie Weidenfeld: Der Sokrates-Club. Philosophische Gespräche mit Kindern. München: Albrecht Knaus Verlag 2012, S. 30-31
S. 114/115: M1 Jörg Peters; M3 Jörg Peters / Bernd Rolf (Hg.): philo praktisch 1. Bamberg: C.C. Buchner 2009, S. 72 (Helmut Engels); M4 Jörg Peters, basierend auf: Walter Krämer, Götz Trenkler: Lexikon der populären Irrtümer. 500 Kapitale Missverständnisse, Vorurteile und Denkfehler von Abendrot bis Zeppelin. München – Zürich: Piper Verlag [3]2007; M5 Jörg Peters
S. 116/117: M2 (Zeile 1-13 und Fragen und Kommentar in Z. 23-24, 25-27) https://www.stern.de/reise/fernreisen/selfies-in-11-000-metern-hoehe--weit-aus-dem-cockpit-gelehnt---sind-diese-fotos-echt--7608694.html (abgerufen am 06.04.2020); M3 https://www.prosieben.de/tv/galileo/whatthe-fakt/fake-news (abgerufen am 06.04.2020); M4 Bernd Rolf, basierend auf: René Descartes: Meditationen über die Erste Philosophie
S. 118/119: Jörg Peters, Martina Peters, Bernd Rolf

Glückliches und gutes Leben

S. 120/121: Jörg Peters, Martina Peters, Bernd Rolf
S. 122/123: M2 Martina Peters; M3 nach Erich Kästner: Das Märchen vom Glück. In: Jutta Kähler, Susanne Nordhofen (Hg.): Geschichten zum Philosophieren. Für die Sekundarstufe I. Arbeitstexte für den Unterricht 15033. Stuttgart: Philipp Reclam jun. 1994. S. 94-97 (aus didaktischen Gründen gekürzt)
S. 124/125: M3 Bernd Rolf; M4 Redewendungen: Jörg Peters, Martina Peters, Bernd Rolf; Infokasten: „Glück haben" – „glücklich sein": Jörg Peters, Martina Peters, Bernd Rolf
S. 126/127: M1 nach Jörg Moll: Dem Glück auf der Spur. Transskript aus: Die Entdeckung des Glücks. Eine Reportage von Jörg Moll. ZDF/ARTE 2003 (aus didaktischen Gründen bearbeitet); M2 logo! Ausgabe vom 07.07.2018. Online: https://www.zdf.de/kinder/logo/tag-der-schokolade-100.html (abgerufen am 01.12.2019); M3 Ulrich Strunz: forever young. Das Erfolgsprogramm. München: Gräfe und Unze 1999, S. 60 f.; M4 Anselm Grün: Das kleine Buch vom wahren Glück. Freiburg: Herder Verlag 2001, S. 51
S. 128/129: M2 Bernd Rolf, frei nach Brüder Grimm: Von dem Fischer und seiner Frau. In: dies.: Kinder- und Hausmärchen, 1819. Online: Projekt Gutenberg, http://gutenberg.spiegel.de/?id=5&xid=969&kapitel=90#gb_found (abgerufen am 27.10.2010), aus didaktischen Gründen bearbeitet und gekürzt; M3 Ernst Holler: Sagen und Geschichten aus der Antike. Düsseldorf: Schwann Verlag 1955, S. 20f.; M4 Eckart von Hirschhausen: Über Marzipanschweine und Schornsteinfeger. SWR2-Podcast vom 26.08.2012. Online: https://www.swr.de/swr2/programm/sendungen/wissen/ueber-marzipanschweine-und-schornsteinfeger/-/id=660374/did=10191436/nid=660374/aaaqsr/index.html (abgerufen am 14.10.2017)
S. 130/131: M1 nach Der Spiegel 27 vom 29.06.2009, S. 116f. (Klaus Brinkbäumer, Thomas Schulz, Martin Wolf, Lothar Gorris, Thomas Hüetlin, Philipp Öhmke, Tobias Rapp und Mathieu von Rohr), aus didaktischen Gründen bearbeitet und gekürzt; M2 Kinderstar Jake Lloyd: Mein Leben war die Hölle. Online: http://www.vip.de/cms/kinderstar-jake-lloyd-mein-leben-war-die-hoelle-1048094.html (abgerufen am 26.07.2017); M3 Verlagsredaktion (basierend auf Presseinformationen)
S. 132/133: M1 nach Brüder Grimm: Hans im Glück. Onine:http://www.sos-halberstadt.bildung-lsa.de/maerchen/pdf/HansimGlueck.pdf (abgerufen am 26.07.2017), aus didaktischen Gründen bearbeitet; M2 Anna Gavalda: 35 Kilo Hoffnung. Aus dem Französischen von Ursula Schregel. © für die deutsche Ausgabe: arsEdition GmbH, München, 2004 erschienen in der Bloomsbury Verlag GmbH, Berlin, S. 30-32; M3 Jörg Peters, Martina Peters, Bernd Rolf (Hg.): Lebenswert 1. Bamberg: C.C. Buchner 2011, S. 10 (Dieter Kopriwa)
S. 134/135: M1 Jörg Peters, Bernd Rolf; M2 Bernd Rolf; M3 Martina Peters
S. 136/137: M1 François Lelord: Hectors Reise oder die Suche nach dem Glück. Übersetzt von Ralf Pannowitsch. München – Zürich: Piper Verlag 2006, S. 79f., 83f.; M2 Eva Selenko: Hilf anderen – das hilft dir selbst! spektrum.de vom 08. Mai 2014. Online: https://www.spektrum.de/magazin/ehrenamt-warum-freiwillige-arbeit-gluecklich-macht/1281570 (abgerufen am 26.11.2019); M3 Wilhelm Schmid: Glück. Alles was Sie darüber wissen müssen und warum es nicht das Wichtigste im Leben ist. Frankfurt am Main – Leipzig: Insel Verlag 2007, S. 45f.
S. 138/139: M1 Brigitte Labbé, Michel Puech: Denk dir die Welt. Philosophie für Kinder. Übersetzt von Anne Braun. Illustrationen von Jacques Azam. Bindlach: Löwe Verlag GmbH 2003, S. 101; M2 Helmut Engels: Wenn jeder an sich denkt. In: ders.: Blaue Schokolade. Geschichten zum Denken und Querdenken. Hannover: Siebert Verlag 2007, S. 24-27; M3 Dalai Lama. Online: https://gutezitate.com/zitat/214457 (abgerufen am 27.11.2019)
S. 140/141: M2 Bernd Rolf; Infokasten: Gutes Leben und Verantwortung: Bernd Rolf; M3 Mareike Thieben, BDKJ (Bund der Katholischen Jugend): Die 72-Stunden – Aktion.

Online: https://www.72stunden.de/presse/pressemitteilungen/detail/?tx_news_pi1%5Bnews%5D=611&tx_news_pi1%5Bcontroller%5D=News&tx_news_pi1%5Baction%5D=detail&cHash=5259123e616f7855690c2c3190efb360 (abgerufen am 01.12.2019); M4 Bernd Rolf
S. 142/143: M1 https://www.aktiv-gegen-kinderarbeit.de/produkte/landwirtschaftbananen/#footnote_0_3021 (abgerufen am 18.12.2019); M2 Dana Stier. Online: https://www.kindernetz.de/infonetz/ernaehrung/ernaehrung/fairerhandel/-/id=29358/nid=29358/did=34260/iyn6qj/index.html (abgerfen am 18.12.2019); M3 Peter Henkenborg, Sächsisches Staatsinstitut für Bildung und Schulentwicklung. Online: https://www.sachsen.schule/~sud/methodenkompendium/module/1/4_4_3.htm oder https://www.sachsen.schule/~sud/methodenkompendium/dokumente/M1_443_2.PDF (abgerufen am 18.12.2019); M4 Jörg Peters, Martina Peters, Bernd Rolf
S. 144/145: Jörg Peters, Martina Peters, Bernd Rolf

Selbstdarstellung in den Medien

S. 146/147: Verlagsredaktion
S. 148/149: M1 Jörg Peters; M2 nach Stefanie Rack, Fabian Sauer: Selfies, Sexting, Selbstdarstellung. Arbeitsmaterial für den Unterricht – Heft 3. Mobile Medien – Neue Herausforderungen. Herausgegeben von Klicksafe. Landeszentrale für Medien und Kommunikation (LMK) Rheinland-Pfalz. Ludwigshafen [3]2020, S. 13. Online: https://www.klicksafe.de/fileadmin/media/documents/pdf/klicksafe_Materialien/Lehrer_Always_On/Selfies_Sexting_Selbstdarstellung_Mobile_Medien_3.pdf (abgerufen am 28.04.2020), aus didaktischen Gründen bearbeitet; Infokasten: Soziale Medien (Social Media): Martina Peters
S. 150/151: M2 Ines Kaffka: Bin ich schön? In: SPIEGEL Panorama vom 30. Juli 2018. Online: https://www.spiegel.de/lebenundlernen/schule/jugendliche-und-ihre-selfies-fotoprojekt-von-vivian-keualards-a-1216334.html (abgerufen am 11.01.2020); M3 Martina Peters
S. 152/153: M1/M2 Stefanie Haas (Verlagsautorin); M3 Jörg Peters, Martina Peters, Bernd Rolf; M4 Deutsches Kinderhilfswerk: Interview mit unserem Social-Media-Team zur Facebook-Kampagne. Online: https://www.dkhw.de/schwerpunkte/medienkompetenz/tipps-fuer-den-umgang-mit-kinderfotos-in-der-digitalen-welt/interview-zur-kampagne-erstdenkendann-posten/ (abgerufen am 05.02.2020).
S. 154/155: M2 Vera Nentwich: Du bist, was du postest. Online: https://www.vera-nentwich.de/blog/dx/du-bist-was-du-postest.htm (abgerufen am 18.02.2020); M3 Jörg Peters / Bernd Rolf (Hg.): philo praktisch 2A. Bamberg: C.C. Buchner 2011, S. 165 (Matthias Gillissen, basierend auf: C. Wißmann: „Du stehst auf blonde Frauen, oder?" In: fluter-Magazin 31. Bundeszentrale für politische Bildung. Sommer 2009, S. 13)
S. 156/157: M2 Stefanie Haas (Verlagsautorin), Jörg Peters, basierend auf dem Film Polska Warrior (NL 2017, Regie: Camiel Schouwenaar). Online: https://vimeo.com/232894263 (abgerufen am: 21.04.2020)
S. 158/159: M2/M3 Martina Peters
S. 160/161: M2 Bernd Rolf; M3 Sebastian Schaffstein: So geht Medien - Darum sind Influencer so beliebt. Video, Bayerischer Rundfunk alpha. Online: https://www.br.de/sogehtmedien/medien-basics/influencer-stars/unterrichtsmaterial-influencer-stars100.html (abgerufen am: 14.04.2020). Transkription: Bernd Rolf
S. 162/163: M1 Verlagsredaktion; M2 Frank Deges: Quick Guide Influencer Marketing. Wie Sie durch Multiplikatoren mehr Reichweite und Umsatz erzielen. Wiesbaden: Springer Gabler 2018. S. 4-7. Online: https://books.google.de/books?id=ANNjDwAAQBAJ&pg=PA67&hl=de&source=gbs_selected_pages&cad=2#v=onepage&q&f=false (abgerufen am: 20.07.2020); M3/M4 Thu Huong Dong, Kathrin Schmidtke und Daniel Schramek: Influencer: Ich will das auch haben, aber warum eigentlich? Online: https://www.handysektor.de/artikel/influencer-ich-will-das-auch-haben-aber-warum-eigentlich (abgerufen am 14.04.2020)
S. 164/165: M1/Anleitung: Martina Peters; M2 Verlagsredaktion; M3 Stefanie Haas (Verlagsautorin), basierend auf: „Vertrau darauf, wer du bist". Ein Gespräch mit Launa Kennett über *My Life – Born to vlog*. In: TELEVIZION 31/2018/1, S. 42f (Zitat direkt übernommen)
S. 166/167: Jörg Peters, Martina Peters, Bernd Rolf

Natur und Umwelt

S. 168/169: Jörg Peters, Martina Peters, Bernd Rolf
S. 170/171: M1 Astrid Lindgren: Ronja Räubertochter. Übersetzt von Anna-Liese Kornitzky. Hamburg: Verlag Friedrich Oetinger 1982, S. 19-21; M2 Gary Paulsen: Allein in der Wildnis. Aus dem Amerikanischen von Thomas Lindquist. Hamburg: Carlsen Verlag, 9. Aufl. 2008, S. 40, 41, 42, 51, 56-57
S. 172/173: M1 Bernd Rolf; M2 Bernd Rolf, basierend auf: Homer: Ilias und Ovid: Metamorphosen; Infokasten: Lebensgrundlage Natur: Bernd Rolf; M3 Bernd Rolf
S. 174/175: M1 Willi Hoffsümmer: 255 Kurzgeschichten. Mainz: Matthias-Grünewald-Verlag 1981, S. 129-130; M2 Tahca Ushte: Ohne ihn waren wir nichts. In: John Fire Lame Deer, Richard Erdoes: Tahca Ushte, Medizinmann der Sioux. Leipzig: Paul List Verlag 1982. Online: http://www.wolfgangstohr.de/deutsch/bison.html (abgerufen am 01.08.2017); M3 „Weissagung der Cree". Online: https://de.wikipedia.org/wiki/Vermeintliche_Weissagung_der_Cree (abgerufen am 01.04.2020)
S. 176/177: M1 Bernd Rolf, basierend auf: http://www.wissen.de/wde/generator/wissen/ressorts/ natur/naturgewalten-lexikon/m/index,page=1578180.html (abgerufen am 30.04.2009); M2 WDR, Neun1/2: Bienensterben.

Online: https://kinder.wdr.de/tv/neuneinhalb/mehrwissen/lexikon/b/lexikon-bienensterben100.html (abgerufen am 27.06.2020)
S. 178/179: M1/M2/M3 Irina Brüggeshemke: Das Tierparadies In: Zeitschrift für Didaktik der Philosophie und Ethik (ZDPE) 1/1999: Natur. Hannover: Siebert Verlag 1999, S. 22-23
S. 180/181: M1 (ab Z. 8) Kindersache, Beitrag von Berit Schwetzke vom 15. Februar 2019. Online: https://www.kindersache.de/bereiche/wissen/natur-und-mensch/plastik-im-meer-schadet-den-tieren (abgerufen am 10.02.2020); M2 Jörg Peters, Martina Peters, Bernd Rolf; M3 Text: Jörg Peters, Martina Peters, Bernd Rolf; Grafik: Erfahre alles über: Palmöl. Online: https://www.abenteuer-regenwald.de/bedrohungen/palmoel (abgerufen am 31.08.2018)
S. 182/183: M2 Helles Köpfchen: Luisas Kolumne - Der Regenwald stirbt, und mit ihm das Leben ... Online: https://www.helles-koepfchen.de/artikel/2446.html (abgerufen am 18.02.2020); M3 Helles Köpfchen: Interview mit Peter Pueschel. Online: https://www.helles-koepfchen.de/artikel/1497.html (abgerufen am 18.02.2020); M4 Bernd Rolf, basierend auf: Ulrich Grober: Der ewige Wald. In: Die Zeit Nr. 31 vom 24. Juli 2008, S. 78; Infokasten: Naturschutz: Bernd Rolf
S. 184/185: M2 http://2008.kindergipfel.de/ergebnisse/zukunftsvertrag_2008/ (abgerufen am 26.10.2010); M3 Jörg Peters, Martina Peters, Bernd Rolf
S. 186/187: Jörg Peters, Martina Peters, Bernd Rolf

Vom Anfang der Welt
S. 188/189: Jörg Peters, Martina Peters, Bernd Rolf
S. 190/191: M2/M3 Jörg Peters / Bernd Rolf (Hg.): philo praktisch 1. Bamberg: C.C. Buchner 2009, S. 174-175 (Rita Sandbrink)
S. 192/193: M1 Jörg Peters / Bernd Rolf (Hg.): philo praktisch 1. Bamberg: C.C. Buchner 2009, S. 176 (Rita Sandbrink: Nacherzählung eines altnordischen Schöpfungsmythos); M2 Frederik Hetmann: Indianermärchen aus Nordamerika. Frankfurt a. M. 1970
S. 194-195: M1/M2 Irmgard Weth: Neukirchener Kinder-Bibel. Neukirchen-Vluyn: Kalenderverlag des Erziehungsvereins, 6. Auflage 1992; Infokasten: Schöpfungsglaube: Jörg Peters, Martina Peters, Bernd Rolf
S. 196/197: M1 Bible Tales for Young Folk. Issue 1. New York: Official Magazine Corp 1953, S. 4-5 (Übersetzung: Jörg Peters)
S. 198/199: M1 Martina Peters, nach einem Märchen der Irokesen (vgl. z. B. Bodo Schwalm: Es war einmal ..., Bd. 2: Märchen – Mythen – Zauberzeichen. Norderstedt: Books on Demand 2016, S. 368-370; M2 Julia Knop: Die großen Fragen des Lebens für kleine Philosophen. Freiburg im Breisgau: Verlag Herder GmbH 2009, S. 56
S. 200/201: M2/M3 Jörg Peters / Bernd Rolf (Hg.): philo praktisch 1. Bamberg: C.C. Buchner 2009, S. 182-183 (Rita Sandbrink)
S. 202/203: M1 Stephen Law: Philosophie. Denken ohne Grenzen. Aus dem Englischen von Anne Braun. Mit Bildern von Daniel Postgate. Würzburg: Arena 2004, S. 186-187; M2 Stefan Greschik: Die Evolution des Menschen. Online: https://www.geo.de/geolino/mensch/9293-rtkl-geschichte-die-evolution-des-menschen (abgerufen am 17.08.2020)
S. 204/205: M2/M3/M4 Stephen Law: Philosophie. Denken ohne Grenzen. Aus dem Englischen von Anne Braun. Mit Bildern von Daniel Postgate. Würzburg: Arena 2004, S. 93-96, 100-101
S. 206/207: Jörg Peters, Martina Peters, Bernd Rolf

Hilfestellungen
Jörg Peters, Martina Peters, Bernd Rolf, Verlagsredaktion
S. 210-211: Michael Ende: Momo oder Die seltsame Geschichte von den Zeit-Dieben und dem Kind, das den Menschen die gestohlene Zeit zurückbrachte. Ein Märchen-Roman. Mit Bildern des Autors. Stuttgart/Wien: Thienemann Verlag 2005, S. 14-15

Methodenübersicht
Jörg Peters, Martina Peters, Bernd Rolf, Verlagsredaktion

Operatorenübersicht
Ministerium für Kultus, Jugend und Sport, Baden-Württemberg: Bildungsplan 2016 – Ethik (Gymnasium). Online: http://www.bildungsplaene-bw.de/,Lde/LSBP2016BW/ALLG/GYM/ETH/OP (abgerufen am 20.09.2020)

Bildnachweise

123RF / Mr_Vector – S. 12; © 2001. Reprinted by permission of Little Brown Books for Young Readers, an imprint of Hachette Book Group, Inc. – S. 48, 93 (2), 205; AdobeStock / naypong – S. 168; - / Daniela Stärk – S. 154; akg-images / Werner Formann – S. 174; Alamy Stock Photo / 360b – S. 20; - / Aflo Co. Ltd – S. 20; - / GL Archive – S. 117; - / North Wind Picture Archives – S. 194; - / Lise Pearson – S. 45; - / Pictorial Press Ltd – S. 88; - / PictureLux, The Hollywood Archive – S. 44; - / Peter Probst – S. 154; - / Westend61 GmbH – S. 34; selected illustration from Feelings by Aliki - Illustrated by Aliki, Text © copyright 1984 Aliki. Illustrations © copyright 1984 Aliki. Used by permission of HarperCollins Publishers – S. 18; © Armadillo Film / Jan van Lierde (Schöpfer Originalkunstwerk), Camiel Schouwenaar (Regisseur), André Bos (Produzent), Camiel Schouwenaar, Pepijn Moors, Christa de Graaf (Autoren) – S. 156, 157; Steffen Blatz, Leonberg – S. 69; bpk-Bildagentur – S. 45; Boris Braun, Hamburg – S. 82; Bridgeman Images / Private Collection, © Bonhams, London, UK – S. 178; © Browne/King Features Syndicate, Inc./Distr. Bulls – S. 30; Bundesarchiv / Bild. Sign. 183-R79742, Scherl, Bilderdienst – S. 92; Bundeszentrale für politische Bildung, Bonn – S. 60; Bündnis 90/Die Grünen / Bundesgeschäftsstelle, Berlin – S. 182; © Disney – S. 124; Milos Djuric Photography – S. 23; dpa Infografik / Globus-Grafik – S. 54; dpa Picture-Alliance / AA, Pool, Solar Impulse, Bertrand Piccard – S. 116; - / akg-images – S. 201; - / AP Images, Ashwini Bhatia – S. 139; - / Andreas Arnold – S. 62 (2); - / augenklick, GES-Sportfoto, Markus Gilliar– S. 20; - / Bildagentur-online, Volz-Mc-Photo – S. 192; - / dpa-Report, Horst Ossinger – S. 184; - / EPA, Stefan Zaklin – S. 63; - / Horst Galuschka – S. 20; - / Geisler-Fotopress, gbrci – S. 127, 137; - / Geisler-Fotopress, Christoph Hardt – S. 160; - / Geisler-Fotopress, Nicole Kubelka – S. 160; - / Sven Hoppe – S. 56; - / Stephan Jansen – S. 78; - / Henning Kaiser – S. 162; - / maxppp, Bianchetti Stefano – S. 45; - / Museum Kunst Palast, © Succession H. Matisse / VG Bild-Kunst, Bonn 2020 – S. 17; - / Kay Nietfeld – S. 56; - / NurPhoto, Nicolas Economou – S. 116; - / Pacific Press Agency, Md. Mehedi Hasan – S. 142; - / Photononstop, Christophe Lehenaff – S. 116; - / Robert Seeberg – S. 36; - / Christoph Soeder – S. 164; - / United Archives, kpa Publicity – S. 38; - / United Archives, TopFoto – S. 115; - / valve.com – S. 156; Helmut Engels: Blaue Schokolade. Mit Zeichnungen von Otto Wiezorek, Hannover. Siebert 2007^{3}, 2013, S. 25 – S. 138; Michael und Christian Epp (bwt-comic.de) – S. 40; Fotolia – S. 14; - / Ares tov Andrew – S. 105; - / Galina Barskaya – S. 34; - / BildPix.de – S. 78; - / Werner Busch – S. 122; - / carballo – S. 150; - / Sandra Cunningham – S. 78; - / Steve Degenhardt – S. 174; - / Digitalpress – S. 14; - / endostock – S. 76; - / Klaus Eppele – S. 76, 78; - / Christian Jung – S. 122; - / Lucky Dragon – S. 122; - / madey_ch – S. 76; - / Tyler Olson – S. 8; - / Henryk Olszewski – S. 122; - / PB – S. 115; - / pressmaster – S. 34; - / reeel – S. 75; - / Gina Sanders – S. 76; - / Carola Schubbel – S. 122; Peter Gaymann / www.gaymann.de – S. 77; Getty Images Plus / iStockphoto, Anna-Ponchina – S. 75; - / iStockphoto, AntonioGuillem – S. 108; - / iStockphoto, arielione – S. 59; - / iStockphoto, ARTindividual – S. 52; - / iStockphoto, Marc Bruxelle – S. 140; - / iStockphoto, burakkarademir – S. 22; - / iStockphoto, chimpyk – S. 64; - / iStockphoto, CrazyStripes – S. 12; - / iStockphoto, DGLimages – S. 140; - / iStockphoto, dolgachov – S. 32; - / iStockphoto, dusonpetkovic – S. 74; - / iStockphoto, ehaurylik – S. 64; - / iStockphoto, erwo1 – S. 148; - / iStockphoto, Joe Gough – S. 64; - / iStockphoto, harmpeti – S. 64; - / iStockphoto, Highwaystarz-Photography – S. 8; - / iStockphoto, hxdyl – S. 168; - / iStockphoto, Irina_Qiwi – S. 12; - / iStockphoto, JadeThaiCatwalk – S. 158; - / iStockphoto, jojoo – S. 75; - / iStockphoto, Jupiterimages – S. 32; - / iStockphoto, Kerkez – S. 146 (2); - / iStockphoto, Olga Kurbatova – S. 12; - / iStockphoto, Lilkin – S. 154; - / iStockphoot, Ljupco – S. 8; - / iStockphoto, mandygodbehear – S. 14, 143; - / iStockphoto, Max2611 – S. 154; - / iStockphoto, mdesigner125 – S. 168; - / iStockphoto, monkeybusinessimages – S. 52; - / iStockphoto, NatalyaTerr – S. 154; - / iStockphoto, PeterHermesFurian – S. 126; - / iStockphoto, pixelparticle – S. 188; - / iStockphoto, Pixfly – S. 168; - / iStockphoto, Marina Poushkina – S. 168; - / iStockphoto, PrettyVectors – S. 106; - / iStockphoto, Qvasimodo – S. 12; - / iStockphoto, RickBL – S. 22; - / iStockphoto, sintendo – S. 154; - / iStockphoto, Thorsten Spoerlein – S. 168; - / iStockphoto, StephM2506 – S. 140; - / iStockphoto, studiovespa – S. 155; - / iStockphoto, tanuha2001 – S. 149; - / iStockphoto, typhoonski – S. 64; - / iStockphoto, UnitoneVector – S. 12; - / iStockphoto, vsanandhakrishna – S. 53; - / iStockphoto, warengoldswain – S. 140; - / iStockphoto, Wavebreakmedia – S. 8 (2); - / iStockphoto, zdravinjo – S. 158; - / iStockphoto, Zigarrenschachtel – S. 64; - / Photodisc, Ryan McVay – S. 152; - / Pixland, Jupiterimages – S. 22; - / Purestock – S. 32; - / Stockbyte, Image Source – S. 74; Marie-Luise Goldmann, Detmold – S. 34; © Greenpeace – S. 180; Nora Hartmann, Bamberg – S. 120; Matthias Hollerbach / PLENIUM Naturgarten Kaiserstuhl – S. 172; iStockphoto / 3drederings – S. 74; - / adventtr – S. 201; - / IB – S. 22; - / id-work – S. 12; - / mapodile – S. 184; - / pixdeluxe – S. 22; Esma Kaynar,

Oberhausen – S. 86; © R. J. Kern / rjkern.com – S. 114; Material „Selfies, Sexting, Selbstdarstellung" / www.klicksafe.de/mobilemedien - S. 149; Bettina Kumpe, Braunschweig – S. 42, 91; Mira Lobe, Susi Weigel / Das kleine Ich bin ich, © 1972 by Verlag Jungbrunnen, Wien – S. 10; Marx für Anfänger – Sachbuch rororo, Reinbek 1979, S. 35 – S. 200; Mauritius Images / Alamy Stock Photo, AF Archive – S. 150; - / Alamy Stock Photo, Art Collection – S. 102, 150; - / Alamy Stock Photo, Art Collection 2 – S. 188; - / Alamy Stock Photo, Charles Walker Collection – S. 115; - / Alamy Stock Photo, FLH-CF – S. 88; - / Alamy Stock Photo, Jeff Gilbert – S. 165; - / Alamy Stock Photo, GL Archive – S. 88, 199; - / Alamy Stock Photo, History and Art Collection – S. 17; - / Alamy Stock Photo, HMP – S. 160; - / Alamy Stock Photo, Image Press Agency – S. 20; - / Alamy Stock Photo, Imagedoc, © Succession Picasso / VG Bild-Kunst, Bonn 2020 – S. 17; - / Alamy Stock Photo, Insidefoto srl – S. 20; - / Alamy Stock Photo, Moviestore Collection Ltd. – S. 190; - / Alamy Stock Photo, Panther Media GmbH – S. 160 (2); - / Alamy Stock Photo, PFA – S. 131; - / Alamy Stock Photo, Pictorial Press Ltd. – S. 130, 134; - / Alamy Stock Photo, Paula Solloway – S. 152; - / Alamy Stock Photo, Friedrich Stark – S. 156; - / Alamy Stock Photo, ZUMA Press Inc. – S. 149; - / Alamy Stock Photo, ZUMA Press Inc., © Globe Photos – S. 130; - / Circa Images, Glasshouse – S. 174; - / Collection Christophel, Lucas Film, Walt Disney Pictures – S. 131; - / imageBROKER, Valentin Wolf – S. 149; - / Science Source, New York Public Library – S. 201; - / Science Source, Millard H. Sharp – S. 174; - / SuperStock, Fine Art Images – S. 128; - / United Archives – S. 36 (2); - / United Archives, IFA Film – S. 112; Jörg Müller, Alle Jahre wieder saust der Presslufthammer nieder oder die Veränderung der Landschaft / © Fischer Kinder- und Jugendbuch Verlag, Frankfurt am Main 2016. Erstmals erschienen 1973 im Sauerländer Verlag – S. 176; Scott O'Dell: Insel der blauen Delfine / © 1977 dtv Verlagsgesellschaft mbH & Co. KG, München © 1960 Scott O'Dell. Titel der amerikanischen Originalausgabe: ›Island of the Blue Dolphins‹ © der deutschsprachigen Ausgabe: 2013 S. Fischer Verlag GmbH, Frankfurt am Main. Erstmals erschienen 1962 im Walter Verlag. Umschlagkonzept: Balk & Brumshagen. Umschlagbild: Dieter Wiesmüller – S. 24; © Verlag Friedrich Oetinger, Hamburg – S. 170; Gary Paulsen, Allein in der Wildnis © Carlsen Verlag GmbH, Hamburg 2003 – S. 171; © Peanuts Worldwide LLC/Distr. Andrews McMeel – S. 19; © Peanuts Worldwide LLC/Distr. Andrews McMeel/Syndicate/Distr. Bulls – S. 110; Stefanie Perraut-Wendland, Bamberg – S. 16 (5), 217; Jörg Peters, Dinslaken – S. 14 (4); © Piper Verlag GmbH, München – S. 136; Illustrations by Daniel Postgate from The Philosophy Files by Stephen Law, reproduced by permission of Orion Children's Books, Hachette Children's Group, London. Copyright © Daniel Postgate 2000 – S. 202; © Illustration: Benedikt Rietzel, Text + Idee: Elrefaei Tuka, Abdelrahman Jasmine – S. 66; Rita Sandbrink, Bochum – S. 191, 201; Ellen Schildkamp – S. 80; Marie Sebald, Bamberg – S. 50, 132; © Kathrin Spirk, Hamburg – S. 57; Jonas Stalfort, Bersenbrück – S. 190; Jutta Stern, Berlin – S. 172; Superbild / Taufkirchen – S. 32; Thorsten Tenberken, Hamburg – S. 103; ullstein bild – S. 84; - / AP – S. 130; - / CARO, Claudia – S. 34; - / Stark-Otto – S. 88; - / Teutopress – S. 130; UNHCR / Hélène Caux – S. 58; WILD LIFE ART für das Hessische Landesmuseum Darmstadt / Foto: Wolfgang Fuhrmannek – S. 203; www.abenteuer-regenwald.de – S. 181; www.karl-berger.at – S. 204; www.wikimedia.org – S. 85, 90; www.wolfganghuppertz.de – S. 70

Operatorenübersicht

Anforderungsbereich I: Reproduktion von Wissen und Kenntnissen
Er umfasst das Wiedergeben und Beschreiben von Sachverhalten aus einem abgegrenzten Gebiet im gelernten Zusammenhang sowie die reproduktive Verwendung geübter Arbeitstechniken und Methoden.

Anforderungsbereich II: Reorganisation und Transfer von Gelerntem
Er umfasst das selbstständige Auswählen, Ordnen, Bearbeiten, Erklären und Darstellen bekannter Sachverhalte und insbesondere den Transfer bekannter Inhalte und Methoden auf andere Sachverhalte, zum Beispiel auf neue Fragestellungen, Verfahrensweisen, Sachzusammenhänge oder unbekannte Texte.

Anforderungsbereich III: Selbstständiges Urteilen und Bewerten
Er umfasst den bewussten, reflektierten Umgang mit neuen Erkenntnissen, insbesondere Problemstellungen, und den angewandten Methoden, um zu eigenständigen Begründungen, Folgerungen, Perspektiven, Kontextuierungen, Lösungen, Werturteilen etc. zu gelangen. Hier werden vor allem Leistungen der Problemfindung und der Urteilsfindung gefordert.

Operatoren	Beschreibung	AFB
abwägen	Sachverhalte, Argumente und Positionen anhand eigener oder vorgegebener Kriterien prüfen	II, III
analysieren, untersuchen	Begriffe bestimmen, formale und inhaltliche Aspekte eines Textganzen oder eines Zusammenhangs unter aspektgeleiteten Fragestellungen herausarbeiten und den argumentativen Aufbau oder Wechselbeziehungen strukturiert und systematisiert darstellen	II
anwenden	einen bekannten Sachverhalt oder eine bekannte Methode auf eine neue Problemstellung beziehen und zu deren Lösung und zum Erreichen von Zielen nutzen	II
argumentieren	eine Meinung, Position im Kontext ethisch-moralischer Fragestellungen begründen und vertreten	II, III
aufzeigen, zeigen	Sachverhalte, Zusammenhänge, Textinhalte und/oder Textformen sachbezogen, teils deskriptiv, teils analysierend darlegen	I
begründen	Positionen, Auffassungen, Urteile bestimmen, argumentativ herleiten und durch Argumente stützen	II, III
belegen	Aussagen durch ein explizit ausgewiesenes Zitat oder einen Verweis stützen	II
(be-)nennen	Gegenstände oder Sachverhalte einer Bezeichnung zuordnen; Begriffe und Sachverhalte aufzählen	I
berücksichtigen	Bekanntes und Neues in das Herstellen von Zusammenhängen einbeziehen	II
beschreiben	Personen, Situationen, Vorgänge, Sachverhalte oder Zusammenhänge (strukturiert, nicht wertend) mit eigenen Worten darstellen	I
bestimmen	Begriffe festlegen, voneinander abgrenzen oder Sachverhalte, Positionen und Perspektiven prägnant und kriteriengeleitet feststellen	I
beurteilen, bewerten	Textinhalte und Textgestaltungen, Sachverhalte, Aussagen, Maßnahmen, Lösungen reflektieren und prüfen und gegebenenfalls unter Verwendung von Wissen, Methoden und Maßstäben eine eigene begründete Position vertreten	III